全国高职高专物业管理专业系列规划教材

物业管理概论

主　编　凌明雁　王怡红
副主编　赵　明　王目元　唐　欣　史　伟
参　编　王晓辉　袁旭川　邵庆会　韩玉峰

内 容 简 介

物业管理概论是物业管理专业主干课程之一,这门课程要从理论和实践的结合上回答为什么要实施物业管理、怎样实施物业管理以及物业管理发展过程中的矛盾和纠纷应该如何化解等问题。

本书是在充分尊重和考虑物业管理职业岗位(群)的任职资格要求的基础上,参照国家物业管理从业人员职业资格标准编写而成。全书共 11 章,涉及物业管理基础理论,物业服务企业,物业管理市场和运行机制,物业管理前期介入、物业承接查验和前期物业管理,业主入住和房屋装修管理,物业维修与设备管理,安全与环境管理,物业服务企业财务,物业管理国际标准体系认证以及物业管理法制建设等内容。

本书在结构上兼顾了与《物业管理实务》、《住宅小区管理》、《写字楼管理》、《物业管理招投标》等相关教材的衔接,不求多求全,重点阐述物业管理的基本理论、基本方法和基本流程。尤其在相邻关系、建筑物区分所有权、物业管理市场和运行机制等方面有一定程度的突破。与此同时,作者在编写过程中还结合自己多年来实际工作经验,通过增补复习思考题的方式强化学生对知识的理解和运用,在一定程度上克服了同类教材抽象、枯燥、乏味的缺陷。

图书在版编目(CIP)数据

物业管理概论/凌明雁,王怡红主编. —北京:北京大学出版社,2010.1
(全国高职高专物业管理专业系列规划教材)
ISBN 978-7-301-15612-4

Ⅰ. 物… Ⅱ. ①凌…②王… Ⅲ. 物业管理—高等学校:技术学校—教材 Ⅳ. F293.33

中国版本图书馆 CIP 数据核字(2009)第 133151 号

书　　　名:	物业管理概论
著作责任者:	凌明雁　王怡红　主编
责 任 编 辑:	周　伟
标 准 书 号:	ISBN 978-7-301-15612-4/F・2260
出 版 者:	北京大学出版社
地　　　址:	北京市海淀区成府路 205 号　100871
网　　　址:	http://www.pup.cn
电　　　话:	邮购部 62752015　发行部 62750672　编辑部 62756923　出版部 62754962
电 子 信 箱:	xxjs@pup.pku.edu.cn
印 刷 者:	三河市博文印刷有限公司
发 行 者:	北京大学出版社
经　　　销:	新华书店
	787 毫米×980 毫米　16 开本　16.5 印张　323 千字
	2010 年 1 月第 1 版　2020 年 7 月第 8 次印刷
定　　　价:	29.00 元

未经许可,不得以任何方式复制或抄袭本书之部分或全部内容。
版权所有,侵权必究
举报电话: 010-62752024; 电子信箱: fd@pup.pku.edu.cn

前　言

中国改革开放三十年来，随着房地产业空前快速发展，形成了规模巨大的存量物业。与此同时，物业管理行业也经历了一个从无到有、从小到大、从不规范到日臻成熟的成长历程。时至今日，我国物业管理行业正在向市场化、规模化和法制化迈进。

物业管理作为物业产权多元化背景下房地产管理的一种创新模式，需要从理论和实践两个方面进行探索和规范，以满足人民群众日益增长的物质和文化生活的需求。

从物业管理行业的工作实际出发，立足高等职业技术教育的规律和特点，我们组织了一批从事物业管理实际工作的企业专家和长期从事学校教育的理论工作者联合编写了这本教材。

在编写过程中，本书广泛吸收各地和品牌物业服务企业的成功经验和成熟模式，力求贴近物业管理工作实际，注重物业管理理论对实际工作的引领和指导，强调解决实际问题的能力和创新意识的培养。

在内容安排上，本书突出了实用性和操作性，按照工作岗位对从业人员职业能力的要求，将管理理念、作业流程和职业标准引入教材。为便于学生系统掌握物业管理的理论、方法和关键知识点，我们还结合每章内容设计了配套思考练习题。

本书适用于高等院校物业管理、房地产、社区管理等专业教学用书，也可供物业服务企业进行员工培训使用。通过本课程的教学，可以为学习其他课程提供理论支撑，同时，也可以为学生未来职业发展奠定基础。

本书由凌明雁、王怡红任主编，赵明、王目元、唐欣、史伟任副主编。全书共 11 章，由凌明雁、王怡红、唐欣、史伟、赵明、王目元、王晓辉、袁旭川、邵庆会、韩玉峰参与编写。

在编写过程中，本书得到了北京大学出版社的领导和编辑的精心指导和大力帮助，参考了有关出版物及部分网络资源，在此一并表示诚挚的谢意。

由于作者水平所限，书中难免存在偏颇和纰漏，欢迎广大读者批评指正。

编　者
2009 年 6 月

目 录

第1章 概述 1
  第一节 物业 2
    一、物业和物业管理区域 2
    二、物业的类型 4
    三、物业的性质 6
    四、相邻关系 9
  第二节 物业管理 12
    一、物业管理的含义和性质 12
    二、物业管理的内容 13
    三、物业管理服务产品的基本特征 17
    四、市场化物业管理的基本内涵 19
    五、物业管理的起源 20
    六、我国物业管理取得的成就 23
    七、今后我国物业管理的发展趋势 24
  第三节 物业管理的特点 27
    一、物业管理与传统房屋管理的区别 27
    二、物业管理的特点 28
  第四节 物业管理的类型、原则和作用 31
    一、物业管理的类型 31
    二、物业管理的原则 32
    三、物业管理的作用 35
  第五节 物业管理模式 36
    一、物业管理模式的概念和内容 36
    二、物业管理模式的类型 37
  第六节 物业管理的基本程序 42
    一、物业管理前期介入 42
    二、设计物业管理方案 42
    三、组建物业管理机构 44
    四、物业的承接查验 44
    五、物业管理工作的移交 44
    六、前期物业管理 46
  本章复习思考题 48

第2章 物业管理基础理论 52
  第一节 建筑物区分所有权理论 53
    一、区分所有建筑物 53
    二、建筑物区分所有权 53
  第二节 物业管理的委托代理机制 57
    一、代理的含义及其法律特征 57
    二、物业管理的委托代理关系 58
  第三节 业主自治管理和自律管理 59
    一、对业主概念的界定 59
    二、业主的权利和义务 59
    三、业主自治管理 60
    四、业主自律 61
  第四节 业主大会和业主委员会 62
    一、业主大会 62
    二、业主委员会 65
  本章复习思考题 67

第3章 物业服务企业 70
  第一节 物业服务企业概述 71
    一、物业服务企业的性质 71
    二、物业服务企业的类型 71
  第二节 物业服务企业的设立和资质管理 72
    一、物业服务企业的工商注册登记 72
    二、物业服务企业的资质审批及管理 74

第三节　物业服务企业的组织机构设置 76
　　一、物业服务企业组织机构设置的
　　　　要求 76
　　二、物业服务企业组织机构设置的
　　　　原则 77
　　三、物业服务企业组织机构的
　　　　类型 77
第四节　物业服务企业的品牌建设 78
　　一、物业服务企业进行品牌建设的
　　　　意义 78
　　二、物业服务企业品牌塑造的
　　　　途径 79
第五节　物业服务企业的员工培训 82
　　一、员工培训的意义 82
　　二、员工培训的主要内容 82
　　三、员工培训的形式 83
本章复习思考题 84

第4章　物业管理市场和运行机制 89

第一节　物业管理市场 90
　　一、物业管理市场的形成与发展 90
　　二、物业管理市场的特征 91
　　三、物业管理市场的构成 92
　　四、物业管理市场的运行机制 92
第二节　物业管理的行政管理部门和其他
　　　　相关部门 99
　　一、物业管理的行政管理的含义 99
　　二、物业管理的行业主管管理部门
　　　　及其职责 99
　　三、街道办事处，乡、镇人民政府在
　　　　物业管理中的职责 100
　　四、物业服务企业和工商、物价、
　　　　税务、公安等行政管理部门的
　　　　关系 100

　　五、物业管理和供水、供电、供气、
　　　　供暖等公用事业部门之间的
　　　　关系 101
　　六、物业服务企业和房地产开发
　　　　企业之间的关系 102
　　七、物业服务企业和各专业性服务
　　　　企业之间的关系 103
　　八、物业管理行业协会 104
本章复习思考题 104

第5章　物业管理前期介入、物业承接查验和前期物业管理 106

第一节　物业管理前期介入 107
　　一、物业管理前期介入的含义 107
　　二、物业管理前期介入的作用 107
　　三、物业管理前期介入的工作内容与
　　　　实施 108
　　四、物业管理前期介入的可行性 110
第二节　物业承接查验 111
　　一、物业承接查验的概念 111
　　二、物业承接查验的意义 111
　　三、新建物业的承接查验的内容 111
　　四、原有物业的承接查验 113
　　五、物业保修制度 114
第三节　前期物业管理 115
　　一、前期物业管理的概念 115
　　二、前期物业管理的内容 115
　　三、前期物业管理的特点 116
　　四、前期物业管理中应注意的
　　　　问题 117
　　五、前期物业服务合同 118
本章复习思考题 120

第6章　业主入住和房屋装修管理 125

第一节　业主入住 126
　　一、业主入住应具备的条件 126

二、入住准备 126
　　三、入住流程 126
　　四、办理业主入住手续应注意的
　　　　问题 127
第二节　房屋装修管理 128
　　一、装修管理的内容和要求 128
　　二、装修管理程序 131
本章复习思考题 133

第7章　物业维修与设备管理 135
第一节　物业维修管理 136
　　一、房屋管理概述 136
　　二、房屋维修管理的内容 139
　　三、房屋安全检查的方法 140
　　四、危险房屋管理 140
　　五、物业的日常养护 141
第二节　房屋维修标准 143
　　一、房屋结构的分类 143
　　二、房屋完损等级的分类 144
　　三、房屋完损等级的评定方法 145
　　四、房屋维修工程的分类 146
　　五、房屋维修工程经济技术指标 149
　　六、房屋维修管理的内容、要求及
　　　　原则 153
　　七、房屋维修责任的划分 153
第三节　物业设备管理 154
　　一、物业设备的概念及分类 154
　　二、物业设备管理的内容和方式 154
　　三、物业设备的保养与维修 156
　　四、物业设备管理制度 157
　　五、给排水系统养护管理要求 158
　　六、电梯设备的维修管理 159
本章复习思考题 160

第8章　安全与环境管理 164
第一节　治安管理 165

　　一、治安管理的含义和特点 165
　　二、治安管理的机构设置与主要
　　　　内容 165
　　三、制定秩序维护服务管理制度的
　　　　程序 167
　　四、秩序维护服务的原则、方式和
　　　　特点 167
　　五、秩序维护服务常识 168
第二节　消防管理 170
　　一、消防管理的目的与方针 170
　　二、消防管理的主要内容 170
　　三、高层建筑的消防管理 172
　　四、火灾火警应急处置程序 173
　　五、消防演习方案实施程序 173
第三节　车辆管理 174
　　一、搞好停车场的建设 174
　　二、建立健全的车辆管理制度 175
　　三、车辆管理突发事件的处置 176
　　四、不同类型物业车辆管理的
　　　　特点 177
　　五、居住区道路规划要求 178
第四节　清洁管理 179
　　一、物业环境管理概述 179
　　二、清洁管理 180
　　三、物业环境污染的类型 182
　　四、违反有关环境保护法律的
　　　　责任 182
第五节　绿化管理 183
　　一、绿化管理概述 183
　　二、居住区绿地规划的基本要求 184
　　三、绿化植物选择与配置的基本
　　　　原则 185
　　四、绿化管理制度的制定与实施 185
　　五、城市绿化管理的分工及范围 186
本章复习思考题 186

第9章 物业服务企业财务 190

第一节 物业服务企业的资金来源 191
一、注册资本 191
二、信贷资金 191
三、物业服务收费 191
四、利用物业共用部位、共用设施设备经营所得收益 192
五、特约服务费 192
六、公众代办性服务费 193
七、物业接管验收费 194
八、工程质量保证金 194

第二节 物业服务收费 195
一、物业服务收费管理 195
二、物业服务费用测算 197

第三节 住宅专项维修资金 201
一、住宅专项维修资金的定义 201
二、住宅专项维修资金的建立 202
三、住宅专项维修资金的使用 203
四、住宅专项维修资金的监督管理 204

第四节 物业服务企业财务管理 205
一、物业服务企业财务管理的含义与特点 205
二、物业服务企业财务管理制度 206
三、物业服务企业财务管理的内容 208
四、物业服务企业的营业收入 208
五、物业服务企业的成本费用和税费 210
六、物业服务企业的利润 211

本章复习思考题 212

第10章 物业管理国际标准体系认证 216

第一节 物业管理中的国际管理体系 217
一、ISO给物业管理带来的价值 217
二、物业管理常用的国际管理体系 218

第二节 QEO——一体化管理体系及贯标 225
一、一体化管理体系的简介 225
二、一体化管理体系的建立 225
三、物业服务企业贯标流程 229
四、物业服务企业贯标应注意的问题 232

本章复习思考题 234

第11章 物业管理法制建设 237

第一节 物业管理法律关系 238
一、物业管理法律关系的概念 238
二、物业管理法律关系的构成要素 238
三、物业管理法律关系的产生、变更和消灭 240

第二节 物业管理法制建设的重要意义 241
一、物业管理的法律法规的渊源 241
二、物业管理法制建设的意义 242

第三节 物业管理法制建设的进程 243
一、物业管理法律法规体系建设 243
二、物业管理制度建设 246

第四节 物业管理法律责任 249
一、物业管理法律责任的概念 249
二、物业管理法律责任的分类 249
三、物业管理法律责任的构成要件和归责原则 250

本章复习思考题 252

参考文献 254

第1章 概述

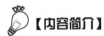【内容简介】

本章主要内容包括物业的概念和类型,物业管理的起源与发展,现代物业管理的基本特征,物业管理的宗旨、原则和作用,物业管理的类型和模式以及物业管理的内容与基本程序等六个主要问题。对上述内容进行全面、系统的阐述,对于理解社会主义市场经济条件下现代物业管理的体制机制,掌握物业管理市场运行的规律性,指导物业服务企业开展创新经营,培育核心竞争力具有现实的指导意义。

【关键词】

物业　物业管理　物业管理模式　物业管理前期介入　物业管理程序

第一节 物 业

一、物业和物业管理区域

（一）物业的概念

在物业管理过程中，物业是物业管理活动的物质载体，也是联结物业管理相关法律关系主体之间关系的介质，没有物业，就不会有物业管理。所以，在我们介绍物业管理之前，首先要澄清物业的概念。

"物业"算是一个半外来词，原为香港地方俚俗之语，意指单元性房地产，是指以土地及土地上的建筑物形式存在的不动产。李宗锷在《香港房地产法》中写道"物业是单元性地产。一住宅单位是一物业，一工厂楼宇是一物业，一农庄也是一物业。"同时，物业也是一个不太规范的用语，经济学和法学中几乎见不到这个词汇，在经济学和法学中，更多地使用"房地产"或"不动产"。

80年代初，"物业"一词已经传到内地，但是没有得到广泛的传播。1994年原建设部（现为中华人民共和国住房和城乡建设部）《城市新建住宅小区管理办法》出台以后，为了区别房地产消费过程中传统的管理模式，而把新的管理模式称之为"物业管理"。从此"物业"一词不胫而走，成为家喻户晓的词汇。

物业的含义有广义和狭义之分。

广义的"物业"指的是不动产（Real Estate），即土地、土地附着物以及它们的组合。其中，土地附着物包括建筑物、构筑物设施设备和花草树木。狭义的"物业"是指具有特定价值和使用价值的建筑物及其附属设施设备和场地。

但是，从物业管理的角度来讲，土地从来不是也不应该是物业管理的对象，因此，物业管理中的"物业"是指狭义的定义。

从20世纪80年代我国内地引入物业管理以来，关于"物业"概念的表述，国内各类著述的提法至少有几十种，其中，比较有代表性的有以下四种。

(1) 房屋及配套的设施设备和相关场地（《中华人民共和国物业管理条例》，以下简称为《物业管理条例》）。

(2) 已建成并投入使用的各类建筑物及其相关的设施设备和场地（原建设部物业管理培训教材）。

(3) 住宅区内各类房屋及相配套的公用设施设备及公共场地（《深圳经济特区住宅区物业管理条例》）。

(4) 住宅以及相关的公共设施（《上海市居住物业管理条例》）。

（二）物业的要素

物业有住宅区、别墅区、工业厂房、写字楼、酒店、公寓、购物中心、学校、医院甚至教堂、监狱等多种类型，不论物业的具体形式是什么，都由房屋、配套设施设备和相关场地（附属场地）等三个基本要素组成。

1. 房屋

从建筑学上讲，需要区分构造物、建筑物和构筑物。

构造物是指采用一定的技术手段将各种物料按照一定结构连接成的整体，包括建筑物和构筑物两类。

建筑物是指定着于土地上下，由顶盖、梁、柱、墙壁等部位组成，供人居住或用于其他目的使用的构造物。房屋是建筑物最基本、最主要的物质形态，是指用建筑物料与外部空间隔开，可以容纳人在其中活动的建筑物。住宅、商场、工业厂房、仓库等都属于房屋（通常情况下，人们习惯将房屋和建筑物混用，统称房屋建筑）；构筑物则是指不直接供人在里面进行生产和生活活动的构造物。公路、铁路、桥梁、涵洞、通道、水塔、烟囱等属于构筑物而非建筑物。

房屋区别于其他建筑物形式有两个明显的特点：一是通过顶盖、梁、柱、墙壁等建筑部位与外部空间隔开（全部或部分与外部空间相通的露天建筑不是房屋）；二是供人使用（虽然与外部空间隔开，但不能容人活动的建筑物如窑炉、水塔、鸡舍等就不是房屋）。

一般来说，房屋包括以下六种类型。

（1）住宅类房屋。

（2）生产类房屋，包括工业、交通运输业和建筑业在生产活动中使用的厂房、仓库等。

（3）商业类房屋，包括商店、金融、邮电、餐饮、娱乐、旅游等从事第三产业活动使用的房屋。

（4）文化、教育、科技、卫生、体育类房屋。

（5）行政办公类房屋：包括党政机关、工青妇、民主党派办公用房以及辅助用房。

（6）其他类房屋：包括军事、国防、宗教团体、外国使领馆、寺庙、监狱等用房。

2. 配套设施设备

配套设施设备包括给排水、供用电、供暖、运输、空调、通风、通信、消防、监控和防雷设备等。随着经济发展和人们物质生活水平的提高，业主与物业使用人对工作、生活条件和环境的便利性、舒适性和安全性提出了更高的要求，与此同时，配套设施设备系统也越来越复杂、越来越先进。

3. 相关场地（附属场地）

相关场地（附属场地）包括庭院、道路、停车场、地下车库、绿化带、中心花园等。

需要说明的是，物业是业主或物业使用人用于居住或其他目的使用的，物业的功能或使用价值不仅取决于房屋的面积、结构和质量，而且取决于配套设备和附属场地的完备程度。一宗物业是由房屋、配套设施设备和相关场地（附属场地）三个方面组成的有机整体，三者相互联系、相辅相成、缺一不可。其中，房屋是物业最基本、最关键、最核心的要素，是其他两个要素赖以存在的条件和基础，离开了房屋，配套设施设备是和相关场地（附属场地）势必变成无源之水、无本之木；配套设施设备和相关场地（附属场地）则是房屋功能的有效保障和进一步延伸，随着配套设施设备日益先进和进一步完善，配套设施设备和相关场地（附属场地）在物业资产价值总额中的比重会越来越高。从业主对房地产投资或消费的心理角度来看，人们往往也会关注这三个方面的建造质量和组合状况。

物业始终是物业管理的对象，是物业服务企业向业主提供服务的载体。因此，作为物业管理专业人员，除了掌握一般的管理、客户服务的知识和技能以外，还应该全面了解房屋修缮以及设施设备运行和维护方面的知识和技能，只有这样才能更好地为业主提供服务，实现客户满意。

（三）物业管理区域

物业管理区域是物业的集合，是物业管理的基本单位。根据《物业管理条例》的规定，一个物业管理区域成立一个业主大会，一个物业管理区域由一个物业服务企业实施物业管理。如前所述，物业是物业服务企业向业主提供服务的载体，是连接供求双方的介质。但是，一套100平方米的住宅单元可以理解为一个物业单位，一个100万平方米的住宅小区也可以理解为一个物业单位，究竟如何界定物业的边界和范围才更便于物业管理的实施和物业管理市场运作呢？这既是一个理论问题，又是一个现实问题，需要从法律上予以澄清。

现在，各地对物业管理区域有很多的划分方法。有的以业主公约的效力范围来确定，有的以共用设施设备的独立性来确定，有的以城市道路围合而成的区域来确定，有的以自然街坊来确定，还有的以实行封闭式管理的范围来确定。

无论采取哪一种方法界定，物业管理区域的划分应当考虑下列几个主要因素：第一，要有独立的设施设备系统；第二，要有适度的建筑规模；第三，要方便开展社区建设。

对物业服务企业来说，物业管理区域也叫物业管理项目。物业服务企业正式接管一个物业管理项目之后，会成立一个"管理处"或"项目部"，按照项目管理的原则和方法实施管理，包括按照工作任务建立组织系统、制定工作目标、规定各部门工作职责和各岗位作业流程以及对完成任务情况的监督检查等。

二、物业的类型

一个成熟的物业服务企业参与市场竞争，都会在市场细分的基础上进行科学定位，把资源集中在其擅长的领域，以获得竞争的优势。物业服务企业承接的物业类型不同，所采取的经营战略和策略也就不同。因此，科学划分物业的类型既具有十分重要的理论意义，又具有重要的现实意义。

（一）按物业的使用功能划分

1. 居住物业

顾名思义，居住物业是指专供居住的物业，包括住宅小区、别墅、公寓等。

住宅小区也称居住小区，是指被居住区级道路或自然分界线所围合，并配套建有公共服务设施的以家庭为居住单位的生活聚居地。

别墅是指在郊区或风景区建造，具有良好的自然环境和人文景观，供休闲度假使用的独立式、规模较大的住宅。

公寓是指拥有多个居住单位的楼宇，包括出租型、自住型和混合型公寓三种类型。

2. 商业物业

商业物业是指业主或物业使用人用于商业（商务）活动的物业，包括写字楼、购物中心、商铺、酒店等。其中，写字楼是指国家机关、企事业单位用于办理行政事务或从事业务活动的建筑物。

3. 工业物业

工业物业是指用于工业和交通运输生产活动的物业，包括工业厂房、仓库等。

4. 其他类型物业

体育类物业（体育场、体育馆、健身房）、文教娱乐类物业（学校、影剧场、音乐厅、游乐场、文化广场）、卫生保健类物业（医院、疗养院、养老院）、交通类物业（车站、空港）、名胜古迹类物业（古建筑、名人故居）和宗教类物业（教堂、礼拜寺、庙宇、宗祠）等统称为其他类型物业。

5. 混合物业

混合物业一般是指居住型和非居住型物业进行混合设计和建造的物业。如有些学校校园内部既有教学、实验用房屋，也有行政办公用房屋和居住用房屋；一个住宅小区内部既有住宅，又有商铺或写字楼等。

这里特别值得一提的是商务公寓。商务公寓项目规划按照住宅申报，在房屋内部空间和宣传创意上向写字楼靠拢。当然，商务公寓的内部设施兼顾了居住和办公两方面的需要。由于商务公寓比写字楼在报批和税费以及建筑安装成本等方面有明显的优势，在租金和能源消耗上也比写字楼低廉，所以，这种类型的物业在北京、上海、重庆、南京等地上市开盘时很受业主的欢迎，吸引了很多中小企业主和投资者前来购买。

（二）按物业的权属关系划分

物业是重要的资产形式，任何一宗物业都有明确、特定的权利归属。在我国，政府对房屋产权实行登记制度，物业产权人是房屋所有权证书上记载的人。

1. 公产物业

产权归国家所有的物业称为公产物业，包括党政机关、部队、国有事业单位和国有企业的物业。

2. 私产物业

产权归个人的称为私产物业。早在1998年，我国全面推行了住房分配的货币化改革，此后，大部分城镇居民享有对住宅的所有权，住宅也就成了最典型、最普遍的私产物业。

3. 单位产物业

产权归单位所有的物业称为单位产物业。

值得注意的是，物业所有权人既可以是自然人，也可以是法人；既可以是中国人，也可以是外国人；既可以是个人独立所有，也可以是多个人共有。

（三）按经营性质划分

1. 私益性物业

为物业产权人垄断性占有和使用，能为其创造生活便利或带来经济利益的物业称为私益性物业。如住宅、写字楼、商场、会展中心、酒店、工业厂房等。

2. 公益性物业

公益性物业是指为社会公众提供公共性服务或用于社会公益活动的物业。行政办公类物业、学校、医院、图书馆、礼拜堂等都属于公益性物业。

三、物业的性质

作为不动产，物业是物业管理活动的物质载体，从自然和社会关系两个方面澄清物业的性质和特点，对于物业的维护和管理非常重要。

（一）物业的自然属性（物理属性）

物业的自然属性是与物业的物质实体或物理形态相联系的性质，它包括以下六个方面。

1. 物质内容的二元性

物业物质内容的二元性是指建筑物和建筑物所依附的土地。无论何种建筑物，总是附着于土地的，成为土地的附着物，因此，任何一宗物业都兼有土地与建筑物两方面的物质内容。

城市用地分为生活居住用地（住宅、街坊道路、庭院绿化以及房屋附属设施等用地）、工业用地（工业生产用地）、公共建筑用地（为城市服务的商业、文教体育、医疗卫生和行政机构用地）、公共绿地（公园、动物园、植物园、陵园、绿化带、街心花园等用地）、道路广场用地、风景区用地、市政设施用地（水厂、污水处理厂、变电所、煤气站、消防站、各种管线工程、防洪堤坝、火葬场、墓地等用地）、交通设施用地（通过城市的铁路、公路、车站、码头、飞机场等用地）、特殊用地（军用设施、监狱、看守所以及物资仓库等用地）和其他用途用地（不属于上述类型的用地以及零星空地）等十种类型。

需要特别指出的是，世界上大多数国家都实行土地国家所有的法律制度，我国也不例外。因此，土地本身不是也不应该是物业管理的对象，只有当土地同房屋建筑连为一体，成为一个独立的物业管理区域的时候，才能够成为物业管理的对象。

2. 数量上的有限性

物业数量上的有限性首先是由土地资源的绝对短缺决定的。人类只能在土地上进行开发建设，随着我国城镇化进程的加快，土地资源的供应越来越不能适应社会经济快速发展的需要；另一方面，房地产开发也大量消耗包括钢材、有色金属、木材、水泥、配套设备等不可再生资源。

由于物业数量的有限性，加之我国是一个人口大国，人口基数大、自然增长率高，社会对房地产业产品有非常大的需求空间，因此，从总体上看，房地产市场将长期处于供不应求的状态，物业价格的走势也将持续提高。

3. 形式上的差异性和多样性

由于建筑物的类型、设计理念、设计风格、功能、规模和施工技术多有不同，使得建筑物之间在结构、式样、外观等方面都存在着某种不同之处，表现出明显的差异性和多样性。

建筑是凝固的艺术。物业形式上的差异性和多样性既满足了人们对物业功能的要求，又能展现出一个城市的文化魅力。因此，作为政府城市规划管理部门，应该鼓励和强化这种差异性和多样性，以满足人们多层次、多元化的需求。从物业管理的角度来看，物业服务企业应该采取行之有效的管理手段和措施，维护好、保持好物业的差异性和多样性。

4. 空间位置上的固定性

物业在空间位置上具有不可移动性是由土地的不可移动性所决定的。由于物业的不可移动性，所以物业又称为"不动产"。

值得注意的是，由于城区道路改造或城市规划的调整，需要对建筑物进行移除。随着建筑业技术装备水平的不断提高，建筑物整体机械平移已经成为现实。建筑物的机械平移既避免了建筑物整体拆除造成的资源浪费，又使得一些具有巨大文化历史价值的建筑物得以保持。

5. 使用寿命上的长期性

任何一种产品都是有寿命的，随着产品的使用和损耗，其都要经历"生老病死"的过程。同其他的产品不同，建筑物一经建造完成，可供人们长期使用，其物理寿命期限可达到数十年甚至成百上千年。

但是，物业寿命上的长期性并不是绝对的，维护管理得好，其寿命周期会长一些，相反,则会加快退化的进程。因此,在项目建成后,要加强对物业的养护和管理,尽量延长其使用寿命。物业的使用寿命越长,对投资者的贡献就越大,经济和社会效益就越高。

6. 设施设备的配套性

物业的配套性是指物业以其各种配套设施设备满足人们各种需要的特性。配套设施设备的健全和完好程度决定了其满足人们生产、生活需要的能力,配套越齐全,其功能发挥得就越充分。

(二)物业的社会属性

物业的社会属性是指物业在生产、流通以及使用和维护等环节引起社会关系的产生、变更和终止的属性,包括经济属性和法律属性两个方面。

1. 物业的经济属性

物业的经济属性包括商品性,短缺性,保值、增值性和宏观政策上的调控性等四个方面。

(1)物业的商品性。

物业的商品性首先表现在物业具有价值和使用价值。房地产投资的先决条件是开发商要通过一定的方式有偿获得土地使用权,在建筑施工和设备安装过程中,也要消耗大量的物化劳动和活劳动。房地产开发过程决定了物业具有价值和使用价值。物业的商品性还表现在物业的价值补偿和使用价值的实现是通过市场交易实现的。在物业的开发建设、经营管理与消费各个环节,包括土地使用权的出让与受让,物业的开发建设,房屋的买卖、租赁、抵押,物业建成后的管理等都是通过市场交易实现的。

(2)市场供应上的短缺性。

物业供应上的短缺性,一方面表现为土地资源供应的绝对短缺,另一方面表现为建筑材料资源供应的相对短缺。

(3)保值、增值性。

房地产投资属于实体经济的范畴,作为实物资产,物业具有保值、增值的功能,国际、国内房地市场发展的经验已经印证了这一理论观点。但是,物业的保值、增值只是一种长期趋势,就某一特定历史时期来看,受国际政治经济环境、政府宏观经济政策、社会文化以及人们对房地产市场的心理预期等因素的影响,房地产市场价格会出现波动。

(4)宏观政策上的调控性。

由于房地产业的产业关联度高、产业链长、影响面大、涉及范围广,政府必须综合考虑国内国际政治、经济和社会发展的多个方面的因素,根据国民经济和社会发展战略规划,制定有关土地、规划、财政、金融、物价、民生等多个方面的政策和措施,对房地产业的发展规模、速度、结构通过经济的、法律的和必要的行政手段进行调控,保证房地产投资健康发展、和谐发展。

2. 物业的法律属性

物业的法律属性表现在物权关系的多重性、可分性和相邻性三个方面。

（1）物权关系的多重性。

不动产物权是指物权人依法享有的房屋所有权和土地使用权。与其他商品的所有权不同，物业所有权不是一个单一的权利，而是由占有权、使用权、收益权、处置权等多项权能组成的权利束或权利集合，形成一个完整的权利体系。

（2）物权关系的可分性。

在占有权、使用权、收益权、处置权这一权利体系中，各种权利可以通过某种特定的法律行为以不同方式进行组合，所有权人既可以独立行使对物业的占有权、使用权、收益权和处置权，也可以将其中的全部或部分权利转移给第三人。

（3）物业的相邻性及相邻关系。

任何建筑物无一例外地要建在土地之上。一方面，因为建设用地是相互连接或相互毗邻的，所以必然导致不同的建筑物之间也会相互连接或相互毗邻；另一方面，同一建筑物内不同的单元之间由于建筑物结构的一体性也会相互连接或相互毗邻。

物业的相邻性不以人的意志为转移，具有天然的客观必然性，这是问题的一个方面。另一方面，由于物业的相邻性而引发的不动产所有人或物业使用人之间错综复杂的社会关系则是不容回避的问题。在现实社会生活中，经常出现诸如因为建筑物越界而侵犯相邻人土地所有权、噪声扰民、豢养宠物等纠纷和矛盾，都属于相邻关系的范畴。

相邻关系也是物业服务企业经常碰到的问题，涉及开发商、物业服务企业、物业业主以及有关联的第三人之间的利益关系，对物业服务企业的经营会产生这样那样的影响。因此，全面、系统地了解法律上关于相邻关系的界定原则和处理方法就显得非常重要。

四、相邻关系

（一）相邻关系的概念

两个或多个相互连接毗邻的不动产所有人或物业使用人，在行使不动产的占有、使用、收益和处分权利时，相互之间应给与方便或接受限制而发生的权利义务关系。

房屋建筑作为土地的附着物，不同的房屋建筑、同一建筑物的不同部分分别属于不同的所有者所有，因此，在不同的建筑物之间、房屋的单元之间必然发生相邻关系问题。

作为不动产所有者，权利人原则上可以享有使用、收益和处分其财产的权利，但是，在不动产相邻时，权利人都完全按照自己的意志绝对自由地、排他地行使这些权利的话，则必然会对其他相邻人的权利构成损害，引发相邻人之间的纠纷与冲突，进而破坏不动产财产权的秩序，法律上的相邻关系制度就应运而生。

《中华人民共和国民法通则》对相邻关系问题做出了原则性、方向性的规范，"不动产的相邻各方，应当按照有利生产、方便生活、团结互助、公平合理的精神，正确处理截水、排水、通行、通风、采光等方面的相邻关系。给相邻方造成妨碍或者损失的，应当停止侵害，排除妨碍，赔偿损失"。

(二) 相邻关系的主要内容和立法原则

1. 土地相邻关系

(1) 相邻一方在地界一侧修造建筑物时，应与地界线保持适当距离，不得侵占其他相邻人的土地。

(2) 土地所有权人或使用权人挖掘土地或修建建筑物时，不得使相邻人地基动摇或建筑物受到损害。

(3) 相邻人逾越地界线修造房屋时，他方有权请求排除，造成损害的，应予赔偿。

(4) 土地所有权人或使用权人明知其相邻人越界修造建筑物而不即时提出异议的，应负容忍使用其土地的义务，不得请求除去或变更建筑物；因此带来的不利益，受侵权的一方可以行使土地购买请求权或损害赔偿请求权，对受侵权一方提出的土地购买请求，相邻人不得拒绝。

(5) 土地所有权人或物业使用人在地界线或地界线附近建造或修缮建筑物而需要使用相邻人土地时，相邻人负忍其使用的义务，造成损害的，应予赔偿。

(6) 相邻人的建筑物或土地处于其他相邻人土地包围之中（袋地或围绕地），非经过其他相邻人的土地不能到达公用通道，或有其他通道但费用过巨，其他相邻人负有忍受通行的义务，因此造成损失的，应予补偿。

(7) 土地所有权人或使用权人非通过相邻人的土地不能安设电线、水管、煤气管等各种管线，或虽能安设但费用过巨，相邻人负容忍使用其土地的义务；管线安设人应选择对相邻人损害最小的线路和方法并支付补偿金；管线安设人对其安设的管线负有防止发生损害的义务，造成损害的，应予赔偿。

土地所有权人或使用权人在行使管线安设权时，应注意下列问题：

第一，管线安设人应该选择对相邻人损害最小的线路和方法并支付补偿金；

第二，因安设管线造成相邻人损失的，应赔偿相邻人的损失；

第三，管线安设人对其安设的管线负有防止发生损害的义务，因管线安设致人损害的，管线安设人应承担损害赔偿责任。

(8) 水源地（地上水或地下水）的所有人或物业使用人不得垄断对水的使用权，应允许相邻各方使用，不得因自己利用水流而致相邻人用水利益遭受妨害。

(9) 相邻各方不得为一己的利益而乱开凿水井，破坏原有水源。因开凿水井致相邻人水井的水位下降或干涸的，应恢复原状，造成损害的应赔偿损失。

(10) 相邻各方在利用同一水流时，应尊重其自然形成的流向，按由近至远、由高至低的原则共同使用，依次灌溉，任何一方不得为自身利益而任意改变水路、截阻水流。一方擅自改变水路、截阻水流影响他方利益的，他方有权请求排除妨害，对所造成的损失，有权请求赔偿。

（11）高地所有人或物业使用人有向低地排水的权利，低地所有人或物业使用人负有容忍或承受义务。

（12）相邻一方在地界一侧栽培竹木时，应与地界线保持一定距离，邻地竹木的根枝逾越疆界线而侵入相邻人的土地时，相邻人可以请求剪除，逾期不剪除的，相邻人可以自行剪除。

（13）土地所有权人平时容忍了相邻人越界树枝侵害的，对于自落果实享有取得权。

2. 建筑物相邻关系

（1）建筑物相邻关系的概念。

建筑物相邻关系是指相邻的建筑物所有人或物业使用人之间，建筑物所有人或物业使用人与邻近的土地所有人或物业使用人之间，以及同一建筑物内彼此连接毗邻的建筑物单元所有人或物业使用人之间，由于不可量物侵入导致干扰或妨碍而发生的权利义务关系。

建筑物相邻关系主要表现在不可量物和不可量物侵害两个方面。

（2）不可量物和不可量物侵害。

对于噪音、煤烟、震动、臭气、尘埃、放射性元素等物质，人们很难用常规方法对其质量或密度做出准确的测量，所以称为不可量物。事实上，上述物质并非绝对不可测量，如可以用分贝仪测量噪声，用粉尘采样仪和粉尘浓度传感器检测大气中的粉尘浓度，用电磁波辐射检测仪检测电磁波的强度等。

不可量物侵入邻人土地、建筑物时，造成的干扰性妨害或损害称为不可量物侵害。

人们在土地、建筑物或其他工作物内居住生活或从事生产经营活动时，不可避免地要产生煤气、蒸汽、热气、臭气、烟气、灰屑、喧嚣、无线电波、光、震动等，如果绝对禁止产生这些物质，必将对人类的生产和生活活动产生巨大的影响。面对这样一个两难的问题，法律上必须尽可能做出具有可操作性的界定。

（3）处理建筑物相邻关系的基本原则。

① 不动产权利人弃置固体废物，排放大气污染物、水污染物、噪声、光、电磁波辐射等有害物质的，相邻人有权制止。

② 对轻微的不可量物侵入，相邻人负容忍或承受的义务；对严重的不可量物侵入，相邻人可以请求有关国家机关或人民法院予以保护。

3. 不可量物侵入的判断标准

但是，什么样的不可量物侵入应该容忍，什么样的不可量物侵入应该禁止，两者的界限是什么，这就产生了不可量物侵入的判断基准问题。

不可量物侵入的判断标准包括以下几个方面：

(1) 被侵害利益的性质；
(2) 受侵害的程度；
(3) 土地利用的先后关系；
(4) 不同人的敏感程度；
(5) 加害人的行为动机和社会价值；
(6) 损害回避的可能性。

第二节 物 业 管 理

物业管理是市场经济国家对存量房地产普遍采用的一种管理模式，迄今已有100多年的历史。从20世纪80年代开始，随着我国改革开放进程的加快，房地产业得到了长足的发展，对国民经济的贡献率不断提高，已经成为支撑经济增长的重要支柱产业。与此同时，在包括住宅在内的房地产市场上形成了多元化的产权结构。在这种大的背景下，适应房地产市场发展要求和特点的现代物业管理模式也就应运而生并逐步走向成熟。

一、物业管理的含义和性质

（一）物业管理的含义

物业管理有广义和狭义之分。

广义的物业管理是指房地产开发、租赁、销售及售后服务活动的总称。根据《物业管理条例》第2条的规定，狭义的物业管理则是指业主通过选聘物业服务企业，由业主和物业服务企业按照物业服务合同约定，对房屋及配套的设施设备和相关场地进行维修、养护、管理，维护物业管理区域内的环境卫生和相关秩序的活动。

本书所描述和研究的物业管理指的是狭义的物业管理。

在我国，人们对物业管理的理解和认识经历了一个较为漫长的过程，其中，对"物业管理"定义方法也有很多个版本。如《深圳经济特区住宅区物业管理条例》（1996年9月20日深圳市人民政府第二十五号令）所定义的物业管理是"对住宅区各类房屋及相配套的公用设施、设备、公共场地和住宅区的绿化、环境卫生、公共秩序等项目进行维护、修缮和整治，使之保持正常状态的行为"。《青岛市物业管理条例》（1998年11月20日青岛市十二届人大常委会第六次会议通过）所定义的物业管理是"物业管理企业依照合同约定对物业实行专业化管理和为业主、非业主物业使用人提供的综合性服务"等。

在系统地总结20多年来我国物业管理发展过程中的经验和教训的基础上，2003年5月28日，国务院公布了《中华人民共和国物业管理条例》。2007年8月26日，根据我国物业管理发展过程中出现的新情况、新问题，国务院又对《物业管理条例》进行了重新修订。

《物业管理条例》在很多物业管理理论问题上实现了突破，其中，对"物业管理"这一基本概念进行了重新定义，取得了定分止争、正本清源的效果。

（二）物业管理的性质

房地产业包括房地产开发建设、流通（买卖、租赁、抵押）和消费等三个环节，物业管理是房地产业中派生出来的，是房地产综合开发的延续与完善，是房地产业链中的消费环节，属于生活服务业。

二、物业管理的内容

需要指出的是，物业管理具有"管理"和"服务"的双重功能。物业管理的管理功能首先体现在物业服务企业对物业本身（房屋建筑、配套设施设备以及相关场地）的管理上，其次体现在为维护全体业主的共同利益，物业服务企业对业主物业使用行为的规范、约束以及对业主之间关系的协调上。而物业管理的服务功能则体现在物业服务企业要通过自己扎实、有效的工作，维护并实现业主的各项权利和利益，为业主创造安全、整洁、舒适的工作环境和生活环境。

物业管理是"管理"和"服务"的集合体，"管理"即"服务"，是通过对"物"的管理来实现对"人"（业主）的服务，寓管理于服务之中。因此，"物业管理"、"物业服务"和"物业管理服务"经常交替混同使用，这已经成为行业约定俗成的共识。

按照服务的性质和方式，物业管理服务可分为常规性服务、专项服务和特约服务三类。

（一）常规性服务

常规性服务是物业服务企业为确保物业完好与正常使用，维护正常的工作、生活秩序，面向全体业主提供的最基本的服务。常规性服务的基本内容包括以下几个方面。

1. 房屋修缮管理

房屋修缮管理的主要内容包括房屋质量管理、房屋维修施工管理、房屋维修行政管理、房屋维修资料管理。

（1）房屋质量管理。

房屋质量管理是指定期和不定期检查房屋的完损情况，评定房屋的完损等级，随时掌握房屋质量状况，组织对危险房屋的鉴定并制订解危方案。

（2）房屋维修施工管理。

房屋维修施工管理是指针对不同的房屋维修工程，按照一定施工程序、质量标准和技术要求，运用科学的方法对房屋维修施工过程中的各项工作进行有效的、科学的管理。主要内容包括房屋维修计划管理、施工过程管理和工程竣工验收管理。

（3）房屋维修行政管理。

房屋维修行政管理是指合理区分房屋维修责任，落实维修责任人，排除维修障碍，从而避免由于维修责任不明或人为阻碍使房屋得不到及时修缮导致房屋发生危险。

对房屋进行及时修缮是房屋所有人应当履行的义务。业主委托物业服务企业管理的，房屋共用部位由物业服务企业负责修缮，所需费用由业主按业权比例分摊，从专项维修资金开支；房屋自用部位的修缮责任和费用由业主本人承担。

在房屋管理过程中，物业管理人员应该熟悉国家房屋修缮的有关规定，对于所有人或其他责任人不及时修缮房屋或在房屋修缮时遭到物业使用人或邻人阻挠可能导致房屋发生危险的，物业服务企业可依据有关规定采取排险解危措施，所需费用由当事人承担。

（4）房屋档案资料管理。

房屋档案资料是物业服务企业制订房屋修缮计划、确定房屋维修、改建方案，实施房屋维修工程的基础性资料。

房屋档案资料主要包括房屋竣工图、房屋维修工程竣工图以及维修技术档案资料等。

2. 设施设备管理

房屋附属设施设备包括给排水设备、电器工程设备、燃气设备和供暖、制冷、通风设备等，随着科学技术的发展，在很多高层建筑（写字楼、酒店、公寓等）中装配了包括中央空调、弱电系统、烟感自动报警及自动喷淋装置、办公自动化设备等在内的现代化设备系统。维持设施设备的完好和合理使用是创造良好的工作秩序和生活环境的重要条件，也是促进物业保值、增值的重要环节，物业服务企业必须把设施设备管理放在非常突出的地位抓好抓实。

设施设备管理主要包括设备运行管理、设备养护管理、设备维修管理、设备操作管理以及设备档案管理等内容。

3. 环境管理

环境管理是指对建筑区划业主的生活和工作环境进行的综合性管理，包括保洁管理、绿化管理、排污管理、消防管理和污染控制等。

4. 公共秩序维护服务

任何一个物业管理区域都不同程度地存在盗窃、抢劫、杀人、斗殴、火灾、洪水、台风、地震、煤气泄漏、水管爆裂、电梯停运、突然断电、交通肇事、聚众赌博、卖淫嫖宿等潜在风险和事故隐患，严重危及业主的生命财产安全。为维护建筑区划安定，保护业主的生命和财产安全，物业服务企业的安保人员要通过值班、看守和巡逻，有效预防、中止并及时处置各种突发事件，向业主提供优质、高效的公共秩序维护服务。

公共秩序维护服务的主要内容包括治安管理、消防管理、车辆和交通管理等。

5. 公众代办性服务

公众代办性服务是指物业服务企业接受业主与物业使用人的委托，代理缴纳水、电、气、有线电视等费用的服务。

6. 物业档案管理

物业档案是反映物业形成、变迁和管理的各种文字、图表、声像等资料的总称，包括设计施工图、物业产权档案和物业卡片三部分。此外，根据物业管理工作需要所编制的各种账册和表格也属于物业档案资料的内容。物业档案管理是物业管理工作的重要组成部分。

7. 社区文化建设

社区文化是在一定区（地）域、一定条件下，社区成员共同创造的精神财富及其物质形态，包括环境文化、行为文化、制度文化和精神文化四个方面的内容。其中，价值观是社区文化的核心。

社区文化建设应该从以下三个方面入手。

第一，在环境文化上主要是以开发商为主，在社区物业前期规划设计及配套设施设备方面，开发商应充分考虑未来的社区文化需求，把社区文化渗透到居住环境设计中去，尽可能地提供适应社区文化硬件设施，搭好社区文化活动的舞台，逐渐克服先天性不足的缺陷。

第二，在行为文化和精神文化建设上则主要是以业主的参与为主。业主不仅是参与者，而且是受益者，同时还是创造者。社区文化的载体是全体业主、住户，社区文化不能离开载体而存在。社区文化建设的一个重要目标就是在社区成员中确立共同的价值目标，使全体成员增进对社区的认同感和归属感，共同建设新社区。

第三，在制度文化和行为文化建设上要注意发挥物业服务企业的纽带作用。

社区文化建设的实施要注意以下几个方面。

（1）社区文化建设要有策划、有思路。

任何一种文化都要经过逐渐发展、成熟的过程，而在这个过程中，就需要有人去设计、规范、引导它，使之能真正体现本社区文化特点，更接近广大的居民。

（2）针对不同群体的不同需求开展社区文化活动。

业主是一个相对复杂的社会群体，年龄、性别、爱好不同，各社区之间业主的社会层次不同。因此，每个社区的社区文化开展都要有所侧重，在形式上力求多样，适应不同群体的需求。

（3）注重参与。

社区文化建设的成功与否主要是看业主的参与率，我们力求每一项活动都要尽可能地增加业主的参与率，否则就失去了社区文化建设的意义。

（4）注重娱乐性与文化宣传价值相结合。

社区文化体现出来的并不是政治性很强的团体活动，而是一种轻松愉快、让人通过感观就能享受的健康向上的具有积极意义的文化价值和良好的宣传价值的区域活动。

(5) 从实际出发，不刻意追求场面声势。

常规性服务特点包括以下几个方面：

(1) 常规性服务的服务对象是物业管理区域内的全体业主；

(2) 在物业管理区域内，常规性服务具有非竞争性和非排他性，是一种准公共产品；

(3) 服务项目、服务质量和收费标准通过物业服务合同约定；

(4) 物业服务企业必须按照物业服务合同全面提供常规性服务，业主必须一揽子接受而不能拒绝或自行选择；

(5) 常规性服务是物业服务企业的主营业务；

(6) 政府对常规性服务的监管力度大。

（二）专项服务

1. 专项服务的含义

专项服务是物业服务企业为创造良好的工作秩序和生活环境，面向全体业主与物业使用人提供的服务。

2. 内容

（1）日常生活类服务。

如为业主与物业使用人提供收洗衣物、补衣、制衣，为业主与物业使用人代购食品、粮食、燃料、蔬菜副食等日常用品，搬运家具，代购代订车船票、飞机票，接送病人看病，代住户保管自行车与机动车及车辆的保养、清洗与维修等。

（2）商业服务类服务。

如开办小型商场、饮食店、美发厅、修理店等，安装、维护和修理各种家用电器和生活用品等。

（3）文化、教育、卫生、体育类服务。

如开办图书室、录像室，举办展览、文化知识讲座；开办托儿所、幼儿园及学前班；设立卫生站，提供出诊、打针、小孩疫苗接种、家庭病房服务；开办各种健身场所，如旅游池、健身房、台球厅、网球场，举办小型体育活动和比赛等。

（4）金融服务。

如代办各种财产保障、人寿保险等业务，开办信用社等。

（5）经纪代理中介代理类服务。

如物业市场营销与租赁，房产评估、公证，请家教、请保姆、房屋交换、代理广告业务等。

（6）社会福利类服务。

如照顾孤寡老人、拥军优属等。这类服务一般是以低价或无偿的方式提供。

3. 特点

（1）专项服务以全体业主作为服务对象。

（2）物业服务企业事先设立服务项目，向业主或物业使用人公布服务项目和收费标准，由业主自行选择。

（3）服务品种多、专业性强、技术要求高，通常采取对外承包方式经营。

（三）特约服务

1. 特约服务的含义

特约服务是指物业服务企业为满足房屋所有人或物业使用人的特殊需要而提供的个性化服务，是对常规性服务和专项服务的补充。

有些服务项目，在物业服务合同中未要求，专项服务中也未设立，而客观上物业产权人、物业使用人又存在这方面的需求，如家庭卫生清洁、室内装修、管道疏通、找医送药、看护病人、接送子女上下学等。对此，物业服务企业应该从业主的需求出发，在自身资源条件允许的条件下，为业主排忧解难。

2. 特约服务的特点

（1）特约服务的服务对象是个别有特殊需求的业主。

（2）服务项目根据业主的需求和物业服务企业自身的资源条件设计。

（3）收费标准由双方协商确定。

物业管理常规性服务、专项服务和特约服务的产品结构设计体现了"以人为本"的服务理念。在物业管理过程中，物业服务企业一定要统筹兼顾，合理配置资源，正确处理三者关系。其中，常规性服务是物业服务企业的基础性产品，必须严格执行政府有关规定，按照物业服务合同约定的服务项目和质量标准提供给用户，让业主满意。同时，根据自身能力和住用人的需求，采取灵活多样的经营机制和服务方式，安排好专项服务和特约服务项目并不断拓展其广度和深度。

但是，在实际工作中，有些物业服务企业片面地追求利润的最大化，存在忽视常规性服务、偏重专项服务和特约服务的倾向，对此，必须坚决予以纠正。

三、物业管理服务产品的基本特征

物业管理行业属于第三产业，和第一产业、第二产业的产品不同，物业管理服务产品有着自身的特点。

（一）产品形式的无形性

物业服务企业投入大量的人力、资本和技术，输出的是包括设施设备维护、公共秩序维护、清洁服务、绿化服务等劳务产品，业主可以感受到环境整洁、舒适，秩序良好，设施设备状态良好、运行正常，但不能像对有形产品一样进行描述和定义。

（二）不可储存性

和其他服务业产品一样，物业管理服务产品的生产和消费是同步的，无法进行储存。如物业管理服务中的保安员站岗值勤，保安的巡逻检查，不能今天多几个人站岗，明天就不站了；保安员的巡逻检查，今天多巡逻几遍，明天就不巡逻了，保洁员也同样。

（三）生产过程的外在性

有形产品一般是在完成了全部生产加工过程，再经过质量检验、储存、运输等环节进入流通领域后才进入消费领域，产品加工制造过程、设备工作状态、操作者的操作技能、工作态度等信息，消费者是无法感知的。物业管理的许多工作，如保安员的站岗、巡查、秩序维护和车辆指挥作业，保洁员的清洁作业，绿化人员的绿化养护作业，工程技术人员的设备运行和维修作业等，都是在业主或物业使用人的面前完成的。

由于物业管理过程的外在性，使得人们不仅关注服务结果，还非常关注工作人员的工作态度、作业技能、作业时间等过程信息。如保洁员在实施保洁作业时着装不整、动作不协调、声音过大、作业时间影响业主与物业使用人工作或休息，与业主与物业使用人沟通时表情木讷、态度生硬等都会引起业主与物业使用人的不满。

（四）需求的差异性

由于业主的经济状况、政治地位、社会背景、个人阅历、兴趣爱好千差万别，因此，对物业管理的要求也各不相同。如有的业主对公共区域的环境要求很高，有的业主对小区的安全很重视，而有的业主对绿化标准要求很苛刻等。

（五）物业管理区域的共有性

物业管理区域既不是业主户内的私有区域，也不是城市公共区域，而是在业主进户门以外、物业大门以内的区域，这个区域属于该物业区域内全体业主共有，物业服务企业接受业主的委托，在这个区域内开展管理活动。根据法律，业主一方面享有对区分所有建筑物的专有部分享有专有权，另一方面，对物业管理区域内的配套设施设备享有共有权，对共同性事务的享有决策权。但是，由于业主的公共意识普遍比较淡薄，形成了与物业管理服务有关的种种矛盾和冲突。其中，既有业主的个人利益与集体利益之间的矛盾，又有物业服务企业标准化服务与业主个性化需求之间的矛盾，还有公共事务集体决策机制与业主参与积极性不高的矛盾。

要解决上述问题和矛盾，需要从以下几个方面着手。

（1）广泛宣传，倡导质价相符的市场化经营理念。

（2）在加强对公共设施设备管理的同时，强化业主的公共意识。

（3）重视物业管理服务质量的事先控制。通过加强员工的业务培训提高员工的服务技能，确保员工在物业管理服务过程中减少差错，使物业管理服务做得更加规范。

（4）加强物业管理服务过程的质量控制。通过加强服务现场的管理，及时发现问题，及时纠错。

（5）加强对员工基本素质训练。如服务礼节、礼貌、行为举止和沟通能力等，使员工在与业主交往、交流时表现得得体、到位。

四、市场化物业管理的基本内涵

现代物业管理是一种市场化管理，其实质是建立在公正、公开、公平选择机制基础上的开放式管理。市场化的物业管理包括以下几个方面的要素。

（一）现代化的经营理念

对物业服务企业来说，就是要树立业主利益至上观念、发展观念、竞争观念、法制观念、道德观念、自律观念、定位观念等现代化经营理念，用改革创新、科学发展的战略性思维解决企业经营管理中碰到的问题。

（二）科学的管理体制

建立完善的物业管理体制机制，要从以下几个方面入手。

第一，物业管理政府主管部门以及工商、公安、消防、税务、物价等政府管理机构监管不越权、不缺位。

第二，业主大会、业主委员会等业主自治管理机构健全、职责分明。

第三，物业服务企业守法经营、规范管理、优质服务，积极维护广大业主的权益，促进物业保值、增值。

第四，城市供水、供电、供气、供热等公用事业部门积极配合。

第五，设备维保，保安、清洁服务，家政服务等同物业管理关联度高的专业服务市场供应充分，专项服务外包能够顺利实现。

第六，物业管理协会作为沟通政府与物业服务企业之间的桥梁，积极开展政策宣传、经验交流、人员培训等工作。

（三）健全的企业机制

第一，物业服务企业要根据物业管理法律、法规和规章，取得法人资格，成为自主经营、自负盈亏、自我发展的法人实体和市场竞争主体。

第二，在为业主与物业使用人提供优质物业管理服务的基础上，物业服务企业要把利润最大化作为自己的经营目标，并通过物业管理市场交换，最终达到这个目标。

第三，物业服务企业要根据自身的资源条件、管理能力以及技术装备水平，自主选择所承接的物业项目。

第四，物业服务企业要积极参与物业管理市场竞争，通过诚信经营、优质服务持续获得业主与物业使用人的委托。

（四）契约化的委托管理关系

物业业主或物业使用人自主、择优选择物业服务企业为其提供物业管理服务按照平等自愿、等价有偿、诚实信用的原则订立物业服务合同，对物业管理项目、质量标准、产品价格等合同要素进行约定，通过合同这种契约的形式界定双方的权利义务关系。

（五）充分竞争的市场结构

从物业管理进入我国内地地区的第一天起，物业管理市场就是一种充分竞争市场。物业服务企业之间的竞争靠的是实力、质量和信誉，应该在公平、公开、公正的原则基础上进行合法、有序的竞争。

五、物业管理的起源

（一）最早的物业管理起源于19世纪60年代的英国

英国是世界上最早完成工业革命的国家。随着英国工商业的发展和城市化水平的提高，大批农民涌入城市，引起城市住房供应的紧张，于是，许多有商业头脑的有钱人纷纷出资建造专供进入城市的农民居住的出租屋。奥克维娅·希尔女士就是这些房屋投资者之一，具有独创性的是她为自己的出租物业制定了一套规范的管理办法并向承租人提供他们所需要的生活服务。这样一来，既改善了承租人的居住环境，又有效防止了房屋、设施设备的毁坏，其房屋出租率也一直保持比较高的水平，于是当地人纷纷效仿希尔女士的管理模式，逐渐成为当时英国社会房屋管理的主流模式。时至今日，英国的物业管理在国际上也是一流的，受到世界各国的普遍推崇，很多国家都在学习和借鉴这种模式。

在普遍实行社会化物业管理服务的同时，英国还专门成立了"皇家物业管理学会"，其会员遍布世界各地。

英国模式下的物业管理，除了传统意义上的房屋修缮、设备维修养护、保洁、绿化、保安以外，已经延伸到投资项目的可行性论证、工程咨询和监理、市场推广、租赁和销售代理等全方位服务。

（二）现代物业管理产生于 19 世纪末的美国

随着建筑机械和施工技术的发展，装配有电梯的高层楼宇大量涌现。这类建筑结构复杂、附属设备多、科技含量高，对养护、维修的专业化程度要求非常苛刻。在这种大的背景下，1908 年美国芝加哥一座摩天大楼的管理者乔治·A·霍尔特发起成立了"芝加哥建筑物管理人组织"（Chicago Building Managers Organization，简称 CBMO）。

"芝加哥建筑物管理人组织"的成立标志着世界上第一个专业物业管理机构的诞生，美国也因此被认为是现代物业管理的起源国。

（三）我国物业管理的产生和发展过程

我国物业管理产生和发展的大背景是全社会的改革开放。

20 世纪 80 年代初，从我国改革开放窗口城市——深圳市开始实施物业管理新的体制模式以来，物业管理行业经历了一个从无到有、从小到大、从幼稚到逐步成熟的过程，其产生和发展大致经历了以下两个阶段。

1. 我国物业管理的初创阶段（20 世纪 80 年代到 2000 年）

（1）初创阶段的标志。

1981 年 3 月 18 日，经深圳市人民政府批准，深圳市物业管理公司正式成立，这是自新中国成立以来我国内地首家专业物业服务企业，标志着我国物业管理的产生。

需要说明的是，早在 20 世纪 60 年代，我国的香港地区就出现了物业管理，但当时香港还在英国的统辖下，所以一般把深圳市物业管理公司的成立时间看做是中国物业管理的开端时点。

（2）初创阶段的特点。

① 传统房屋管理和现代物业管理双重机制并存，物业管理的社会化程度低。

中国实施改革开放政策之前，由政府房管部门直接管理城市公有住房和党政机关、企事业单位后勤部门管理本单位所属房屋是房屋管理的两种主要做法。这种传统的房屋管理模式适应了当时计划经济体制下单一房屋产权结构的特点和要求。随着改革开放政策的不断深入和房地产市场的日益繁荣，这种房屋管理模式的滞后性效应越来越明显，成为影响房地产业健康发展的瓶颈和障碍。在这种情况下，以深圳为代表的改革开放前沿城市开始探索一种新的管理模式和做法并获得成功，与此同时，中央和许多省、直辖市和民族自治区人民政府房地产行政主管部门开始在全国推广这种模式。

从总体上来说，我国 2000 年以前的房屋管理是传统管理模式和现代物业管理模式双重机制并存的态势，2000 年特别是 2003 年《中华人民共和国物业管理条例》正式颁布以后，这种局面才有了根本性改观。

② 实施物业管理的项目仅限于新建商品住宅小区和写字楼，物业管理覆盖面窄。

物业管理这种模式适用于各类物业管理区域或物业管理项目，但在 2000 年前，实施物业管理的还仅限于部分新建商品住宅小区和写字楼项目，其他大量住宅和非住宅项目还没有被物业管理这种现代化管理模式所覆盖。

③ 物业服务企业数量增长快，但层次低、运作不规范。

我国物业管理的产生有着深刻的经济、社会和体制背景，在很短的时间内，吸引了大量社会资本进入这一产业领域。在这一阶段组建起来的物业服务企业，尽管数量多，但理念落后、市场定位不清晰，没有建立起长期、持续经营的运行机制，往往是打一枪换一个地方，只收费不服务、多收费少服务的现象屡见不鲜，损害业主合法权益的案例屡屡见诸报端。

④ 开发商重建轻管，遗留问题多，业主意见大。

我国物业管理的初创阶段也正是房地产快速发展、房价持续上涨的时期。由于房地产开发的利润大大超过物业管理的利润，因此，一些不负责任的开发商忙于铺摊子、建项目，一些房屋质量问题得不到及时、彻底解决，极大地损害了购房业主的利益。

⑤ 物业管理法制建设滞后。

当时物业管理法律的渊源还仅限于《中华人民共和国民法通则》、原建设部颁布的部门规章以及各级地方政府颁布的地方性法规，在物业管理领域，既没有基本法律，也没有像《物业管理条例》这样的行政法规。物业管理法制建设严重滞后于快速发展的物业管理实践。

⑥ 业主物业管理服务商品性意识淡薄，物业服务费用收缴率偏低，大量的物业服务企业经营亏损。

受传统计划经济体制和长期福利性住房分配和住房消费的影响，对物业管理服务的商品性问题，很多业主并不认同，缴费消费的自觉性、主动性不强，很多的物业服务企业收费率在低水平上徘徊，陷入经营亏损。

⑦ 地区之间发展不平衡。

物业管理在深圳、广州、上海等新兴城市和经济发达城市起步早、发展速度快、成熟度高。虽然国家和各地方政府在推动物业管理发展上采取了很多措施，但大量内地城市仍然进展缓慢。

⑧ 物业管理专业人才特别是高层次人才缺乏。

在物业管理的初创阶段，能够胜任物业服务企业工程管理、客户服务、品质管理、市场拓展等部门工作特别是能独立运作一个物业管理项目（区域）的高层次人才严重缺乏，很多企业不得不从机械制造业、酒店业、旅游业和其他行业招聘人才。

2. 市场化阶段

经过近 20 年的实践、探索和总结，2000 年以后，我国的物业管理进入了市场化阶段。

这个阶段特点包括以下几个方面。

（1）传统房屋管理模式基本上纳入市场化轨道，物业管理的社会化程度迅速提高；

（2）物业管理覆盖面稳步增加，除住宅小区外，学校、医院、党政机关行政办公物业、机场、车站、空港等非居住物业广泛推行物业管理模式；

（3）在业主选聘物业服务企业环节广泛实行物业管理招投标制度，市场竞争机制初步形成；

（4）物业服务企业注重提升服务品质和企业形象，涌现出一大批竞争力强的物业服务企业集团；

（5）物业服务企业财务状况明显改善，营利能力大幅度提高；

（6）物业管理的法律、法规逐步完善。

六、我国物业管理取得的成就

在2003年全国物业管理工作会议上，原建设部部长刘志峰同志总结提出了20多年来物业管理方面取得的四个方面的成就。

（一）行业发展初具规模

物业管理涉及社会服务业务的多个领域，包括房屋及相关设施设备的维修养护、环境清洁、绿化、保安、家政服务等内容，成为同广大人民群众生活、工作息息相关的新兴行业。

据2003年年底的统计，全国共有物业服务企业27819家，从业人员233.68万人，相当于社会服务业从业人员的2.3%。全国城市物业管理覆盖面38%，经济发达城市50%以上，深圳超过95%。

（二）管理领域逐步扩大

20多年来，物业管理服务的领域逐步从住宅区扩展到工业区、学校、医院、商场、办公楼等各类物业。

（三）物业管理开始实行招投标，竞争机制初步形成

随着物业管理招投标制度的建立与完善，为物业管理市场竞争机制的建立提供了制度保障。开发商或物业业主通过招投标方式选聘物业管理，打破了"肥水不流外人田"的垄断局面，全面建立起点公平、过程公平和结果公平的竞争法则。大大小小的物业服务企业，要想求生存，求发展，就必须参与市场竞争，通过为住户提供更多、更好的物业管理服务去赢得市场、占领市场。

在物业管理招投标立法方面，2003年6月26日，原建设部颁布《前期物业管理招标投标管理暂行办法》（2003年9月1日起施行）。

（四）物业管理的法制环境不断完善

20多年来，国务院有关部门制定了一系列有关物业管理方面的规章规范性文件，如《城市新建住宅小区管理办法》、《城市住宅小区物业管理服务收费暂行办法》、《住宅共用部位共用设施设备维修基金管理办法》、《物业服务企业财务管理规定》、《物业服务企业资质管理暂行办法》等。与此同时，上海、天津、重庆、广东、海南、湖南、江西、河南等20多个省、市也陆续出台了物业管理条例或物业管理办法。

在总结长期以来物业管理立法经验的基础上，2003年6月8日，国务院公布了《中华人民共和国物业管理条例》，2007年3月16日，胡锦涛同志签发了第六十二号中华人民共和国主席令，正式颁布了《中华人民共和国物权法》。

《中华人民共和国物业管理条例》和《中华人民共和国物权法》的颁布和实施，在很多重大理论和实践问题上实现了新的突破，在改善物业管理法制环境的同时，极大地促进了物业管理行业稳健、规范发展，对推动社会和谐进步也起到了积极作用。

七、今后我国物业管理的发展趋势

经过20多年的探索和实践，我国物业管理已进入市场化、规范化、法制化发展的新时期。

（一）深圳市在全国物业管理行业全面领先的地位将被打破，深圳、上海、北京三个中心城市"三足鼎立"的局面已经形成

作为我国内地物业管理的发源地，深圳在物业管理的体制机制、管理模式、管理内容、管理方法、用人机制、市场化运作等方面进行了积极的探索，为全国推行物业管理新体制起到了辐射、示范和带动作用。

作为国际化大都市，上海早在1995年就开始对房改售后房实行了物业管理。从1997年开始，上海市又先后出台了一系列有关物业管理的配套规章和规范性文件，初步形成了物业管理法规体系。同时，上海市政府和行业主管部门在推进物业管理机制转换、理顺物业管理体制、加强行业监督、解决历史遗留问题等方面作了大量卓有成效的工作。目前，无论是物业管理覆盖面、物业服务企业数量、物业管理从业人员数量还是行业整体素质、物业管理服务质量和服务水平等方面，均走在全国物业管理行业的前列。

就北京市来说，尽管物业管理起步较晚，但发展迅速、法规健全、制度完善。特别是较早出台了《北京市居住小区物业管理办法》、《北京市居住小区物业管理企业与各专业管理部门职责分工的规定》等一系列的规章和规范性文件。《中华人民共和国物业管理条例》颁布以后，又相继制定了《北京市贯彻〈物业管理条例〉的若干意见》、《北京市高级人民法院关于审理物业管理纠纷的意见（试行）》、《关于开展组建业主大会工作的若干意见》、《北京市物业管理招标投标办法》、《关于业主大会招标有关问题的意见》等规章和规范性文件，成为全国物业管理立法最多、最全、最细、操作性最强的城市之一。另外，北京市

还在全国首创了业主委员会与社区委员会有机结合的新体制，在全国产生了很大影响。

此外，广州、南京、天津、杭州、重庆、武汉等城市的物业管理发展得也非常迅速，随着这些城市物业管理的快速发展，我国物业管理的层次和水平将得到较大幅度的提升。

（二）物业管理理论研究将实现新突破

作为指导物业管理实践和发展的理论研究，一直滞后于我国物业管理的实践。

近几年来，从原建设部住宅与房地产业司、中国物业管理协会，到各地物业管理主管部门及协会，都十分重视物业管理理论研究，特别是《物业管理条例》出台后，物业管理理论研究比较活跃，从《中国物业管理》、《建设报》、《中国房地产》、《中国房地产报》、《中国房地产信息》、到《深圳物业管理》、《现代物业》、《上海物业》、《海南物业管理》、《重庆物业管理》、《广州物业管理》等刊物都十分重视物业管理理论研究，无论从研究和探索的层面上，还是从研究的深度和广度来看，都取得了较快的发展，并取得了丰富的研究成果。

（三）物业服务企业将进入品牌化经营的新阶段

品牌是物业服务企业的软实力，是一个企业的管理能力、技术能力、服务水平、企业文化的综合反映。目前，越来越多的企业着手进行品牌建设和开发，并从中收到成效。

（四）高端物业将成为企业竞争的制高点

所谓高端物业，是指高档住宅区、别墅区，各种商厦、宾馆、写字楼等物业。这些物业不仅智能化程度高、技术含量高、功能完善齐全、设备设施先进，而且物业管理的回报率高。

高端物业不仅是国外品牌物业服务企业抢占的市场，也是国内品牌物业服务企业争夺的制高点。近几年来，国外物业服务企业登陆后，所抢占的物业管理项目几乎都是高端物业，国外物业服务企业瞄准高端物业，其目的不仅是因为国外物业服务企业在高端物业管理领域有其专长，更重要的是他们恰恰看好了高端物业所带来的丰厚回报。尤其是在目前国内普通住宅区物业服务收费标准低、收费率低的情况下，越来越多的物业服务企业，特别是品牌物业服务企业把高端物业作为必争的目标，甚至一些品牌的物业服务企业明确提出中高档以下物业项目不接的口号，使高端物业成了物业服务企业争占的众矢之的。

（五）文化建设将备受企业青睐

企业文化是指企业在自身发展过程中形成的以价值为核心的独特的管理模式，是企业价值观、企业精神、经营理念和道德规范的总和，是一种凝聚人心、提升其核心竞争力的无形力量。

物业管理行业形成的时间不长，文化底蕴较浅，因此，加速企业文化建设的必要性和迫切性更强。正是基于这一点，目前大多数物业服务企业，特别是品牌物业服务企业十分注重企业文化的建设，把企业文化作为培育企业的凝聚力和向心力的系统工程来抓。

（六）创新机制将成为企业发展的核心竞争力

随着人们对物业管理服务需求的日益提高，物业服务企业必须从经营理念、服务内容、管理方法、服务质量等方面进行全面创新，为推动物业管理行业的发展起到了巨大的推动作用。

20多年来，我国物业管理在理论与实践中进行了一系列创新，如一体化管理、管家式服务、顾客满意战略、零干扰服务、首席顾问制、无人化管理、短距离服务等。

（七）危机管理将备受重视

危机管理是现代企业管理的重要内容，也是现代企业管理不容忽视的大问题。在物业管理工作中，不可避免地要碰到地震、火灾、水灾、强台风以及抢劫、盗窃、煤气泄漏、突然停水停电等突发事件。因此，物业服务企业必须未雨绸缪，制定相应的应急预案，建立预警机制，一旦发生突发事件，便紧急启动预案响应，及时化解或减轻危机造成的不良后果，最大限度地维护业主利益。

（八）人才竞争将愈来愈激烈

人才是企业竞争力的最重要标志，是企业发展的重要保障。企业的竞争，归根到底是人才的竞争，没有高素质的人才，就不能在竞争中取胜。近年来，大批国外品牌物业服务企业进入我国物业管理市场，标志着全球性物业管理人才争夺战已经打响，谁拥有一流的人才，谁就能在市场竞争中占有优势。

（九）物业服务企业实现规模化经营，集团化发展有望取得突破

竞争投标机制的实施，地方保护主义的打破，为那些有能力、有实力的物业服务企业实施跨地区经营提供了新的机遇。规模化经营是物业服务企业发展的必然方向，只有充分发挥企业的规模优势，才能实现资源共享和低成本扩张。

企业集团是一种适应市场经济发展要求的新的企业组织形式。建立和发展物业服务企业集团，有利于集中社会资源，实现规模化经营，从根本上解决目前物业管理行业存在的多、小、散、差的问题。

（十）物业管理服务按质论价，菜单式定制将成为主流

物业服务费用是维持物业管理正常运转的血液，也是涉及业主切身利益最敏感的问题。原建设部《物业服务收费管理办法》颁布以后，在物业服务费用价格形式上，取消了"政府定价"和"经营者定价"，把物业服务费用的定价权还给了市场，还给了业主和物业服务

企业。物业管理服务实行按质论价、质价相称、优质优价。

2004年年初,中国物业管理协会出台了《普通住宅小区物业管理服务等级标准》(试行)。该标准根据普通住宅小区业主对物业管理服务的需求,设定了一级、二级、三级三个服务等级,又从基本要求、房屋管理、共有设施设备维修养护、协助维护公共秩序、保洁服务、绿化养护管理等六个方面对各级服务制定了具体的标准。该标准的施行为物业服务企业与开发建设单位或业主委员会签订物业服务合同、约定物业管理项目、质量标准以及测算物业服务费用提供了依据。换句话说,为物业业主按需求菜单定制物业管理服务创造了条件,可以预见的是,菜单式定制服务将成为今后物业管理的主流。

(十一)业主满意度将成为衡量物业管理服务质量的核心指标

作为社会服务业,物业管理是通过对物的管理来实现对人的服务,业主满意度的高低,无疑是衡量物业管理服务质量的核心指标。为此,物业服务企业把为业主服好务作为一切工作的出发点和落脚点,要把"业主至上、服务第一"作为企业的核心价值观,通过全体员工的持续不断的努力和辛勤劳动实现业主满意。

第三节 物业管理的特点

一、物业管理与传统房屋管理的区别

在我国,由政府房管部门直接管理城市公有住房和党政机关、企事业单位后勤部门管理本单位所属房屋是计划经济体制下房屋管理的两种主要做法。随着改革开放的不断深化,物业管理体制模式从无到有、从不完善到逐渐成熟,已经发展成为一个庞大的产业,同时,也为人们创造了一种全新的生活方式。

物业管理与传统房屋管理比较有着明显的区别,这些区别是计划经济与市场经济两种体制差别的具体表现。

(一)管理体制不同

传统房屋管理是计划经济条件下党政机关或企事业单位采用行政手段直接进行的福利性、封闭式管理。物业管理则是物业服务企业利用市场手段进行的有偿性、开放性、社会化管理。

(二)产权结构不同

传统房屋管理对象的产权结构非常单一,不论是城市房管部门直管公房还是党政机关或企事业单位管理的房屋,都属国家所有,住户只享有使用权。物业管理的对象则是一种多元化的产权结构,既有国家产权,也有集体产权和个人产权。

（三）客户关系不同

传统房屋管理制度下客户关系是由政府主动"管"住户、住户被动接受管理且没有选择权和监督权。物业管理模式下的客户关系则是业主选聘物业服务企业为自己服务，并对物业服务企业的工作进行监督。当然，物业服务企业也享有接受或不接受聘用的权利。

（四）政府的作用不同

在传统房屋管理体制下，政府（通过街道办事处、房管所或党政机关和企事业单位）直接进行房屋的管理。物业管理则是一种企业化管理，在这种管理模式下，政府不直接参与物业的具体经营和管理，而是通过制定行政法规或规章来规范物业管理活动，并指导、监督物业服务企业的运作。

（五）管理内容不同

传统房屋管理以房屋管理为主，而物业管理则是对包括房屋、设施设备、清洁、绿化、治安以及委托经营等进行的全方位、多功能服务。

（六）管理形式不同

传统房屋管理是多个产权单位、多个管理部门的分散、多头管理，居民要和包括街道办事处、居委会、派出所、环卫、绿化、消防以及水、电、煤气等多个部门打交道。而物业管理实行的是统一的、综合性的管理，居民只要面对一家物业服务企业即可解决上述生活中的问题，克服了在管理中经常出现的各自为政、扯皮推诿的弊端。

（七）经费来源不同

传统房屋管理是福利型住房制度的一种自然延伸，是一种福利性管理，为此，政府需要拨付大量的财政资金进行补贴。物业管理则是一种商品性、有偿性管理，实行以业养业、自我积累、自我发展。

二、物业管理的特点

现代物业管理区别于传统房屋管理，有以下几个明显特点。

（一）社会化

在物业产权结构多元化的背景下，业主与物业使用人为了维持正常的工作和生活秩序，会产生多元化和多层次的服务需求，如设施设备的运行、维修、养护和管理服务，安全服务、清洁服务、家政服务、资产经营服务服务等。这些服务产品有的专业性、技术性强，有的劳动强度大，有的连续性、时效性高。一方面，这些服务产品对业主与物业使用人来说是不可或缺的，另一方面，通过业主自我服务的方式来实现是不可想象的。

物业管理的重要社会功能之一是通过专业物业服务企业将上述服务产品进行有效聚集和整合，物业服务企业面向所有业主与物业使用人提供他们所需要的服务。对业主与物业使用人而言，只通过一家物业服务企业就可获得所需要的服务，而不必同时面对多家服务机构，进行多头交易和谈判。

（二）专业化

物业管理专业化是物业管理社会化的基础，只有专业化才能实现高效率和高质量。

1. 组织机构专业化

组织机构专业化是指提供物业服务的是专业物业服务企业。

为了对广大业主的利益负责，保证服务的质量，政府对物业服务企业实施资质管理制度，制定了严格的市场准入条件，物业服务企业只有取得相应等级的资质证书，才能够从事物业管理活动。

根据原建设部颁布的《物业服务企业资质管理办法》的相关规定，物业管理企业分为一级、二级、三级等三个资质等级，对不同等级物业服务企业的注册资本金、企业人员、接管物业的类型等问题都作了详细规定。

2. 人员配备专业化

从事物业管理的人员包括管理人员、专业技术人员和基层作业人员三个层次。

同物业服务企业资质管理制度相适应，政府对物业管理人员实行执业准入制度。《物业管理条例》第33条规定：从事物业管理的人员应当按照国家有关规定，取得职业资格证书。

早在1996年，原建设部就下发了《物业管理企业经理、部门经理、管理员岗位培训持证上岗实施办法》。1998年开始进行岗位培训。现在，已有几十万物业管理从业人员取得了物业服务企业经理、物业服务企业部门经理和物业管理员岗位资格证书。

3. 物质技术手段专业化

随着新材料、新技术、新设备在房地产开发领域的普及和应用，房屋及设施设备的维修、养护和管理越来越离不开现代化的物质技术手段。

（三）企业化

物业服务企业化包括以下几个方面。

（1）物业服务企业必须是独立的企业法人。

从法律上严格规定从事物业管理活动的机构必须具备独立法人资格，从根本上来说是为了维护广大业主的合法权益。

《物业管理条例》第32条规定：从事物业管理活动的企业应当具有独立的法人资格。

企业法人是指具有符合国家法律规定的资金数额、企业名称、组织章程、组织机构、住所等法定条件，能够独立承担民事责任，经主管机关核准登记取得法人资格的社会经济组织。企业要取得法人资格，必须满足以下条件。

① 依法成立。

依法成立是指依照现行法律规定成立，包括在成立程序上的合法性和在成立后组织的合法性。我国公司制企业必须依《中华人民共和国公司法》成立方能取得法人资格。

② 有独立的财产。

法人企业拥有独立的财产，是它作为民事主体参与经济活动，享有民事权利和承担民事责任的物质基础。

③ 有自己的名称、组织机构和场所。

法人的名字是法人的字号，是它区别于其他法人的标志。企业法人是一个经济组织，组织必须有一个有序的组织机构，组织的功能才能发挥。企业法人的场所是企业生产经营活动的地方，也是企业作为民事主体的住所。企业法人必须有场所，一是生产经营活动的需要，二是有利于国家对企业的监督和管理。

④ 必须独立承担民事责任。

这一条件包括三层含义：一是必须承担民事责任；二是民事责任只能由它自己承担；三是有能力承担。企业能否独立承担民事责任是以其是否拥有独立财产为基础的。公司制企业由多个投资主体（包括自然人和法人）出资，依法定程序设立，所有投资主体的出资形成公司独立的法人财产，并与投资主体的其他未投入的财产相分离，公司以其拥有的全部财产独立享有民事权利和承担民事责任，具有与自然人一样的民事权利能力和民事行为能力。

时至今日，很多政府机关、企事业单位的房屋和设施设备仍然由后勤部门进行管理。这种行政性和封闭式管理存在服务质量无标准、工作过程无监督、工作结果无考核等弊端，出现问题要么相互推诿，要么消极逃避，极大地损害了业主的合法权益。

（2）物业服务企业要建立适应市场经济体制发展要求的现代企业制度，做到产权清晰、责权明确、管理科学。

（3）要允许并鼓励物业服务企业通过合法经营获得必要的利润。

（四）经营型

经营型物业管理的内涵表现在：

（1）物业服务企业要积极参与市场竞争，争取更多的托管项目和管理面积，最大限度地提高规模效益；

（2）物业服务企业要努力降低服务成本，提高管理效率和经济效益；

（3）物业服务企业要积极开拓服务领域、开发服务产品，拓宽利润渠道。

第四节 物业管理的类型、原则和作用

一、物业管理的类型

根据开发商、物业业主和物业管理机构的关系,物业管理分为自主经营型和委托管理型两大类。

(一)自主经营型物业管理

自主经营型物业管理是指房地产开发企业或物业业主自己设立物业管理机构,对自有物业进行管理的模式。包括自有自用型物业管理和自有出租型物业管理两种具体做法。

自主经营型物业管理的基本特点是:
(1)物业所有权同经营管理权融为一体;
(2)业主结构单一(只有一个业主);
(3)以创造良好的使用环境(自有自用型)或提高出租率(自有出租型)为主要目标;
(4)适用于非居住物业的管理,如大型商场、酒店、写字楼、工业厂房等类型的物业。

但是,自主经营型物业管理存在很多的弊端。首先,自主经营型物业管理很难保证物业管理的质量;其次,容易使开发商或物业业主陷入管理规模小、经济效益低的尴尬境地。此外,还过多地分散了开发商或物业业主的精力,使得他们不能将资源集中于所擅长的领域。

(二)委托管理型物业管理

委托管理型物业管理是指房地产开发企业或物业业主选聘物业服务企业进行的管理,包括自用委托型物业管理和租赁经营型物业管理两种类型。

1. 自用委托型物业管理

自用委托型物业管理是指房地产开发企业或物业业主将自有、自用物业委托物业服务企业进行的管理。居住类物业以及党政机关和企事业单位办公类物业多采用这种做法。

对开发企业或物业业主来说,委托物业服务企业管理的事项可以是全部物业管理服务,也可以是部分或单一的物业管理服务。

2. 租赁经营型物业管理

租赁经营型物业管理是指物业服务企业受房地产开发企业或物业业主的委托,在实施物业管理的同时,负责招商宣传、市场开发、交易咨询、估价、合同签署、收取租金等全部或部分租赁经营业务。多适用于商场、写字楼物业的管理。

这种模式具有多方面的优势。第一,经营、管理一体化,全方位满足了客户的需要,

提高了对客户服务的效率。第二，进一步拓宽了物业服务企业的利润渠道（物业服务企业向房地产开发企业或物业业主提供租赁代理、交易咨询、估价等服务，可以获得数量可观的佣金收入）。第三，实行物业管理和经营租赁多元化经营，可以锻炼和提高员工队伍的素质和能力。

但是，对物业服务企业来说，租赁经营型物业管理存在巨大挑战。第一，物业服务企业的责任和压力大。根据协议，物业服务企业不仅承担物业的管理的工作，而且还承担物业租赁市场开发、招商宣传、交易咨询等经营性业务。第二，物业服务企业的经营风险高。在经营租赁过程中，客户选择、价格控制等都存在较大风险，而这些风险只能由物业服务企业来承受和化解；第三，多元化经营对人力资源要求高。

同自主经营型物业管理相比，委托管理型物业管理有三个明显的特点。

（1）社会化程度高。委托管理型物业管理是一种专业化、开放式的管理，社会化程度高。

（2）物业所有权和经营管理权分离。

（3）外部关系复杂，服务纠纷多。

委托管理型物业管理涉及物业服务企业、开发商、小业主、租户等多方面的外部关系，容易引发各种服务纠纷和矛盾。

需要说明的是，房地产商或物业业主为其所有的物业选择管理模式或管理类型是其基本的民事权利。《中华人民共和国物权法》、《物业管理条例》等法律法规也只是从维护广大业主的合法权利、提高物业管理服务的质量和水平、规范物业服务企业的行为以及建立稳定的市场秩序等方面制定相应的授权性、义务性或禁止性规定，没有哪一个机构或个人强迫房地产商或物业业主必须采用或放弃哪一种模式。

二、物业管理的原则

同其他所有行业一样，社会主义市场经济体制下的物业管理也存在一些内在的规律性，需要提炼、总结并制定出符合客观规律要求的行动纲领和指导原则。这些行动纲领和指导原则既是长期以来我国物业管理实践的经验总结和理论概括，也是确保行业健康发展的前提和条件。无论是政府、物业服务企业、物业业主还是其他物业管理法律关系的参与者，都应该始终不渝、一以贯之地认同、尊重和坚持这些原则。

（一）以客户需求为中心的原则

在物业管理的体制框架下，业主是物业的主人，有权选聘、续聘和解聘物业服务企业并对物业服务企业的工作进行监督，物业服务企业要对全体业主负责，为业主与物业使用人提供优质的、全方位的服务。物业服务企业为业主与物业使用人提供服务是其生存的基础，只有处处为业主与物业使用人着想，寓管理于服务之中，用优质、完善的服务满足业主与物业使用人居住、办公、经营等多方面的需求，为他们营造满意的生活、工作空间，才能获得生存和发展。

例如，深圳中航物业管理公司对客户做出的服务承诺是：
（1）对业主的问讯以及业户碰到的难题迅速做出反应；
（2）采取一切可能的措施简化业务程序，为业主提供方便；
（3）公司上下各部门员工都同业户友好相处，做到诚实、尽责、可靠地对待业户；
（4）尽量为每个业户提供有针对性的个性化服务，并及时回访业户；
（5）对服务质量做出可靠承诺并保证兑现；
（6）有所有交往中表现出礼貌、体贴和关心。

以客户需求为中心的原则符合市场经济条件下企业经营的理念要求。"顾客是上帝"、"顾客是企业的衣食父母"等企业市场营销活动的指导思想和原则同样适用于物业服务企业。

（二）所有权与管理权分离的原则

业主对物业的所有权是物业管理权的基础。业主、业主大会是物业管理权的权利主体，是物业管理权的核心。由于区分所有建筑物的大量存在，区分所有建筑物中共用部分的维护和管理远非哪一方能决定和胜任的。因此，将管理权与所有权剥离，把物业交由专业物业服务企业管理，既可以克服分散管理的低效率，又能够减少纠纷扯皮现象。

（三）一体化管理原则

任何一个物业管理区域都是一个设施设备配套齐全的完整的系统，同时，由于物业功能多、产权分散，各管一摊必然导致效率低下。只有实行一体化综合管理，才能充分发挥物业的整体功能，克服多头管理带来的推诿扯皮、效率低下等问题，同时，也只有这样才能使管理集约化，降低管理成本。《物业管理条例》规定一个物业管理区域只能成立一个业主大会，选聘一家物业服务企业从事物业管理，正是这一原则的具体体现。

在物业服务企业对物业进行统一管理的基础上，根据需要可以通过签订合同的办法将一些专业性强的项目分包给其他具有实力的专业公司。如区域绿化可分包给园林绿化公司，房屋修缮可分包给房屋修缮公司，区域内保洁可分包给保洁公司，治安保卫可分包给保安公司等。

（四）专业管理与民主管理相结合的原则

一方面，在物业管理领域，有许多技术性、专业性都很强的工作，需要专门机构、专业人员进行专业化的管理。另一方面，物业管理工作的开展与业主、物业使用人的工作、生活息息相关。所以，通过建立业主大会和业主委员会制度，动员和组织全体业主、物业使用人主动参与和配合物业管理工作，形成物业服务企业专业化管理与业主广泛参与的良性互动机制，才能持续改进物业服务企业的工作，促进全社会物业管理水平的不断提高。

（五）合理定价、等价交换原则

物业管理是一种市场化、企业化的行为。物业服务企业为业主与物业使用人提供的物业管理服务产品也是商品，其使用价值实现和价值补偿也要通过交换来实现，也要遵循价值规律这一商品经济的一般规律，按质论价、优质优价。

为此，物业服务企业要科学进行费用测算，严格执行国家有关物业服务企业财务制度的规定，根据物业管理区域的特点，科学确定收费项目、准确测算取费标准，不擅自扩大收费范围、不搞重复收费，提高收费标准，自觉维护广大业主与物业使用人的合法权益。不能只收费不服务或多收费少服务。作为业主，也不能只消费不付费或多消费少付费。

（六）诚实信用原则

在物业管理过程中，物业服务合同是物业服务企业同业主之间权利义务关系的具体体现，受《中华人民共和国合同法》调整。合同一旦订立，就具有法律上的效力，双方必须严格按照合同的约定履行各自的义务，否则，就要承担违约责任。

在实际工作中，有的物业服务企业采取低价竞争的手段获得委托管理项目，等到正式接管以后，便通过采取压缩人员编制、降低服务标准等手段维持收支的平衡；还有的企业为降低管理成本，随意延长设备保养周期，导致设备折旧速度加快，给业主造成了巨额财产损失。

（七）权责分明原则

物业管理涉及政府、物业服务企业、业主或物业使用人、社会公用事业部门等多个法律关系主体。要建立起运转高效、机制健全、和谐有序的物业管理市场环境，首先，要明确界定各自在物业管理过程中的定位，各司其职、各负其责；其次，要正确认识和处理物业管理法律关系中权利和义务之间的辩证关系，不能片面强调权利而回避或拒绝履行义务；最后，随着物业管理社会化程度的不断提高，要在全社会营造一种责任意识，对责任要怀有敬畏的态度。

在实际工作中，普遍存在着片面权利意识的现象。如有些业主认为物业服务企业是自己请来的"管家"和"佣人"，想让你干就让你干，不想让你干，干得再好也得走人；有些业主随意拓宽物业管理的外延和内涵，认为物业服务企业收了钱，就应对业主的人身和财产承担责任。

（八）公平竞争原则

在物业管理过程中要积极引入竞争机制，无论是政府采购项目还是商业地产项目，无论是后期物业管理还是前期物业管理，都要采取招标方式来选聘物业服务企业。

在实际工作中，有的开发商或业主搞虚假招标，以招标之名行骗取投标企业的管理经验之实；有的物业服务企业互相串通，抬高标价，损害招标人的利益。

（九）依法管理原则

政府、物业服务企业、业主或物业使用人、社会公用事业部门等所有参与物业管理法律关系的法律关系主体，都应该树立法律意识和法制观念，严格依法办事。

目前，全国人大、国务院和住房和城乡建设部颁布的有关物业管理方面的法律、法规和规章主要有《中华人民共和国物权法》、《中华人民共和国物业管理条例》、《城市房屋修缮管理规定》、《城市生活垃圾管理办法》、《物业管理公司的财务制度》、《城市住宅小区竣工综合验收管理办法》、《房屋建筑工程质量保修办法》、《房屋接管验收标准》、《高层建筑消防管理规则》、《公有住宅售后维修养护管理暂行办法》、《城市房屋修缮管理规定》、《物业服务企业资质管理试行办法》、《全国物业管理示范工业区标准及评分细则》、《前期物业管理招标投标管理暂行办法》、《全国物业管理示范大厦标准及评分细则》、《全国物业管理示范住宅小区标准及评分细则》、《中国物业管理从业人员岗位证书管理办法》、《住宅共用部位共用设施设备维修基金管理办法》、《住宅室内装饰装修管理办法》等。

三、物业管理的作用

（一）有利于实现物业的保值、增值

物业服务企业接管物业项目后，通过对物业进行及时、科学、合理的维护和修缮，可以大大延长其使用寿命，实现物业的保值、增值。

以一个 30 万平方米的住宅小区为例，如果每平方米造价为 2000 元，按使用周期为 50 年计算，如果增加 5 年的使用年限，便可实现增值 6000 万元。

（二）有利于拉动经济增长

据测算，在 50 年的住房使用期内，包括房屋大修、中修及设施设备的更新改造和其他服务消费累计支出与当年购房价格的比例为 1∶1。

如果按照城镇住宅 50%实施物业管理、居民物业管理服务消费平均每户每月 50 元计算，全国城镇居民物业管理服务消费支出将超过 300 亿元，物业管理产生的国内生产总值占同期国内生产总值 0.3%左右。

（三）有利于提高人民群众的居住质量

"小康不小康，关键看住房"。居住质量的提高，一方面要靠增加住宅建设的步伐，提高住宅规划、设计和建设水平。另一方面，也要有良好的物业管理，创造安全、舒适的居住环境。

（四）有利于扩大社会就业

据测算，管理一个建筑面积为 10 万平方米的中高档物业小区，需要保安员 50 人，保洁员 25 人，绿化工 5 人，维修工 10 人，管理人员 10 人，总共约需 100 人。按这个标准计算，在 2020 年我国的物业管理从业人员将会达到 2250 万人。

（五）有利于维护社区稳定，增进社会和谐

从理论上来说，物业管理是社区建设的重要组成部分，业主、业主大会的活动与社区建设和管理密切相关，物业服务企业对于维护社区环境和秩序具有积极的作用。多年的实践上证明，物业管理在维护社区秩序，协助公安等有关部门防范刑事犯罪，防止可能发生的火灾、燃气泄漏、爆炸等恶性事故中起到了重要作用。另一方面，物业服务企业在努力提高管理服务水平的同时，配合有关部门和社区组织积极开展社区文化活动，丰富了居民的业余文化生活，促进了居民的身心健康，推动了和谐、互助的邻里关系的形成，促进了社区精神文明建设。

第五节　物业管理模式

一、物业管理模式的概念和内容

（一）物业管理模式的概念

物业管理模式是指物业管理的结构形式和运行机制，其核心是参与物业管理的法律关系主体以及相互关系。

（二）参与物业管理的法律关系主体以及在物业管理中的地位

如前所述，物业管理涉及政府、物业服务企业、业主或物业使用人、社会公用事业部门等多个法律关系主体。

1. 业主、业主大会和业主委员会

（1）业主作为物业的所有权人，一方面，依法享有物业管理参与权、选举权和被选举权、监督权、批评权、建议权、知情权等各项权利。另一方面，其还要履行合理使用建筑物共用部位、共用设施设备，自觉维护物业管理区域的秩序和安宁，支付物业服务费用等义务。

（2）业主大会是物业管理最高权力机构，享有对物业管理重大事项进行决定的权利。

（3）业主委员会是业主大会的常设执行机构，对业主大会负责，在物业管理过程中，

执行业主大会所做的各项决议并接受业主监督。

2. 政府各相关部门

政府物业管理行政主管部门以及工商、物价、税务、公安、劳动等政府各相关部门，根据法律、法规和政策对物业服务企业进行指导、检查和监督。

3. 物业服务企业

物业服务企业通过参与物业管理招投标获得对物业管理项目的管理权，根据物业服务合同约定的服务项目和质量标准向业主提供房屋修缮、设施设备维修养护、清洁、绿化以及秩序维护等服务并向业主收取费用，同时，自觉接受政府部门的指导、检查和监督。

4. 房地产开发企业

房地产开发企业参与物业管理表现在以下五个方面：
（1）自行组建物业服务企业对其投资开发的项目实施管理；
（2）在前期物业管理阶段选聘物业服务企业；
（3）聘用物业服务企业开展前期介入；
（4）与物业服务企业一起做好新建物业的接管验收工作；
（5）负责保修期内房屋和设施设备的售后服务工作。

5. 社会专业服务机构

同物业管理有关的社会专业服务机构包括专业从事建筑施工、设施设备维修养护、绿化、清洁、秩序维护的等企业。在物业管理区域范围内，物业服务企业可以把一些专业性强、技术要求高、物业服务企业无力承担的专项服务业务外包给这些机构。

6. 社区居民委员会

社区居民委员会是城市居民实行自治管理的基层组织，在物业管理区域范围内，社区居民委员会指导物业服务企业做好社会治安、流动人口管理、计划生育、市政公共设施管理等工作。

7. 城市公用事业部门

城市供水、供电、供暖、供气、环卫、有线电视等公用事业部门对物业服务企业的工作进行管理、监督和指导，和物业服务企业一道，为业主创造良好的工作和生活环境。

二、物业管理模式的类型

作为物业的所有权人，业主享有选择物业管理模式和方式的权利。《中华人民共和国物权法》第81条第1款规定：业主可以自行管理建筑物及其附属设施，也可以委托物业服务企业或者其他管理人管理。

但是，从提高物业管理质量、保障业主权利以及提高社会资源的利用效率来看，业主委托物业服务企业实施物业管理是具有普遍适用性和巨大生命力的模式类型。

（一）物业服务企业管理模式

1. 物业服务企业管理模式的含义

物业服务企业管理模式是指由独立设置、具备相应资质条件、具有法人地位的物业服务企业对物业实施管理的模式。这种模式符合物业管理社会化、专业化、企业化、经营型的原则和要求，是今后我国物业管理的基本模式。

2. 物业服务企业管理模式的优点

（1）管理思路清晰、服务意识强、服务质量高。

（2）市场准入制度保证了物业服务企业具有相应资质，能最大限度地维护业主财产的安全。

（3）有偿服务的体制、机制能从根本上解决物业管理的经费来源，减轻政府负担。

（4）物业服务企业统一管理的模式有利于各项管理措施的配合与实施。

（5）社会化、专业化的管理体制有利于提高城市管理水平。

3. 物业服务企业管理模式存在的主要问题

（1）经济发展水平和居民收入水平较低，物业管理服务产品的有效需求不足，在一定程度上限制了物业管理的普及和发展。

（2）业主的全局观念和自律意识淡薄，参与物业管理的积极性不高。

（3）对于房屋质量问题、公共费用分摊以及错综复杂的相邻关系纠纷，业主存在片面的权利意识，往往不能理性、正确地归责，而是直接对抗物业服务企业，使矛盾激化。

（4）管理成本相对较高，业主经济负担较重。

（5）对区分所有建筑物中共有部分的经营收益，存在物业服务企业侵权的机会和可能。

（6）部分物业服务企业内部管理不规范、服务有瑕疵，业主投诉多，一些物业服务企业忽视业主权益，日常工作不能按合同、制度办事，处理问题和矛盾简单生硬，服务质量和服务态度不能使业主满意。个别企业巧立名目，多收费、少服务，质价不符，以押金、罚款等不正当手段对业主进行强制管理，导致矛盾激化，严重损害了物业管理行业的社会形象。

（7）员工队伍素质偏低，不能适应业主日益提高的物业管理服务需求。我国物业管理起步较晚，专业人才匮乏，从业人员来源复杂，整体素质较低，员工队伍的职业道德、专业技术能力、法律水平以及处理突发事件能力等都难以适应快速发展的形势要求。

（8）物业服务企业与相关部门的关系没有理顺、职责不清。

截至目前，很多城市的供水、供电、供热等公用事业部门利用其垄断经营地位，要求物业服务企业为业主代收或代缴各种费用，这些部门既不向物业服务企业支付代理佣金，也不承担发生的各种损耗。物业服务企业如果不为业主缴清费用，这些部门就会停水、停电、停气；如果为业主缴清了费用，则业主会因为价格高低、使用和闲置等形形色色的问题，拒绝向物业服务企业支付本该由他们承担的费用。这样一来，物业服务企业就会夹在业主和公用事业部门中间进退两难。

（二）开发商管理模式

1. 开发商管理模式的含义

开发商管理模式是指房地产开发企业自行组建物业管理机构，对其开发建设的物业项目进行管理的模式。

就目前来说，开发商管理模式在物业管理市场上占有重要地位，据建设部门统计，物业管理百强企业中有一半以上属于这种类型。

2. 开发商管理模式的优点

（1）开发建设与后期管理能顺利衔接。

由于管理主体是开发商，物业服务企业可以在规划设计、工程施工、材料选用、设备选型和安装等方面全面介入，既有效避免设计缺陷，保证工程质量，又可以为后期管理奠定基础。

（2）有利于配套设施的进一步完善。

在物业的开发建设过程中，往往存在配套设施建设滞后的问题。在项目开发建设结束之后，由其组建的物业服务企业能够担负起招商招租、健全服务设施、完善服务功能的任务。

（3）保修责任容易落实，售后服务有保障。

实践中，房屋竣工验收与业主买房入住往往有较长的时间差，竣工验收在前，业主购房入住在后。毫无疑问，业主会坚持从领到钥匙开始计算房屋保修期，而施工单位则会坚持从综合竣工验收合格开始计算保修期。因此，如果施工单位的保修责任在业主办理入住手续时已经到期，将存在业主享受不到保修利益的风险。在这种情况下，如果采取开发商管理的模式，开发商一定会对业主做出保修承诺，房屋保修问题便可迎刃而解。

（4）物业管理经费有保障。

在物业管理的初期，运作成本往往较高，开发商会对自己旗下的物业服务企业提供资金上的支持。

由于这类公司依附于开发商，物业服务企业经营得好与坏、盈与亏都由开发商负责，造成物业服务企业自身"发育不良"。从长远来看，开发商总有一天要给物业服务企业"断奶"。因此，这类物业服务企业应尽快强身健体，进一步增强自主意识、竞争意识和忧患意识，真正成为自主经营、自负盈亏的法人实体。

3. 开发商管理模式的缺陷

（1）物业服务企业在经济、市场和管理等方面对开发商的依赖性强。
（2）物业服务企业缺乏市场竞争的压力，不利于提高管理和服务水平。
（3）对物业管理市场形成垄断，影响物业管理市场化进程。
（4）开发商经济负担重。

（三）业主自主管理模式

业主自主管理模式是指通过物业管理区域内业主大会或业主委员会等自治管理组织对物业实施管理的模式。

（1）业主自我服务模式。

业主自我服务模式是指由业主自行组建物业管理队伍，实行自我管理、自我服务的模式。

这种模式带有明显的自然经济色彩。要实施这种模式，第一，物业管理区域建立起高度和谐、稳定的社区关系；第二，业主在日常物业管理事务上具有高度的责任感、自律性、参与性和奉献精神；第三，业主自治管理组织要具有很强的感召力和权威性。

现代社会，人们社会分工不同，技术专长各异，加上工作节奏和生存压力大，让业主直接从事物业管理工作几乎是不可想象的。

（2）专项服务外包模式。

由业主自治管理组织将与物业管理有关的房屋修缮、清洁、秩序维护、绿化等专项服务项目全部外包给社会专业服务企业来实施并对专业服务企业进行监督和管理的模式。

专项服务外包模式在一定程度上克服了业主自我服务模式的局限性，能把业主从繁琐的物业管理事务中解放出来，但是，这种模式对业主自治组织的感召力和权威性提出了更高的要求，一旦失去业主们的信任，很容易导致这种模式的破产。

同其他的模式比较，业主自主管理模式有透明度高、业主参与度高、经济负担轻的优点，同时也存在明显的缺陷：第一，管理风险和责任完全由业主承担；第二，业主委员会及其成员压力大，稳定性低；第三，适应范围窄，在现实生活中，只是一些小规模住宅区在实行这种模式。

（四）政府房管部门管理模式

政府房管部门管理是指由城市政府房地产行政主管部门（房管局和基层房管站、房管所）对属于国家所有的房产进行的管理。其基本特点包括以下几个方面。

（1）管理的主体是政府，管理的对象是单一的国有资产，产权和管理权合一。
（2）工作内容单一、服务质量低。通常情况下，房管所只是负责房屋及其附属设备简单的维修、养护工作，管理水平和服务质量也不高。

（3）员工结构简单。一般房管所只配备"一员三工"人员，即房管员、瓦工、木工和壮工。

（4）经费紧张、国家财政负担重。由于实行的是福利性的住房分配和消费制度，因此，这种模式只能依靠低廉的租金收入和大量财政补贴勉强维持运转。

随着我国经济体制和城镇住房制度改革的不断深化，政府房管部门管理模式越来越不适应形势发展的要求。从2000年开始，这种管理模式逐渐退出市场，原有的房管站、房管所也陆续从政府房管部门脱钩，通过内部改制成立物业服务企业，开始走上社会化、企业化、专业化发展的轨道。

（五）党政机关、企事业单位自行管理模式

党政机关、企事业单位自行管理模式是指各级党政机关、企业、学校、医院等企事业单位直接对其物业进行管理的模式。

这种管理模式有以下几个特点。

（1）财产权和管理权合二为一。物业管理机构依附于单位行政领导，不具备自我约束、自我发展的动力。

（2）单位之间物业管理服务质量参差不齐。领导重视、后勤管理好的单位服务质量高，反之，服务质量低。

（3）物业管理过程中的大量事务性工作对单位正常工作造成严重干扰。

（4）不具备规模经营优势，物业管理服务成本偏高，单位经济负担重。

鉴于党政机关、企事业单位自行管理模式存在的问题，从2000年以后，各级政府在推动单位后勤社会化改革方面作了许多有益的尝试。其中，各级财政部门对党政机关、全额拨款事业单位的物业管理纳入政府采购序列，通过政府采购招标的方式选聘物业服务企业。

（六）"三合一"管理模式

"三合一"管理模式是指居民委员会、业主委员会和物业服务企业组成联合工作组，共同实施物业管理的模式。

在联合工作组中，社区居委会负责建立社区建设和管理的服务网络，配合有关部门和街道办事处解决社区内市容环境卫生、道路、路灯等方面问题；监督指导业主委员会和物业服务企业的工作，受理小区业主投诉，协调处理物业管理中的纠纷，组织社区文化娱乐活动等。业主委员会主要是及时了解业主与物业使用人的意见和建议，监督和协调物业服务企业履行物业服务合同，教育和督促业主遵守管理规约，协助物业服务企业及时缴纳物业服务费用等。

物业服务企业主要负责管理小区内共用部位和共用设施设备日常运行、维修养护管理，统一管理小区内停车场交通及车辆等，管理小区清洁卫生和绿化，维护公共秩序，协助做好安全防范工作等。

"三位一体"模式的运作是建立居委会、业主委员会、物业服务企业三方联席会议制度。由社区党总支负责建立由三方共同参与的居民自治联合工作组,每周召开一次会议,对事关小区的整体事务,带有普遍性的问题制定统一的目标和工作措施,重大问题三方共同研究,重要工作三方共同行动,工作互相通气、互相补充、互相支持。

"三合一"模式有很多优点:首先,居委会作为我国行政组织的最基本单位,有一定威信,有居委会参与,可以树立物业管理的形象;其次,居委会对街道、政府较为熟悉,容易协调与政府各部门之间的关系;最后,居委会与物业服务企业在行政、业务上分工明确,小区行政管理事务由居委会承担,物业管理工作由物业服务企业承担。

但是,"三合一"模式也存在很多弊端。一是领导体制不顺。居委会主任由上级街道办事处委派,物业服务企业经理是企业的法定代表人,当两者工作发生矛盾时,到底谁服从谁没有明确规定。二是权利与义务不对称。很多物业服务企业认为居委会权利要得多,义务承担得少,容易产生矛盾。三是造成了新的政企不分。物业服务企业作为企业法人,要以实现利润最大化作为自己的经营目标,而居委会作为国家的基层行政组织,要以行政和社会效益作为自己的工作目标,当物业服务企业的经济利益与居民委员会所追求的政治和社会目标发生冲突时,很难找到有效的解决办法。

第六节 物业管理的基本程序

物业管理是房地产综合开发过程的延续和完善,是一个复杂、完整的系统工程。包括物业管理前期介入、设计物业管理方案、组建物业管理机构、物业的承接查验、物业管理工作的移交和前期物业管理等六个阶段。

一、物业管理前期介入

有关物业管理前期介入的内容将在第 5 章"物业管理前期介入、物业承接查验和前期物业管理"中做详细的说明。

二、设计物业管理方案

物业管理方案是物业服务企业对物业管理项目实施管理的基本设想,设计物业管理方案的基本步骤包括以下几个方面。

(1)成立工作小组。

一般情况下,物业服务企业是在进行项目投标时编写物业管理方案,编写任务可由投标工作小组承担。工作小组一般由物业服务企业的总经理、副总经理或经验丰富、知识全面的部门经理牵头,成员包括管理、财务、工程、保安、保洁和行政等部门的有关人员。

（2）培训工作人员。

工作小组成立后，需要对参与方案制订的工作人员进行必要的业务培训。培训内容主要有标的物业项目的情况介绍、制订方案的要求、内容、方法和程序，优秀物业管理方案案例的学习和考察等。

（3）收集资料。

收集的资料主要包括法规政策、参考书、必要的文件表格、以往同类物业项目的管理方案等。

（4）调查分析标的物业项目情况。

一般包括目位置，项目性质，项目规模，项目建筑情况、配套设施及附近交通状况、消防、安保、卫生清洁等设施状况，周边环境状况，开发商的背景，工程设计单位、施工单位和监理单位的背景等。

（5）了解业主与物业使用人的服务需求。

可以运用座谈、访问、电话调查、发放调查表、实地观察、小规模实验等方法，定性与定量相结合，调查业主与物业使用人的基本情况及其对物业管理服务的需求。

调查内容主要包括业主与物业使用人的自然状况（总人口数、总户数、职业、受教育程度、年龄、性别、民族构成等），业主与物业使用人的经济收入状况和支付能力，业主与物业使用人对各项物业管理服务内容、服务档次的现实需求和潜在需求情况、

（6）了解同类物业管理状况。

主要包括本地区同类型物业的管理措施、管理模式、服务项目、服务费水平等。

（7）对调查资料并进行统计、分析和研究并写出简要的调查报告。

（8）初步确定物业管理方案要点。

物业管理方案要点主要包括管理档次、服务项目、管理模式、管理目标、主要措施、费用测算等。

（9）进行可行性评价。

从技术和经济两个方面对方案的可行性进行评价，如果物业管理方案某些方面不可行，需要进行调整，调整后再做评价。

（10）草拟方案文本。

在对物业管理方案要点做出可行性评价以后，需要着手编写具体的物业管理方案文本。

（11）讨论修改。

方案编写小组写出具体的物业管理方案文本后，需向专家顾问、本企业其他相关物业管理人员征询意见，进行讨论修改。

（12）领导审阅。

经过讨论修改的方案，需送物业服务企业的领导审阅。

（13）文本定稿。

经领导审阅、签字，必要时再做修改后，方案即可定稿。

（14）实施和完善。

定稿后的物业管理方案即可付诸实施，而且需要在实践中不断修改和完善。

不同类型物业项目的管理方案侧重点有所不同，方案编写体例也没有统一的规定。一般来说，物业管理方案文本主要包括项目管理的整体设想与策划、物业管理服务模式（组织架构、工作流程、信息反馈处理机制等）、人力资源安排、管理制度、物业管理服务的具体内容和质量标准、物业管理财务收支测算等。其中，物业管理的服务标准和财务收支测算是物业管理方案的核心内容。

三、组建物业管理机构

在物业管理方案制订并经审批之后，应立即着手开展物业管理机构（管理处）的组建工作，并为下阶段的工作做好准备。

（一）设置内部机构、配备人员

企业内部机构要根据物业的规模和特点灵活设置，既要分工明确，又要注意各部门间的衔接配合。人员配备除考虑管理人员的选派外，还要考虑操作层（维修养护、保安、清洁、绿化等人员）的招聘。

（二）开展入职培训

物业管理对从业人员的要求表现在很多方面，既要有爱岗敬业的工作态度，还要有甘于奉献、持之以恒的工作作风；既要有扎实、娴熟的工作技能，还要有良好的沟通能力。某些特殊工种（电梯、锅炉、配电等），还要达到政府职业准入制度的标准，取得职业资格证书或岗位证书，持证上岗，因此，必须组织开展入职培训。培训内容包括物业管理基础理论、物业管理实务操作、突发事件处理、服务规范和礼仪、投诉处理等。

（三）制定规章制度

健全的规章制度是保证物业管理工作秩序和工作效率的前提，也是指导员工进行岗位作业的行动指南。规章制度包括财务管理制度、各岗位工作职责、物料领用制度、交接班制度、员工管理办法和用户（住户）手册等。

四、物业的承接查验

有关物业的承接查验的内容将在第 5 章"物业管理前期介入、物业承接查验和前期物业管理"中做详细的说明。

五、物业管理工作的移交

由于种种原因，物业管理机构会发生变更。

导致物业管理机构发生变更有以下三种情况：第一，建设单位将新建物业移交给物业服务企业；第二，业主大会选聘新的物业服务企业后，业主大会或物业产权单位将物业移交给新的物业服务企业；第三、物业服务企业与业主大会或物业产权单位之间的物业服务合同终止，业主大会或物业产权单位重新选聘物业服务企业。

但是，为了维持物业管理区域良好的工作和生活秩序，不论物业管理机构怎样变更，物业管理工作本身不能发生中断，必须做到持续经营。为此，相关各方必须做好交接工作。

（一）新建物业物业管理工作的移交

新建物业的移交方为该物业的开发建设单位，承接方为物业服务企业。建设单位应按照国家相关规定的要求，及时完整地提供物业有关资料并做好移交工作；物业服务企业也必须严肃认真地做好承接工作。

新建物业移交的内容包括物业产权资料、规划设计和施工资料，竣工验收资料，物业保修和物业使用说明书，业主资料，物业共用部位、共用设施设备以及相关清单（如房屋建筑清单、共用设施设备清单、园林绿化工程清单、公共配套设施清单等）。

除了上述内容以外，建设单位还应按照有关法规政策的规定，向物业服务企业提供物业管理用房。

（二）更迭物业管理机构物业管理工作的移交

物业服务合同或前期物业服务合同终止，将导致物业管理机构发生更迭。

物业管理机构更迭导致的管理工作移交包括以下两种情况：第一，原有物业服务企业向业主大会或物业产权单位移交；第二，业主大会或物业产权单位向新的物业服务企业移交。前者的移交方为该物业的原物业管理机构，承接方为业主大会或物业产权单位；后者的移交方为业主大会或物业产权单位，承接方为新的物业服务企业。

物业管理机构发生更迭时，双方要就物业资料、物业共用部位及共用设施设备等办理交接手续。

物业资料包括：物业产权资料，综合竣工验收资料，施工设计资料，机电设备资料，业主入住通知书，入住登记表，身份证复印件，相片，装修申请表，装修验收表，装修图纸，消防审批，验收报告，违章记录，各类值班记录，设备维修记录，水质化验报告等各类服务质量的原始记录，固定资产清单，收支账目表，债权债务移交清单，水电抄表记录及费用代收缴明细表，物业服务费用收缴明细表，维修资金使用审批资料及记录，其他需移交的各类凭证表格清单，对内对外签订的合同、协议原件，双方同意移交留用的在职人员的人事档案、培训、考试记录。

资料移交应按资料分类列出目录，根据目录名称、数量逐一清点是否相符完好，移交后双方在目录清单上盖章、签名。

物业共用部位及共用设施设备管理工作的交接包括：房屋建筑工程部位及共用设施设

备（消防、电梯、空调、给水排水、供配电等机电设备及附属配件，共用部位的门窗，各类设备房、管道井、公共门窗的钥匙等），共用配套设施（环境卫生设施、绿化设施、公共秩序与消防安全的管理设施等），文娱活动设施（会所、游泳池、各类球场等），物业管理用房（办公用房、活动室、员工宿舍、食堂、仓库等）。停车场、会所等需要经营许可证和资质的，移交单位应协助办理变更手续。

在进行物业管理移交时，有可能出现原物业管理机构的人员继续留用的情况，为此，承接物业的企业应与移交方进行友好协商，达成共识。同时，交接双方还应办理物业服务费用收入、维修资金、业主各类押金、停车费、代收代缴的水电费、应收款项、应付款项、办公设备、交通工具、通信器材、维修设备工具、备品备件、卫生及绿化养护工具、物业管理软件、财务软件等财产的交接手续。

六、前期物业管理

一般意义上的物业管理是从业主大会选聘物业服务企业后开始的。但是，在首次业主大会召开前部分业主已经入住，尽管实际入住率可能不高，但也不能没有物业管理。通常情况下，这个阶段的物业管理就由开发商选聘物业服务企业或由开发商附属的物业服务企业来承担物业管理工作。

对于物业服务企业来说，在前期物业管理工作中能否形成良好的管理秩序，能否在开发商和业主中间产生较高的满意度，对于树立良好的企业形象，对于促成与业主委员会之间长期、稳定的合作关系都是非常重要的。

（一）前期物业管理的概念和特点

1. 前期物业管理的概念

前期物业管理是指在业主、业主大会选聘物业服务企业之前，由建设单位选聘物业服务企业实施的物业管理。换句话说，前期物业管理就是自建设单位出售房屋时起到业主委员会成立时止的物业管理。

2. 前期物业管理的特点

前期物业管理区别于后期管理有以下几个特点：
（1）业主入住率低；
（2）业主对房屋质量的购后感受非常敏感，投诉率高；
（3）物业管理处于起步阶段，基础薄弱；
（4）物业管理法律关系不稳定。

前期物业服务合同是开发商与物业服务企业签订的一种临时合同，首次业主大会召开以后，业主委员会要与业主大会选聘的物业服务企业签署物业服务合同，则前期物业服务合同的效力即自行终止。

需要注意的是，前期物业管理是各种纠纷和矛盾频发的阶段。尽管如此，先期购房的业主是开发商产品的早期购买者，用市场营销的理念来看，作为厂商的开发企业没有理由不善待这些顾客。如果说顾客是企业的上帝的话，那么，首批顾客更是企业的上帝。

（二）前期物业管理的主要内容

1. 构建与业主或物业使用人的联络平台

（1）积极听取业主或物业使用人对物业管理的要求、希望。
（2）主动了解业主或物业使用人对物业使用的有关安排。
（3）热情参与售房部门同业主或物业使用人签约。

2. 设计管理模式，草拟管理制度

（1）与开发商一起草拟业主委员会章程、管理规约、装修施工管理办法等。
（2）设置物业辖区的组织机构，规定各部门人员岗位责任制，编制住户手册、物业管理区域综合管理办法等。
（3）制订上岗人员的培训计划并加以实施。

3. 建立服务系统和服务网络

（1）保安、清洁、维护、绿化队伍的设立或选聘，订立合同。
（2）同街道、公安、消防、交通、环保、卫生防疫、市政、园林、教育、水、电、暖、气、通信、有线电视、邮政、金融、商业及文化娱乐等部门进行联络、沟通。
（3）建立代办服务项目网络。

4. 办理移交接管事宜

（1）拟定移交接管办法。
（2）筹备成立业主委员会。
（3）协助办理移交接管事项。

5. 物业的验收与接管

有关物业的验收与接管的内容将在第 5 章中"物业管理前期介入、物业承接查验和前期物业管理"中做详细的说明。

6. 入伙管理

所谓"入伙"，就是业主领取钥匙，收楼入住。当物业服务企业的验收与接管工作完成后，即物业具备了入伙条件后，物业服务企业应及时将入伙通知书、入伙手续书、收费通知书一并寄发给业主，以方便其办理入伙手续。

7. 房屋装修管理

有关房屋装修管理的内容将在第 5 章"物业管理前期介入、物业承接查验和前期物业管理"中做详细的说明。

本章复习思考题

一、填空题

1. 物业的三个组成要素包括_____、_____和_____。
2. 根据使用功能分，可以将物业划分为_____、_____、_____和_____。
3. 目前我国物业管理的基本模式包括_____、_____、_____、_____和_____。
4. 物业管理的基本原则是_____、_____、_____、_____和_____。
5. 物业管理的特点是_____、_____、_____和_____。
6. 物业管理属于_____产业。
7. 不可量物包括_____、_____、_____和_____等。
8. 业主对物业的财产权包括_____、_____、_____和_____等多项权能。

二、选择题

1. 物业管理起源于19世纪60年代的（　　）。
    A．英国　　　　B．法国　　　　C．美国　　　　D．德国
2. 我国广东、香港和澳门一带对单元性房地产的称谓是（　　）。
    A．物业　　　　B．地产　　　　C．不动产　　　D．房地产
3. 因为物业具有（　　），所以，在建造之前必须依照政府有关部门的规划进行设计和施工。
    A．稳定性　　　B．固定性　　　C．耐久性　　　D．多样性
4. 物业管理的根本任务和基本属性是（　　）。
    A．设备的维修、养护　　　　　　B．管理
    C．经营　　　　　　　　　　　　D．服务
5. 我国内地的物业管理是从（　　）传入的。
    A．英国　　　　B．法国　　　　C．美国　　　　D．新加坡　　　E．香港
6. 房地产开发经营的最后一道环节是（　　）。
    A．开发建设　　B．物业管理　　C．广告推销　　D．竣工验收
7. 我国内地第一家物业管理公司成立于（　　）。
    A．深圳市　　　B．北京市　　　C．上海市　　　D．天津市　　　E．济南市
8. 我国内地首次采用招标方式选择物业管理单位的是（　　）。

A．深圳市　　　B．北京市　　　C．上海市　　　D．天津市　　　E．济南市
9．物业管理的基本特点是（　　）。
　　A．社会化　　　B．专业化　　　C．企业化　　　D．经营型
10．物业管理的基本类型有（　　）。
　　A．委托管理型物业管理　　　　B．租赁经营型物业管理
　　C．自主经营型物业管理　　　　D．自有出租型物业管理
11．一个物业管理区域由一个物业服务企业实施物业管理，体现了物业管理的（　　）原则。
　　A．统一管理原则　　　　　　　B．专业高效原则
　　C．权责分明原则　　　　　　　D．经济合理原则
12．下列哪个部门负责物业管理的行业归口管理工作（　　）。
　　A．工商行政主管部门　　　　　B．税务主管部门
　　C．房地产行政主管部门　　　　D．物业管理行业协会
13．房地产开发商建成房屋后并不出售，而是由下属的物业服务企业管理的物业管理类型是（　　）。
　　A．托管型　　　B．自管型　　　C．顾问型　　　D．包干型
14．从物业管理的角度，物业是指（　　）。
　　A．一个建筑群
　　B．一个居住小区（大厦）
　　C．已建成投入使用的各类建筑物及其相关的设施设备
　　D．土地
15．物业管理的内容包括（　　）。
　　A．公共服务　　B．专项服务　　C．特约服务　　D．常规性服务

三、判断题

1．构造物是采用一定的技术手段，将各种物料按照一定结构连接成的整体，包括建筑物和构筑物。　　　　　　　　　　　　　　　　　　　　　　　　　　　　　　（　　）
2．建筑物是供人居住或其他目的使用的构造物。　　　　　　　　　　　　（　　）
3．公路、铁路、桥梁、涵洞、通道、水塔、烟囱等属于构筑物。　　　　（　　）
4．写字楼、商场、酒店等属于商业物业。　　　　　　　　　　　　　　　（　　）
5．学校、剧场、影视厅、音乐厅、舞厅、游乐场、文化广场、度假村等属于文化、教育、娱乐类物业。　　　　　　　　　　　　　　　　　　　　　　　　　　　（　　）
6．党政机关办公楼、学校、医院、图书馆、教堂等属于公益性物业。　　（　　）
7．物业具有保值、增值的经济功能。　　　　　　　　　　　　　　　　　（　　）
8．根据法律，不动产所有人可以按照自己的意志完全绝对自由地、排他性地行使权利。

9. 土地所有人或物业使用人非通过他人土地不能安设各种管线，或虽能安设但费用过巨，可以通过相邻人的土地进行安设。（   ）

10. 相邻一方的建筑物或土地处于其他相邻人土地包围之中，非经过相邻人的土地不能到达公用通道，或有其他通道费用过巨，其他相邻人负有忍受通行的义务。（   ）

11. 土地所有人或物业使用人在疆界或疆界线附近建造或修缮建筑物而需要使用相邻人土地时，相邻人负有容忍的义务，因使用相邻人土地而导致损害的，相邻人可以请求补偿。（   ）

12. 土地所有人平时容忍了邻人树枝的侵害，对于自落的果实享有取得权。（   ）

13. 对于轻微的不可量物侵害，相邻人负有容忍的义务。（   ）

14. 现代意义上的物业管理产生于19世纪末的美国。（   ）

15. 全国城市物业管理覆盖面已经达到100%。（   ）

16. 从事物业管理的人员应当按照国家有关规定，取得职业资格证书。（   ）

17. 业主依法享有物业管理参与权、选举权和被选举权、监督权、批评权、建议权、知情权等各项权利。（   ）

18. 开发商管理模式的最大优点是开发建设与后期管理能顺利衔接。（   ）

19. 物业服务企业管理模式的最大缺陷是物业服务企业缺乏市场竞争的压力，不利于管理和服务水平的提高。（   ）

20. 物业服务企业管理模式无法转嫁管理风险和责任。（   ）

21. 物业服务企业管理模式是我国今后物业管理的主流模式。（   ）

四、简答题

1. 什么是物业，物业的基本分类是什么？
2. 物业的构成要素有哪些？
3. 城市用地的类型有哪些？
4. 什么是相邻关系，土地相邻关系包括哪些内容？
5. 什么是不可量物侵害？联系实际说明不可量物侵害的危害性。
6. 什么是物业管理？物业管理同传统房屋管理的主要区别表现在哪些方面？
7. 物业管理区域的划分应当考虑哪些因素？
8. 物业管理有哪几种类型？
9. 委托管理型物业管理和自主经营型物业管理有什么不同？
10. 我国物业管理取得的成就有哪些？
11. 联系实际谈谈物业管理的作用。
12. 物业管理的基本程序是怎样的？
13. 物业管理服务产品有哪些特点？

14. 市场化物业管理包括哪些要素？

15. 设计物业管理方案的基本步骤是怎样的？

五、案例分析题

1. 某小区于 2000 年年初竣工交付使用，此后，一直由甲物业服务企业提供物业管理服务。2003 年 8 月 24 日，新换届产生的小区第二届业主委员会根据业主代表大会的授权，做出重新选聘物业服务企业的有关决定。2003 年 9 月 20 日，业主委员会就小区"是否通过公开招投标方式选聘物业服务企业"的问题向小区业主书面征询意见。据业主委员会统计，小区内有 75% 的业主表示同意通过公开招投标方式选聘物业服务企业。

此后，业主委员会委托一家招标代理公司对该小区物业管理进行公开招标并在媒体上发布了招标公告。11 月 16 日该项目开标，经评审专家小组综合评定，乙物业服务企业中标。依据中标结果，业主委员会与乙物业服务企业于 11 月 20 日签订了物业服务合同，合同期限是 2003 年 12 月 1 日至 2005 年 11 月 30 日。

合同签订后，业主委员会向原小区物业管理单位发函要求其在 2003 年 11 月 30 日零时前向业主委员会移交有关物业管理资料及物业管理用房等。然而，对于业主委员会提出的移交管理资料和管理用房的要求，甲物业服务企业以种种理由未予执行，对于新选聘的乙物业服务企业与甲物业服务企业进行有关管理交接工作也遭拒绝，同时，小区内部分业主认为业主委员会在组织选聘物业服务企业的行为、程序和合法性上有异议，并提出了业主委员会在维修基金的管理、使用上存在诸多问题，从而强烈抵制新选聘的物业服务企业进入小区实施管理服务。

请问：你认为问题出在哪里？应怎样解决？

2. 某物业服务企业管辖的租户某证券公司的营业时间为周一至周五 9:00—15:30，工程部于星期一下午 2:00 在没有通知租户的情况下组织对大厦发电机进行例行空载运转，结果烟雾很大（发电时烟雾大是原设计不合理所致，而且排烟管经过该租户区域内），因此该证券公司的意见很大。

请你对上述情况做出分析，并提出改正措施。

第 2 章
物业管理基础理论

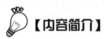【内容简介】

本章主要内容包括建筑物区分所有权理论,物业管理的委托代理机制,业主自治管理、自律管理和业主大会、业主委员会等内容。建筑物区分所有权作为一种特殊的物权形式和解决高层楼宇所有权归属的特殊法律制度,对物业管理中有着非常重要的理论和实践意义。委托代理机制作为现代物业管理的基本特征和普遍模式有着广泛的发展空间。物业管理的健康发展,需要建立健全业主自治、业主自律、业主大会和业主委员会制度。

【关键词】

建筑物区分所有权 委托代理 业主自治 业主自律 业主大会 业主委员会

第一节 建筑物区分所有权理论

建筑物区分所有权作为一种特殊的物权形式和解决高层楼宇所有权归属的特殊法律制度，产生于19世纪。

从19世纪上半期开始的工业革命加快了西方国家的城市化进程，城市人口迅速增加，住宅严重匮乏。伴随着建筑设备和施工技术的进步，各国政府开始重视并致力于高层建筑的建设，以缓解日益激烈的住房供求矛盾，提高土地资源的利用效率。与此同时，这些有着多个建筑单元的高层建筑所形成的多元化的产权结构带来了错综复杂的管理问题。在这种历史背景下，各国政府相继开始了建筑物区分所有权制度的法律探索。

2007年3月16日，全国人大审议并通过的《中华人民共和国物权法》，在物业管理法律建设上实现了历史性突破。

一、区分所有建筑物

（一）区分所有建筑物的概念

随着各国城市化进程的加快，城市地价日益高涨，土地利用开始向立体化方向发展，出现了大量多层或高层建筑。而多层或高层建筑的造价很高，一人完全拥有这样的建筑物的可能性越来越小，于是，开发商便将多层或高层建筑间造成四周及上下闭合、具有可以单独居住或使用的建筑空间，这些独立区分的空间部分就是习惯上所说的"单元"或类似于"单元"的建筑物计算单位（套）。这样的建筑物单元被开发商出售给了需要它们的人们。这样就产生了多个所有人共同拥有一个建筑物，其中个别人则只是对建筑物的一个单元享有所有权的情况。

这种由两个或多个所有人共同拥有的建筑物就是区分所有建筑物。在物质形态上，区分所有建筑物表现为异产毗连房屋。所谓异产毗连房屋，是指结构相连、拥有共有共用梁、柱、门厅、走廊和公共设施设备，归不同产权人所有的房屋。

（二）区分所有建筑物的类型

区分所有建筑物包括横切式区分所有建筑物、纵割式区分所有建筑物和混合式区分所有建筑物三种类型。

二、建筑物区分所有权

建筑物区分所有权是指建筑物按照单元划分并出售后，在单元所有者之间形成的财产关系，包括专有所有权、共有所有权和成员权三个方面。

（一）专有权（专有所有权）

1. 专有权的概念

建筑物区分所有人排他性占有、使用、收益和处分建筑物专有部分的权利称为专有权。所谓专有部分，是指区分所有建筑物中构造上能够明确区分并可独立使用的部分。

但是，专有部分的范围或专有部分与专有部分之间、专有部分与共有部分之间的分割界限究竟在哪里，这直接影响到各区分多有权人的权利、义务，也会对物业管理服务的性质、内容、方式、责任及费用承担等具体问题产生深远的影响。

2. 划分专有部分的理论学说

（1）"空间"说。

"空间"说认为区分所有建筑物专有部分的范围限于共有墙壁、地板与天花板所围成的空间部分。界线点上的分割部分如墙壁、地板、天花板等则为全体或者部分区分所有人所共有。

"空间"说排除了业主随意拆除墙壁、柱、梁、地板、天花板等的权利，有利于建筑物的整体维持和管理。但是，按照"空间"说的观点，区分所有权人如果要粉刷墙壁、在墙上钉钉子、在地板上铺地砖等，统统都要事先征得其他区分所有权人的同意，这显然有悖于社会现实，也是业主所不能接受的。

（2）"壁心"说。

"壁心"说认为区分所有建筑物专有部分的范围达到墙壁、柱、地板、天花板等境界部分厚度的中心线。

这种学说的优点是赋予了区分所有权人充分行使分割境界的权利，便于房产交易过程中面积的测量，但不利于建筑物的整体维持和管理。按照中心说的观点，在未超过壁心的范围内，任凭区分所有权人自由使用、拆除、处分，势必直接或间接影响区分所有建筑物整体的安全。

（3）"最后粉刷表层"说。

"最后粉刷表层"说认为墙壁、柱、梁、地板、天花板等境界壁上最后粉刷的表层属于专有部分，而境界壁本体属于共有部分。

这种学说的优点是排除了业主随意拆除墙壁、柱、梁、地板等的权利，有利于建筑物的整体维持和管理，同时，修正了"空间"说不可以在自己专有部分进行装潢的缺陷，但忽视了区分所有建筑物按照壁心界限进行产权界定和产权交易的习惯。

（4）"折衷"说。

"折衷"说认为专有部分应分别以内部关系和外部关系两方面确定：在区分所有权人之间有关建筑物的维持、管理等内部关系上，专有部分以墙壁、柱、地板和天花板等境界部分粉刷表层为界；在买卖、保险、税收等外部关系上，专有部分以境界部分厚度的中心线为界。

这种学说既赋予了区分所有权人可以自由使用、装潢境界部分表层的权利，又有利于建筑物的维持和管理。

《中华人民共和国房产测量规范》（GB/T17986—2000）规定，商品房销售面积为购房者所购买套内或单元内建筑面积（套内建筑面积）与应分摊的公用建筑面积之和。其中，商品房套内建筑面积包括套内使用面积、套内墙体面积和阳台建筑面积。商品房各套（单元）内使用空间周围的维护或承重墙体，有共有墙及非共用墙两种。商品房各套（单元）之间的分隔墙、套（单元）与公用建筑之间的分隔墙以及外墙均为共用墙，共用墙墙体水平投影面积的一半计入套内墙体面积。非共用墙墙体水平投影面积全部计入套内墙体面积。

由此可以看出，我国建筑物区分所有权专有部分的界定采用的就是这种观点。

3. 专有权人的权利

根据宪法和法律，专有权人对专有部分享有占有权、使用权、收益权、处分权、装修改良修缮权、排他性权利以及相邻权（使用其他专有人的专有部分的权利）。

4. 专有权人的义务

（1）按建筑物的本来用途和目的使用专有部分的义务。

（2）维护建筑物安全和整体美观的义务。

（3）独立承担专有部分的维修责任及费用的义务。

（4）不得随意变更通过专有部分的水管、电线、电话线、煤气管道等各种管线，并维持其正常使用的义务。

（5）维护环境卫生和安宁以及尊重建筑物所在地善良风俗习惯的义务。

（6）相互容忍的义务。

为实现对建筑物区分所有权的保护，各国在法律上都对专有所有权的行使加以限制，制定了许多关于专有所有权人行为的禁止性规定。如《日本公寓管理规约》规定，禁止下列违反全体区分所有权人共同利益的行为：将专有部分用于居住或所定用途以外使用；搬入重量物、肮脏恶臭物、危险物等妨害他人的物品；带有噪音、震动或其他令人厌恶的使用行为；变更建筑物专有部分的基本结构或外观；饲养危害或困扰他人的动物；任意投掷体育用品或较重物品；侵占建筑物公共部分或在公共部分任意堆放物品；新设、附加或变更电气、瓦斯、给水排水等设施；私自设置专用庭院、阳台或停车场等构造物；其他违反公序良俗的行为。

（二）共有所有权（共有部分持分权、共有权）

1. 共有权的概念

所谓共有权，是指建筑物区分所有权人依照法律或管理规约的规定，对区分所有建筑物中的共有部分享有的占有、使用和收益的权利。

共有部分是区分所有建筑物中除了专有部分以外的其他所有部分，包括建筑物的基本构造部分（地基、外墙、地板、屋顶、楼层通道、走廊、梁、柱、出入口），建筑物附属设施部分（电梯、中央空调或暖气设施、水、电、煤气系统、电话线、地下停车场、游泳池、运动场），建筑用地（庭院绿地、空地、围墙）。

共有部分具有从属性和不可分割性。一方面，共有部分在法律上为附着于专有部分而存在的附属物，具有从属性；另一方面，共有部分不能分割。

2. 共有权人的权利

根据宪法和法律，共有权人对共有部分享有使用权（同时使用或轮流使用，任何人不得排他性使用共有部分），收益权（外墙、停车场、配套商业用房等可以通过租赁或承包经营取得收益），共用部分单纯的修缮改良权（不影响或损害建筑物共用部分）和相邻权等权能。

3. 共有权人的义务

共有权人对共有部分需要履行下列义务：
（1）按照共有部分的本来用途使用共有部分的义务；
（2）维护和保存共有部分的义务；
（3）按持分比例承担共同费用的义务；
（4）不单独处分共有部分的义务。

（三）成员权

1. 成员权的概念

成员权是指建筑物区分所有权人基于一栋建筑物的构造、权力归属和使用上的密切关系而形成的作为建筑物管理团体的一名成员所享有的权利和承担的义务。

2. 成员权的特征

（1）成员权是基于区分所有权人间的共同关系而产生的权利。
（2）成员权是一种人格权。
（3）成员权是一种具有永续性的权利。

3. 成员权人的权利

（1）表决权。
（2）选举和被选举权。
（3）选聘与解任管理人权。
（4）请求权。

请求权包括请求召集集会，请求正当管理共同事务，请求收取共有部分应得收益，请求停止违反共同利益的行为，请求剥夺区分所有权等。

（四）建筑物区分所有权的特征

建筑物区分所有权具有以下几个方面的特征。

1. 复合性

建筑物区分所有权由专有部分所有权、共有部分持分权及成员权所构成。

2. 权利主体身份的多重性。

建筑物区分所有权人是专有权人、共有权人和成员权人的集合体：对于区分所有建筑物的专有部分，建筑物区分所有权人表现为专有所有权人，对于共用部分建筑物区分所有权人表现为共有权人，在共同事务管理问题上，建筑物区分所有权人表现为成员权人。

3. 一体性

专有所有权、共有部分持分权及成员权不可分离，在转让、处分、抵押其他权利时，均应将此三者视为一体为之。不得保留其一或其二而转让、抵押其他权利。他人在受让区分所有权时，亦即必须同时取得专有所有权、共有部分持分权及成员权三种权利。

4. 专有部分所有权的主导性

在建筑物区分所有权所包含的三项内容中，专有所有权居于主导性地位，这是因为：
（1）取得专有所有权即意味着取得了共有所有权及成员权，反之亦然；
（2）专有所有权的大小决定了共有权及成员权（如表决权）的大小；
（3）在区分所有权设立登记上，只登记专有所有权，不登记共有权及成员权。

5. 登记公示性

区分所有建筑物是一种特殊的不动产形式，需要到政府房地产行政管理部门进行产权登记，以表明权利取得或权利变更。

第二节 物业管理的委托代理机制

一、代理的含义及其法律特征

代理是指代理人在代理权限内，以被代理人的名义同第三人实施的，其后果直接由被代理人承担的民事法律行为。

代理的法律特征如下：

（1）代理人必须在被代理人授权范围内实施某种民事行为；

（2）代理人的行为是以被代理人的名义实施的；

（3）代理人必须同第三人发生某种民事法律行为；

（4）代理行为的法律后果直接由被代理人承担。

二、物业管理的委托代理关系

（一）物业管理委托代理关系产生的客观必然性

不论什么类型的物业，都需要进行维护和管理。从本质上来说，物业维护和管理的责任理所当然地应该由业主来承担，但是，业主自己承担物业的维护和管理责任在实践中很难付诸实施，而必须通过建立在委托代理机制基础上的社会化物业管理实现对物业的管理，其主要原因包括以下几个方面。

首先，人们在社会分工体系中具有不同的职业角色，是物业管理委托代理关系产生的社会基础。众所周知，人们在社会分工体系中从事不同的职业，有的人从事行政管理工作，有的人从事经济、科研、教学工作。物业管理的技术性、操作性都很强。但是，不论人们从事什么职业，都有一个共同的身份——业主，让那些非物业管理专业人士去从事物业管理工作，势必是没有效率和不经济的。

其次，业主日益增长的对物业管理服务产品的需求是物业管理委托代理关系产生的经济基础。在日常工作和生活中，业主对物业管理服务产品（高质量的设备维护和管理服务，整洁、安全、舒适、文明的工作秩序和生活秩序，人性化的客户服务，规范化的档案管理、和谐的人居环境等）存在着多方面、多层次的需求，物业服务企业通过企业化、专业化的经营，可以全面满足业主对物业管理服务产品的需求。

最后，物业结构和技术上的复杂性是物业管理委托代理关系产生的物质基础。随着科学技术的不断进步和升级，物业在结构和技术上日益复杂，只有通过物业服务企业进行更为专业化的管理才能实现物业的保值、增值。

上述情况使得业主们愿意寻找专业机构作为自己的代理人去从事自己没有能力或者不愿意进行的物业管理活动，物业管理委托代理关系便由此产生。

（二）物业管理委托代理关系的相关法律关系主体

在物业管理委托代理关系中，相关法律关系主体包括代理人、被代理人和物业管理相对人。

1. 代理人

在物业管理委托代理关系中,代理人是物业服务企业,物业服务企业接受业主的委托管理属于业主的物业,为物业的保值、增值负责并接受业主的监督。

2. 被代理人

在物业管理委托代理关系中,被代理人是物业业主,物业业主通过招投标或其他形式选聘物业服务企业对物业进行管理。

3. 物业管理相对人

在物业管理委托代理关系中,物业管理相对人有两类。一是各类社会各专业服务企业,如房屋维修公司、设备维修公司、绿化工程公司和清洁公司等。根据法律规定和合同约定,物业服务企业可以将专业性强、技术性要求高的专项服务委托给专业服务企业实施。二是分散的业主(相对于业主委员会)和承租人(相对于物业产权人),物业服务企业代表业主委员会或产权人与分散的业主或承租人签订公共契约,对其物业使用行为进行规范和约束,以维护全体业主的共同利益。

物业服务企业接受业主委托并与其签订体现业主集体意志的物业服务合同。物业服务合同以业主公约为依据、对物业服务企业管理该项物业有关的权利义务做出规范。合同一经签订,就具备法律上的约束力,无论是物业服务企业还是业主都应该全面履行合同,否则,就构成违约。

第三节 业主自治管理和自律管理

一、对业主概念的界定

从理论上来说,对业主概念的界定方法有以下几种:
(1)投资者、无形资产所有者或公司制企业的股东;
(2)物业的所有权人;
(3)建筑物区分所有权人。

在我国的香港和澳门地区,人们通常把开发商称为"第一业主",俗称"大业主";而把购买建筑物单元的人称为"第二业主",统称为"小业主"。

二、业主的权利和义务

(一)业主的权利

根据《物业管理条例》的规定,业主在物业管理活动中享有下列权利:

（1）按照物业服务合同的约定，接受物业服务企业提供的服务；
（2）提议召开业主大会会议，并就物业管理的有关事项提出建议；
（3）提出制定和修改业主公约、业主大会议事规则的建议；
（4）参加业主大会会议，行使投票权；
（5）选举业主委员会委员，并享有被选举权；
（6）监督业主委员会的工作；
（7）监督物业服务企业履行物业服务合同；
（8）对物业共用部位、共用设施设备和相关场地使用情况享有知情权和监督权；
（9）监督物业共用部位、共用设施设备专项维修资金（以下简称专项维修资金）的管理和使用；
（10）法律、法规规定的其他权利。

（二）业主的义务

根据《物业管理条例》的规定，业主在物业管理活动中履行下列义务：
（1）遵守业主公约、业主大会议事规则；
（2）遵守物业管理区域内物业共用部位和共用设施设备的使用、公共秩序和环境卫生的维护等方面的规章制度；
（3）执行业主大会的决定和业主大会授权业主委员会做出的决定；
（4）按照国家有关规定交纳专项维修资金；
（5）按时交纳物业服务费用；
（6）法律、法规规定的其他义务。

三、业主自治管理

业主自治管理是指物业管理区域内的全体业主基于建筑物区分所有权，依据法律、法规的规定，根据民主的原则建立自治组织、确立自治规范，自我管理本区域内物业管理活动的一种基层治理模式。

（一）业主所享有的自治权

业主所享有的自治权包括以下几个方面。
（1）接受服务权。
接受服务权是指业主根据物业服务合同的约定，接受物业服务企业提供的服务权。
（2）请求权。
提议权（请求权）是指有权提议召开业主大会会议，就物业管理的有关事项提出建议的权利。

（3）投票权。

投票权是指业主有权参加业主大会会议，就集体讨论事项进行表决的权利。

（4）选举权和被选举权。

选举权和被选举权是指业主有权选举和被选举为业主委员会委员的权利。

（5）监督权。

对业主委员会的工作、物业服务企业的物业服务合同履行情况，物业共用部位、共用设施设备专项维修资金的使用和管理享有监督权。

（6）知情权。

知情权是指业主有权要求物业服务企业对物业共用部位、共用设施设备和相关场地的使用情况，物业服务费用和专项维修资金的收支情况予以澄清。

（7）法律、法规规定的其他权利。

（二）业主自治机制的特点

（1）业主自治是基于建筑物区分所有权产生的权利。区分所有建筑物中的共用部位归多个区分所有权人共有，但各区分所有权人的要求和意思表示各异。为了形成统一意志，必须成立管理团体（业主委员会）对物业管理的模式进行集体决策，采取委托或者自我管理的模式对物业进行维护和管理。

（2）业主自治的权利主体是物业管理区域内全体业主。

（3）业主自治的组织形式是业主大会和业主委员会。

（4）业主自治的宗旨和目的是维护全体业主的共同利益诉求。

（5）业主自治要遵循民主原则。成立业主大会及业主委员会、业主委员会成员的选举以及物业管理重大事项，都要遵循民主原则，实行民主决策、民主监督。

（6）业主自治是人民群众进行自我教育的实践形式。

四、业主自律

（一）业主自律和业主自治的关系

业主自治强调的是业主的权利及权利实现，业主自律强调的是业主的义务和自我约束，两者相辅相成、不能偏废、缺一不可。长期以来，广大业主对物业管理的权利义务关系不甚了解，往往过于强调权利而忽视了义务。

业主自律是通过建立和实施管理规约实现的。

（二）管理规约

1. 管理规约的概念

管理规约是物业管理区域内全体业主共同制定并承诺遵守，对全体业主有共同约束力的，有关业主在物业使用、维护和管理等方面的行为准则。

管理规约是物业管理区域的重要法律文件，被人们称为物业管理区域内的宪法。管理规约既是业主自律的保证，也是实现业主自治的前提，同时，也是防范和解决物业管理纠纷的重要工具，与《业主大会议事规则》、《业主委员会章程》共同构成物业管理的基本框架。

2. 管理规约的制定

管理规约一般由业主大会或业主代表大会筹备组制定，经业主大会或业主代表大会审议通过后生效。

3. 管理规约的主要内容

一般情况下，管理规约应包括以下几个方面的内容：
（1）物业使用、维护和管理必须遵守的行为规范；
（2）物业使用、维护和管理过程中的禁止性行为；
（3）违反公约应当承担的责任。

4. 管理规约的特征

（1）业主意思自治。

在不违反国家宪法和法律、不影响社会公共利益、不侵犯业主权利的前提下，业主可以对管理规约的内容进行设定。

（2）订立程序严格。

管理规约除了内容合法、有效以外，订立程序必须具备严格的形式要件，要充分发扬民主，集中群众的智慧和力量，只有这样，才能体现物业管理区域内广大业主意志和利益。

（3）普遍约束力。

在特定的物业管理区域，管理规约有普遍的约束力，其效力不仅及于同意设定公约的当事人，还及于不同意公约的少数业主与特定继受人。

特定继受人包括移转继受人和设定继受人。移转继受人是指物业所有权的受让人，业主转让物业或发生继承时，管理规约的效力不受影响；设定继受人指物业承租人、借用人等非业主物业使用人。非业主物业使用人也受管理规约的约束。此外，业主的遗嘱执行人、遗产管理人、财产托管人亦同样受公约约束。

第四节 业主大会和业主委员会

一、业主大会

（一）业主大会的概念

业主大会是物业管理区域内全体业主组成，体现业主的意志和利益，对物业管理重大事项做出决定的业主自治管理组织。

（二）业主大会制度产生的背景

根据建筑物区分所有权理论，建筑物区分所有权人作为成员权人，享有表决权、选举和被选举权、选聘与解任管理人权、请求权等物业管理权。但是，区分所有建筑物的管理会面临许多共同性事务，这些共同性事务对于广大业主来说非常重要。如物业管理区域采用什么样的物业管理模式（委托管理还是自主管理）；如果实行委托管理，所聘用的物业服务企业应具备怎样的条件；专项维修资金按什么标准筹集，如何支配和使用专项维修资金；业主在日常工作和生活中要接受哪些约束等。对诸如此类的问题，不同业主的意志和利益选择以及价值判断是不同的，因此，需要设计能够协调和统一全体业主意志和利益的管理制度。

（三）业主大会的职责

根据《物业管理条例》的规定，下列事项由业主大会决定：
(1) 制定和修改业主大会议事规则；
(2) 制定和修改管理规约；
(3) 选举业主委员会或者更换业主委员会成员；
(4) 选聘和解聘物业服务企业；
(5) 筹集和使用专项维修资金；
(6) 改建、重建建筑物及其附属设施；
(7) 有关共有和共同管理权利的其他重大事项。

业主大会的决定，对业主具有约束力。

（四）业主大会会议

业主大会会议行使职权是通过组织召开业主大会会议进行的。业主大会会议分为首次业主大会会议、业主大会定期会议和临时业主大会会议三种情况。

1. 首次业主大会会议

(1) 首次业主大会会议召开的条件。

首次业主大会会议召开的条件包括以下几个方面：
① 新建商品住宅出售50%以上；
② 公有住宅出售额30%以上；
③ 第一套房屋交付业主使用满2年。

(2) 首次业主大会会议的组织。

物业所在地区、县房管局、房屋出售单位、业主代表等共同组成筹备组，由筹备组负责首次业主大会的组织工作。筹备组的主要工作包括：

① 确定首次业主大会会议召开的时间、地点、形式和内容；

② 参照政府主管部门制定的示范文本，拟定《业主大会议事规则》（草案）和《管理规约》（草案）；

③ 确认业主身份，确定业主在首次业主大会会议上的投票权数；

④ 确定业主委员会委员候选人产生办法及名单；

⑤ 做好召开首次业主大会会议的其他准备工作。

大会筹备组要将上述问题在首次业主大会会议召开15日前以书面形式在物业管理区域内公告。

业主因故不能参加业主大会的，可以委托代理人参加大会；无民事行为能力的人和限制民事行为能力的人，由其法定代理人出席业主大会。

（3）首次业主大会会议的任务。

首次业主大会会议的任务包括以下几个方面：

① 审议通过业主委员会章程；

② 审议通过管理规约；

③ 选举产生业主委员会。

（4）首次业主大会的程序。

首次业主大会的程序包括以下几个方面：

① 大会筹备组介绍大会筹备情况；

② 大会筹备组介绍业主委员会候选人情况；

③ 审议通过业主委员会章程和管理规约；

④ 业主或业主代表投票选举产生业主委员会成员；

⑤ 审议决定其他物业管理重大事项。

2. 业主大会定期会议

业主大会定期会议根据业主大会议事规则，由业主委员会负责组织，定期会议原则上一年召开一次。

3. 临时业主大会会议

经物业管理区域内20%以上的业主提议，业主委员会应当组织召开业主大会临时会议。

4. 业主大会会议的形式

业主大会会议的形式包括以下两种：

（1）集体讨论形式；

（2）书面征求意见形式。

5. 业主大会会议召开的条件

业主大会会议应当有物业管理区域内专有部分占建筑物总面积过半数的业主且占总人数过半数的业主参加。

6. 业主投票权的确定方法

业主投票权，可以参照下列方法确定。

（1）住宅物业按业主拥有的住宅套数计算投票权，每套一票。

（2）非住宅物业按业主拥有的物业建筑面积计算投票权，每一百平方米一票；不足一百平方米有单独房地产权证书的，一证一票。

为保证公平，单个业主在首次业主大会会议上所持投票权数，最高不超过全部投票权的 30%。

（五）业主大会决议

（1）业主大会或者业主委员会的决定，对业主具有约束力。

业主大会或者业主委员会做出的决定侵害业主合法权益的，受侵害的业主可以请求人民法院予以撤销。

（2）业主大会做出的筹集和使用专项维修资金，改建、重建建筑物及其附属设施的决定应当经专有部分占建筑物总面积 2/3 以上的业主且占总人数 2/3 以上的业主同意。

（3）业主大会做出的制定和修改业主大会议事规则、制定和修改管理规约、选举业主委员会或者更换业主委员会成员、选聘和解聘物业服务企业、有关共有和共同管理权利的其他重大事项应当经专有部分占建筑物总面积过半数的业主且占总人数过半数的业主同意。

二、业主委员会

（一）业主委员会的概念

业主委员会是指物业管理区域内代表全体业主对物业实施自治管理的社团组织。

（二）业主委员会的性质

（1）业主委员会是业主大会的常设工作机构。

（2）业主委员会是物业管理法律关系主体之一。

（3）业主委员会是业主大会会议决议的执行机构。

（三）业主委员会的设立和组成

1. 业主委员会的成立

物业管理区域成立业主委员会要经过以下两个步骤。

(1)选举。

业主委员会由业主大会会议在全体业主中选举产生。

业主委员会成员不得兼任本物业管理区域内物业服务企业工作。物业服务企业成员又是物业管理区域内业主的,不能担任业主委员会委员。

(2)核准。

第一次业主大会或业主代表大会选举业主委员会之日起 15 日内,应当到物业所在地区、县房地产管理部门办理登记。

2. 业主委员会的组成

(1)业主委员会委员数额,一般设 10~15 人,经业主大会决定可以适当增减,但最少不得少于 5 人,最多不得多于 20 人。

(2)业主委员会设主任、副主任、秘书各 1 人。

3. 业主委员会的任期

业主委员会的任期每届一般为 2 年,可以连选连任,每届任期届满 3 个月前,应选举新一届业主委员会。新一届业主委员会的选举工作由原业主委员会主持,房地产行政管理部门派员参加。

业主委员会名单应报物业所在地区、县人民政府房地产行政主管部门和街道办事处、乡镇人民政府备案。

(四)业主委员会的职责

业主委员会是业主大会的常设执行机构,是业主行使自治管理权利的重要组织保证,也是维护广大业主合法权益的重要窗口。

业主委员会的主要职责是:

(1)召集业主大会会议,报告物业管理的实施情况;

(2)代表业主与业主大会选聘的物业服务企业签订物业服务合同;

(3)及时了解业主、物业使用人的意见和建议,监督和协助物业服务企业履行物业服务合同;

(4)监督管理规约的实施;

(5)业主大会赋予的其他职责。

(五)业主委员会会议

(1)经 1/3 以上业主委员会委员提议或者业主委员会主任认为有必要的,应当及时召开业主委员会会议。

(2)业主委员会会议应当作书面记录,由出席会议的全体委员签字后存档。

（3）业主委员会会议应当有过半数委员出席，所做决定必须经全体委员人数半数以上同意。

（4）业主委员会的决定应当以书面形式在物业管理区域内及时公告。

本章复习思考题

一、填空题

1．业主大会是由物业管理区域内＿＿＿＿组成、体现业主意志和利益、对物业管理重大事项做出决定的＿＿＿＿。

2．业主大会会议分为＿＿＿＿、＿＿＿＿和＿＿＿＿。

3．首次业主大会会议的条件是＿＿＿＿、＿＿＿＿和＿＿＿＿。

4．业主大会定期会议和临时会议由＿＿＿＿负责组织。

5．区分所有建筑物包括＿＿＿＿、＿＿＿＿和＿＿＿＿三种类型。

二、选择题

1．物业管理区域最高权力机构是（　　）。

　　A．业主大会

　　B．业主委员会

　　C．物业服务企业

　　D．房地产行政主管部门

2．首次业主大会会议的条件是（　　）。

　　A．物业管理区域内新建商品住宅出售50%以上

　　B．公有住宅出售额30%以上

　　C．第一套房屋交付业主使用满2年

　　D．物业服务企业正式接管

3．须提交业主大会审议的文件包括（　　）。

　　A．管理规约

　　B．业主大会议事规则

　　C．专项维修资金使用和续筹方案

　　D．物业管理区域内物业共用部位和共用设施设备的使用、公共秩序和环境卫生的维护等方面的规章制度

4．须经物业管理区域内全体业主所持投票权2/3以上通过的事项是（　　）。

　　A．制定和修改管理规约

　　B．制定和修改业主大会议事规则

C. 选聘和解聘物业服务企业
D. 决定专项维修资金使用和续筹方案

5. 物业管理区域内代表全体业主对物业实施自治管理的社团组织是（　　）。
   A. 业主大会议
   B. 业主委员会
   C. 社区居民委员会
   D. 物业管理企业

三、判断题

1. 业主委员会是业主大会会议决议的执行机构。（　　）
2. 业主委员会的决定应当以书面形式在物业管理区域内及时公告。（　　）
3. 在建筑物区分所有权所包含的三项内容中，专有所有权居于主导性地位。（　　）
4. 物业管理委托代理关系具有客观必然性。（　　）
5. 管理规约一般由业主大会或业主委员会筹备组制定，经业主大会或业主委员会审议通过后生效。（　　）
6. 业主大会做出的筹集和使用专项维修资金，改建、重建建筑物及其附属设施的决定应当经专有部分占建筑物总面积 2/3 以上的业主且占总人数 2/3 以上的业主同意。（　　）
7. 业主委员会的任期每届一般为 2 年，可以连选连任。（　　）

四、简答题

1. 什么是建筑物区分所有权？
2. 物业管理中委托代理机制的实质是什么？
3. 业主大会的职责有哪些？
4. 业主委员会的职权有哪些？
5. 专有权人的权利和义务分别有哪些？
6. 共有权人的权利和义务分别有哪些？
7. 物业管理委托代理关系产生的客观必然性表现在哪些方面？
8. 业主享有的自治权主包括哪些内容？
9. 业主自律和业主自治的关系是怎样的？
10. 什么是管理规约，管理规约的主要内容有哪些？

五、案例分析题

1. 家住某小区 7 幢 302 室的王某在对新房进行装潢时，为了改善其客厅的采光条件，便在客厅朝南的外墙小阳台旁又自行开设了一扇 1.5 米×1.2 米的塑钢窗户。楼下住户刘某见状后，即以王某擅自在楼房外墙开设窗户对其居住造成安全隐患为由，要求王某立即将开设的窗户拆除并恢复原状。在多次协调未果的情况下，刘某一纸诉状将王某告上了法庭。

在诉讼过程中，法院委托有资质的房屋安全鉴定处对王某在外墙所开设的窗户进行鉴定，结论为：302 室在外墙所开设的 1.5 米×1.2 米的塑钢窗户未对整幢楼房的主体造成明显的结构性损坏，目前不影响居住和使用安全。法院认定被告王某擅自在其居室外墙壁开设窗户的行为，构成对原告刘某的侵权，遂判决被告拆除开设的窗户并恢复原状。

请结合案例谈谈你对这一问题的看法。

2．楼上业主顾某在房屋的储藏室内擅自安装了电动抽水马桶、洗脸盆，改变废水立管的下水三通，致使楼下业主王某储藏室内的储柜及物品受损。物业服务企业两次向顾某发出整改通知，责令其拆除私装物，未果。

请问：顾某能否在自己的房屋内添装卫生设备？

3．某小区业主张某因病住院，当他病愈回家后，发现小区已经召开业主大会，选举并成立了业主委员会，通过了关于小区物业管理的一系列规章制度。张先生找到物业服务企业投诉，声称自己没有接到召开业主大会的通知，没有参加业主大会，自己不接受大会通过的各项规章制度。

请你对张先生的行为进行点评。

4．2003 年 5 月，江某新买了一辆汽车，由于小区的车位较少，而江某回家时间经常较晚，因此常常无处停放自己的汽车。江某经了解得知楼下有一片空地，物业服务企业没有搞绿化或其他设施计划，就打算平整一下做个车棚。施工时，物业服务企业发现此事并予以制止，告诉江某个人不可随意占用小区内场地。江某认为小区内场地属于业主大家所有，业主有权使用。为此江某与物业服务企业发生了纠纷，诉诸法院。

请问：你认为江某的行为是否妥当？为什么？

第3章 物业服务企业

【内容简介】

本章主要介绍物业服务企业的类型，物业服务企业的设立和资质管理，物业服务企业的机构设置、市场开发、品牌建设和员工培训等问题。通过本章的学习，了解物业服务企业的设立程序，掌握物业服务企业资质管理制度的基本框架，熟悉物业服务企业机构设置和岗位职责，为做好物业管理和服务工作奠定基础。

【关键词】

物业服务企业　资质　机构设置　市场开发　品牌建设　员工培训

第一节 物业服务企业概述

一、物业服务企业的性质

物业服务企业的性质是由物业管理行业的性质决定的。物业管理具有服务性,因而物业服务企业也具有服务性。

1. 物业服务企业是独立的企业法人

物业服务企业是按合法程序设立,为业主与物业使用人提供综合服务和管理的独立核算、自负盈亏的经济实体。物业服务企业作为一个独立的法人实体,拥有一定数额的资金和物质技术设备,能够独立完成物业的管理与服务工作,自主经营、自负盈亏、自我发展,以自己的名义享有民事权利、承担民事责任等。

物业服务企业除了本行业自身的专业特色以外,在市场定位、经营运作、法律地位等方面和其他的企业一样,也要遵循市场经济的一般规律,守法经营、诚信经营并积极参与物业管理市场竞争。

2. 物业服务企业属于服务性企业

物业服务企业的主要职能是通过对物业的管理,为业主与物业使用人创造一个舒适、方便、安全、优雅的工作和居住环境。物业服务企业作为非生产性企业,主要是通过对物业的维修养护、清洁卫生以及直接为业主与物业使用人提供服务来达到自己的工作目标。从本质上说,物业服务企业的"产品"只有一个,那就是服务。

3. 物业服务企业在一定程度上承担着部分行政管理的职能

物业服务企业在向业主提供物业管理服务的同时,也承担了社会治安管理、消防管理、市政设施的维修养护以及流动人口管理、计划生育等部分政府有关部门对城市管理的职能。

二、物业服务企业的类型

物业服务企业按不同的划分标准,可分为不同的类型。

（一）按存在形式划分

按存在形式划分,物业服务企业分为独立的物业服务企业和附属于房地产开发企业的物业服务企业。目前,这两类物业服务企业都比较普遍。前者的独立性和专业化程度一般都比较高;而后者的发展程度则明显参差不齐,有的只是管理母公司（房地产开发公司）开发的项目,有的已发展成独立化、专业化和社会化的物业服务企业。

（二）按服务范围划分

按服务范围划分，物业服务企业分为综合性物业服务企业和专门性物业服务企业。综合性物业服务企业提供全方位、综合性的管理与服务，包括对物业产权产籍管理、维修与养护以及为住户提供公共秩序维护、绿化、清洁等各种服务。专门性物业服务企业就物业管理的某一部分内容实行专业化管理，如专门的装修公司、设施设备维修公司、清洗公司、保安公司等。

（三）按企业所有制性质划分

按企业所有制性质划分，物业服务企业可分为国有企业、集体企业、个体企业、股份制企业以及外商独资、中外合资企业等。

（四）按管理层次划分

按管理层次划分，物业服务企业可分为单层物业服务企业、双层物业服务企业和多层物业服务企业。

单层物业服务企业纯粹由管理人员组成，不配备基层作业人员，而是通过承包方式把具体的作业任务交给专门性的物业服务企业或其他作业队伍。双层物业服务企业包括行政管理层和作业层，作业层实施具体的业务管理，如房屋维修、清洁、装修、服务性活动等。多层物业服务企业一般规模较大，管理范围较广，或者有自己的分公司，或者有自己下属的专门作业公司，如清洗公司、园林公司等。

随着物业管理行业的深入发展，物业服务企业将进一步朝着集约化、集团化和国际化的方向发展，这样不仅可以创造规模经济效益，而且对于节约管理成本、实施品牌管理，以及促进物业服务企业的规范化和社会化发展都是十分有益的。

第二节 物业服务企业的设立和资质管理

根据《中华人民共和国公司法》（以下简称《公司法》）和《物业服务企业资质管理办法》的规定，设立物业服务企业除了要到政府工商行政部门办理工商企业法人注册登记以外，还要通过房地产行政主管部门的资质审批。

一、物业服务企业的工商注册登记

根据《公司法》的规定，企业设立须向工商行政管理部门进行注册登记，在领取营业执照后，方可开业。因此，物业服务企业在营业前必须到工商行政管理部门注册登记。登记手续与其他企业相同。

（一）企业名称预先审核

根据政府公司登记管理的有关规定，物业服务企业应当由全体股东或发起人指定的代表人或委托代理人到工商行政管理部门办理企业名称的预先核准申请，工商行政管理部门审核批准后，下达《企业名称预先核准通知书》。

（二）公司住所

对企业法人的住所进行登记，其主要目的是界定行政管辖和诉讼管辖。物业服务企业应以其主要的办事机构所在地作为公司的地址。

（三）注册资本金

根据《公司法》的规定，科技开发、咨询、服务性有限责任公司最低限额的注册资本为10万元，物业服务企业作为服务性企业应符合此规定。考虑到企业注册后即应办理物业服务企业资质证书，因此，注册资本金还应符合各资质等级注册资本金最低限额的规定要求。

（四）法定代表人

法定代表人是指依法律或法人章程规定代表法人行使职权的负责人。企业法定代表人在国家法律、法规以及企业章程规定的职权范围内行使职权、履行义务，代表企业参加民事活动，对企业的生产经营和管理全面负责，并接受本企业全体成员和有关机关的监督。

（五）公司人员

物业服务企业的人数和从业资格应该符合相关法规的要求。如根据《物业服务企业资质管理办法》第5条第1款的相关规定，一级资质物业服务企业的物业管理专业人员以及工程、管理、经济等相关专业类的专职管理和技术人员不少于30人。其中，具有中级以上职称的人员不少于20人，工程、财务等业务负责人具有相应专业中级以上职称。

（六）公司章程

物业服务企业章程是明确企业宗旨、性质、资金、业务、经营规模、组织机构以及利益分配、债权债务、内部管理等内容的重要法律文件，是设立企业的最重要的基础条件之一。
企业章程的内容因企业性质和业务的实际情况不同而有所不同，主要内容包括：
（1）总则、公司名称和地址等；
（2）企业的经营范围；
（3）公司注册资本；
（4）股东的姓名或名称；
（5）股东的权利和义务；
（6）股东的出资方式和出资额，股东转让出资的条件；

（7）公司的机构及产生办法、职权、议事规则；

（8）公司的法定代表人；

（9）公司解散事由和清算办法；

（10）职工录用方式、待遇、管理方法；

（11）企业的各种规章制度。

物业服务企业在办理企业注册登记时，应向登记机关提交会计师事务所或审计师事务所出具的验资证明以及其他必要的审批文件。对符合规定条件的，由工商行政机关核发企业法人营业执照，至此，物业服务企业即告成立。

二、物业服务企业的资质审批及管理

资质管理制度是政府行业管理的重要制度。根据《物业服务企业资质管理办法》的规定，物业服务企业只有在取得在相应的资质证书后，才可以从事物业管理工作。

（一）物业服务企业的资质等级

物业服务企业资质等级分为一级、二级、三级。

国务院建设主管部门负责一级物业服务企业资质证书的颁发和管理；省、自治区人民政府建设主管部门负责二级物业服务企业资质证书的颁发和管理，直辖市人民政府房地产行政主管部门负责二级和三级物业服务企业资质证书的颁发和管理，并接受国务院建设主管部门的指导和监督。设区的市级人民政府房地产行政主管部门负责三级物业服务企业资质证书的颁发和管理，并接受省、自治区人民政府建设主管部门的指导和监督。

（二）物业服务企业的资质条件

1. 一级资质物业服务企业的条件

（1）注册资本为人民币 500 万元以上。

（2）物业管理专业人员以及工程、管理、经济等相关专业类的专职管理和技术人员不少于 30 人。其中，具有中级以上职称的人员不少于 20 人，工程、财务等业务负责人应具有相应专业中级以上职称。

（3）物业管理专业人员应按照国家有关规定取得职业资格证书。

（4）管理两种类型以上物业，并且管理各类物业的房屋建筑面积分别占下列相应计算基数的百分比之和不低于 100%：

① 多层住宅 200 万平方米；

② 高层住宅 100 万平方米；

③ 独立式住宅（别墅）15 万平方米；

④ 办公楼、工业厂房及其他物业 50 万平方米。

（5）建立并严格执行服务质量、服务收费等企业管理制度和标准，建立企业信用档案系统，有优良的经营管理业绩。

2. 二级资质物业服务企业的条件

（1）注册资本为人民币 300 万元以上。

（2）物业管理专业人员以及工程、管理、经济等相关专业类的专职管理和技术人员不少于 20 人。其中，具有中级以上职称的人员不少于 10 人，工程、财务等业务负责人应具有相应专业中级以上职称。

（3）物业管理专业人员应按照国家有关规定取得职业资格证书。

（4）管理两种类型以上物业，并且管理各类物业的房屋建筑面积分别占下列相应计算基数的百分比之和不低于 100%：

① 多层住宅 100 万平方米；

② 高层住宅 50 万平方米；

③ 独立式住宅（别墅）8 万平方米；

④ 办公楼、工业厂房及其他物业 20 万平方米。

（5）建立并严格执行服务质量、服务收费等企业管理制度和标准，建立企业信用档案系统，有良好的经营管理业绩。

3. 三级资质物业服务企业的条件

（1）注册资本为人民币 50 万元以上。

（2）物业管理专业人员以及工程、管理、经济等相关专业类的专职管理和技术人员不少于 10 人。其中，具有中级以上职称的人员不少于 5 人，工程、财务等业务负责人应具有相应专业中级以上职称。

（3）物业管理专业人员应按照国家有关规定取得职业资格证书。

（4）有委托的物业管理项目。

（5）建立并严格执行服务质量、服务收费等企业管理制度和标准，建立企业信用档案系统。

（三）资质申报时需提供的资料

新设立的物业服务企业，其资质等级按最低等级核定，并设 1 年的暂定期。物业服务企业在领取营业执照之日起 30 天内，持以下资料向当地的房地产主管部门申请资质：

（1）营业执照；

（2）企业章程；

（3）验资证明；

（4）企业法定代表人的身份证明；

（5）物业管理专业人员的职业资格证书和劳动合同，管理和技术人员的职称证书和劳动合同。

（四）物业服务企业的资质管理

资质管理是政府房地产行政主管部门对物业服务企业进行管理的主要内容之一。除物业服务企业设立时的资质审批外，资质管理还包括对已设立的物业服务企业遵守法规、规章，以及履行合同、经营管理和信用状况等情况进行监督检查。

资质管理有利于规范物业管理行为，加强对物业管理活动的监督，维护物业管理市场秩序，提高物业服务企业的管理和服务水平。

第三节　物业服务企业的组织机构设置

一、物业服务企业组织机构设置的要求

物业服务企业组织机构设置是保证企业整体协调和高效运转的关键环节，从总体上说，物业服务企业组织机构设置要服从于和服务于企业经营目标。物业服务企业组织机构设置的具体要求包括以下几个方面。

（一）体现服务宗旨

物业服务企业是专门从事物业管理与服务的服务性企业，企业组织机构设置必须体现企业的服务宗旨。

（二）发挥员工潜能

任何企业的经营目标都是通过每一个员工的工作来实现的，企业组织机构设置要充分发挥个人的智慧和创造性，做到人尽其才。

（三）促进内部关系协调

物业服务企业是一个由人、财、物、技术、信息等要素和子系统组成的开放系统，这种系统能否最大地发挥出整体功能，有赖于系统内各要素的协调配合。因此，组织机构的设置必须保证公司内部各种关系的协调。

（四）增进效率与效益

物业服务企业组织机构的设置要求从实际出发，以低成本的投入达到最好的工作效率、经济效益、社会效益以及环境效益。

二、物业服务企业组织机构设置的原则

（一）目标原则

任何一个企业都有自己的长期发展目标，物业服务企业组织机构设置必须以公司的总体目标为依据。从某种意义上讲，组织机构的设置是实现公司总目标的一种管理手段。因目标设置机构，因机构设职设人。

（二）统一领导与分级管理相结合原则

物业服务企业的经营战略和重大决策权应集中在高层领导手中，而日常工作的管理与经营权力则逐级授权，实行层次化管理。统一领导是各项工作协调进行和实现总目标的决策保证，分级管理则是充分发挥各级管理人员积极性的机制保障。如果公司的高层领导整日忙于事务性工作而很少花精力去考虑重大决策问题，则不仅会影响各层次管理人员的积极性，而且会使企业逐渐失去长远的战略目标，甚至迷失发展方向。这是企业逐渐步入正轨的情况下，高层领导尤应注意的层次化管理问题。

（三）分工协作原则

分工协作是社会发展进步的标志，它不仅能提高劳动生产率，而且能发挥整体效益。物业服务企业能否最大程度地发挥出整体效益，取决于组织机构的专业分工与相互协调。公司总的目标如能分层次落实到各个部门，使之各司其职、相互协作，目标也就不难实现了。

（四）责权对应原则

整个公司的责任和权力是对等的，委以责任的同时也必须委以自主完成任务所必需的权力。有责无权，不仅不能调动管理人员的积极性，而且使责任形同乌有，最终无法保证公司任务的完成；有权无责，必然助长官僚主义，导致权力滥用。

（五）有效管理幅度原则

在处理管理幅度与管理层级的关系时，一般情况下应尽量减少管理层级，尽可能地扩大管理幅度。否则，管理层级多了，人员和费用也多了，会影响公司的经营效率。但是，有效的管理幅度必须考虑到机构特性、管理内容、人员能力以及组织机构的健全程度等因素，管理幅度过大同样也会影响公司的经营效率。

三、物业服务企业组织机构的类型

物业服务企业组织机构的基本类型一般有直线制、直线职能制、事业部制等。

（一）直线制

直线制是企业管理机构最早的一种组织形式。采用这种类型的物业服务企业一般都是小型的专业化物业服务企业，以作业性工作为主，如专门的保洁公司、保安公司、维修公司等。这些公司下设专门的作业组，由经理直接指挥。

直线制的特点是企业的各级组织机构从上到下实行垂直领导，各级主管人员对所属单位的一切问题负责，不设专门职能机构，只设职能管理人员协助主管人员工作。

直线制的优点是责权统一，行动效率高；缺点是对领导者的要求比较高，要通晓多种专门知识，亲自处理许多具体业务。

（二）直线职能制

直线职能制是在直线制的基础上吸收了职能制的长处。各级组织单位除主管负责人外，还相应地设置了职能机构。这些职能机构有权在自己的业务范围内从事各项专业管理活动。

直线职能制综合了直线制和职能制的优点，既保持了直线制集中统一指挥的优点，又具有职能分工的长处。它将机构形式分为两个层次，一是管理层，一是作业层，这对减轻主管领导的负担，提高决策质量和工作效率起到了非常重要的作用。

直线职能制的组织形式也有不足之处，它的下级往往缺乏必要的自主权，各个职能部门之间因缺乏横向联系而容易产生脱节和矛盾，信息反馈的速度以及对环境的敏感度比较差。

（三）事业部制

所谓事业部制，是按产品大类划地区组织事业部，各事业部实行集中决策、分级经营、单独核算。

物业服务企业的组织机构设置是企业战略管理的重要组成部分，应该从实际需要出发，充分考虑企业的特点。目前，许多的物业服务企业都采用决策层（总经理）、管理层（职能部门）和管理处（项目部）等三个层级的组织形式。

第四节 物业服务企业的品牌建设

一、物业服务企业进行品牌建设的意义

物业服务企业品牌是物业服务企业形象和物业管理服务个性化的表现，如果消费者（业主）对于物业管理服务的认知、情感和行动是正面的、积极的、友好的和愿意接受的，那么企业品牌就有可能转化成为物业服务企业的一种无形资产，同时也是物业服务企业赢得市场的利刃。物业服务企业打造品牌的必要性体现在以下几个方面。

（一）物业服务企业自身发展的需要

在国内外物业管理服务市场竞争日益激烈的今天，物业服务企业要求生存、谋发展，就必须打造物业服务企业自身的品牌，产生强大的物业管理品牌效应。

（二）物业管理行业发展的需要

在经济全球化和区域经济集团化的今天，一个行业如果没有一批代表行业形象，体现行业综合实力、科技水平、管理水平、服务质量和企业文化，在国内外市场上叫得响的品牌企业，就难以确立行业的社会地位和形象。这是因为品牌不仅代表企业的形象，关系到企业的兴衰，而且一个国家的品牌企业或品牌产品的多少也体现了一个国家的经济实力。因此，国务院在《质量振兴纲要（1996—2010年）》中明确要求服务行业在2010年，服务质量基本达到国际标准。目前，物业管理行业正处在与国际标准接轨的重要时期，也是打造物业服务企业品牌的关键时期。

（三）满足业主日益增长的物业管理服务产品需求的需要

物业管理行业是为产权人、物业使用人提供服务的行业，而产权人、物业使用人花钱买的就是高标准的管理、高标准的服务。因此，在同等价格下，业主在对众多物业服务企业的比较、选择中，已把品牌作为衡量的标准，也必然选择管理水平高、服务质量好的品牌企业，只有它们才能为产权人、物业使用人提供质价相符的管理和服务，使业主的利益得到最大的保证。

二、物业服务企业品牌塑造的途径

塑造物业服务企业优秀品牌，应该从以下几个方面入手。

（一）科学管理

西方经济学家泰勒认为，为了挖掘工人劳动生产率的潜力，首先应该进行时间和动作的研究。作为物业管理职业经理人，首先要研究物业管理工作人员在工作期间各种活动的时间构成以外，还要研究其动作的合理性，经过比较、分析之后去掉多余的动作，改善必要的动作，从而减少员工的疲劳，提高劳动生产率。

（二）优质服务

物业服务企业的产品就是服务，向业主提供全面、周到、高品质的物业管理服务既是物业服务企业的天职，也是企业持续经营、实现管理目标的基础。第一，物业服务企业要树立"服务第一"、"业主至上"的经营理念并通过企业内部制度体系建设来实现这些理念；第二，要通过业主需求的调查，全面了解业主对物业管理服务的需求，明白业主在想什么，对什么满意、对什么不满意，在当前已享有的服务基础上，还期望得到什么样的服务等；第三，根据业主的需求进行产品设计和开发，形成企业资源与业主需求相匹配的产品系列；第四，根据业主对物业管理服务的需求，制定出可以衡量的质量规范和质量标准；第五，按照服务质量规范和质量标准的要求，制定出相应的作业标准和流程。

（三）组建一支高素质的人才队伍

物业服务企业的竞争，归根到底是人才的竞争。人才是企业所有财富中具有决定意义、最为宝贵的财富，也是物业服务企业实施品牌发展战略因素中的核心。因此通过建立科学的人才培养、管理制度，为物业服务企业人才搭建良好的成长平台，使企业员工目标明确，并勇于在挑战中不断创新。通过各种方法组织、培养和引进物业管理的专业优秀人才，可将工作重点落实到重点岗位的人才培养上。关键岗位要持证上岗，对已经在第一线工作但缺乏专业知识的物业管理从业人员，要进行必要的技能培训，以适应物业管理行业发展的需要。培养员工的先进物业管理理念和企业价值观，最大限度地提供创业舞台，挖掘人的潜能，激发人的潜力，树立员工爱岗敬业、长期服务于企业的信心，使员工对企业有一种归属感，减少物业管理人员流动过快给企业带来的间接损失。注重人才，打造高素质的物业管理员工队伍是创建企业品牌的关键因素之一。

（四）构建独特的企业文化

企业文化是企业独特的经营个性、管理风格、企业理念、人员素质的综合体现，它包括文化理念、价值观念、企业精神、道德规范、行业标准、历史传统、企业制度、文化环境和企业产品等。物业服务企业在追求利润目标的同时，还必须加强企业发展的灵魂建设即企业文化建设。

现代企业文化是由表层的物质文化、浅层的行为文化、中层的制度文化和深层的精神文化等四个层次构成。

1. 物质文化

物质文化是现代企业文化的第一层次，是指由企业员工创造的品牌形象和各种物质设施等所构成的器物文化，包括企业服务的物业环境和社会影响，企业员工劳动环境和娱乐休息环境，以及员工的文化设施等。表层的物质文化是企业员工的理想、价值观和精神面貌的具体反映。所以，它尽管是企业文化的最外层，但却集中表现了一个现代企业在社会上的外在形象。因此，它是社会对一个企业做出总体评价的起点。

2. 行为文化

行为文化是现代企业文化的第二个层次，是企业员工在服务经营、学习娱乐和人际交往时产生的活动文化，主要包括企业的经营活动、教育宣传活动、协调人际关系的活动和各种文娱体育活动等。这些活动实际上也反映了企业的经营作风、精神面貌、人际关系等文化特征，也是企业精神、企业目标的动态反映。

3. 制度文化

制度文化是现代企业文化的第三个层次，是指与现代企业在服务经营活动中形成的企业精神、企业价值等意识形态相适应的企业制度、规章和组织机构等；这一层次主要是企业文化中规范人和物的行为方式的部分。实际上，现代企业内的领导制度、组织结构体系、管理的规章制度等无不反映出企业的价值观、精神和文化。

4. 精神文化

精神文化是现代企业文化中的核心层，是指企业在服务经营中形成的独具企业特征的意识形态和文化观念，包括企业精神、企业道德、价值观念、企业目标和行为准则等。例如，万科物业管理的精品概念"高品质服务＝认真+创新+顾客需求"就反映了其企业的深层精神文化。由于企业的精神文化具有企业的特点，故它往往是在企业多年的经营过程中逐步形成的。

现代企业的这四个层次形成了企业文化由表层到深层的有序结构。物质文化构成了企业文化的硬件外壳，行为文化形成企业的软件外壳，制度文化是企业文化硬、软外壳的支撑，精神文化则是企业文化的核心和精髓，主导着企业文化的发展规范模式。

现代企业文化具有导向、约束、凝聚、激励和辐射五大功能，通过创立和建设企业文化，使它成为全体员工所共同拥有、互相认同的行为方式和思想方法，从而产生一种凝聚力，使他们不仅愿意投身于企业，而且同心同德的去维护企业的形象和利益。这是一种巨大的财富，是企业发展的动力。

（五）培育物业服务企业核心竞争力

物业服务企业核心竞争力是指物业服务企业赖以生存和发展的关键要素。如服务技术、服务技能和管理机制等。一个成功的企业必定有其核心能力，这种能力需要开发、培养、不断巩固以及更新与完善。物业服务企业要建立品牌的核心竞争力，就必须首先建立企业的竞争力。因此如何保持物业服务企业的竞争力就成了企业经营管理中的重要问题。物业服务企业核心竞争力必须具有独特性，这种独特性即"买不来"、"偷不走"、"拆不开"、"带不走"、"溜不掉"。

在信息化的今天，品牌已经成为一种必需品而不是奢侈品，物业服务企业只有建立强势品牌才能够生存下去，也只有强势品牌，物业服务企业的明天才能够更美好。我们相信，在品牌物业服务企业的推动下，中国物业管理行业的明天一定能在国内外市场的竞争中展示出更高的水平。

第五节 物业服务企业的员工培训

物业管理属于知识密集型行业,没有经过专业训练的队伍,是不能适应物业管理现代化和专业化的要求的。一支高素质管理队伍的建立,有赖于对培训工作的重视和建立一套严密的员工培训制度。物业服务企业必须始终把加强员工队伍建设作为一项重要的基础工作,要制定严密的员工培训制度,通过各种形式,开展不同层次的员工培训,包括职前培训、在职培训、专题讲座、学历培训等,着重抓员工的思想作风、职业道德和服务态度教育,抓员工的业务素质和专业技术建设,以提高员工的管理服务水平。

一、员工培训的意义

(一)员工培训是物业服务企业参与市场竞争的客观需要

物业服务企业的竞争,归根到底是人才的竞争,物业服务企业除了从市场上招聘到合适的人才外,更为有效的方式是通过培训提高现有员工的素质,使其成为满足企业需要的人才。

(二)员工培训是物业服务企业管理者激励员工的重要方法

当今社会,学习培训已成为很多人改变自己生活和环境的重要手段,几乎每一个人都有对学习的需求和渴望。物业服务企业内部浓郁的学习氛围,以及有效的学习政策都会对员工产生足够强的吸引力,有利于员工队伍的稳定。有远见的管理者甚至还把学习培训作为一种员工福利用来赠送或奖励员工。

(三)员工培训是物业服务企业经营管理现代化的基础

经过20多年的发展,物业管理行业已从过去传统的房屋协作管理转向以委托管理方式为主的市场化经营管理。这种社会化、市场化的经营管理方式对物业管理从业人员的素质提出了较高要求。物业管理已不仅是一个劳动密集型的行业,需要有大批精通管理的优秀人才来推动它的发展。因此,员工培训是实现物业服务企业经营管理现代化的基础环节和可靠保证。

二、员工培训的主要内容

物业管理工作涉及内容较多,培训工作相对复杂,但总的来说,培训可包括三个方面的内容。

(一)企业相关知识培训

该类培训是为了让每一个员工对企业的历史、现状、未来规划、管理服务理念、经营范围、内部规章制度、人力资源管理等有一个全面的了解。

（二）基础知识培训

该类培训主要是让物业管理人员及基层作业人员熟悉并掌握与企业管理、物业管理相关的基础知识。

（三）专项技能培训

该类培训是为了提高基层管理者及作业人员的实际工作技能。

三、员工培训的形式

员工培训的形式主要有职前培训和在职培训两种类型。

（一）职前培训

这是为新招员工提供的基本入职知识和基本操作技能开展的培训。培训的目的是使新员工了解公司的基本情况（如企业宗旨，企业精神，企业的历史、现状及发展趋势），熟悉公司的各项规章制度（如考勤制度、奖惩制度、考核制度、晋级制度等），掌握基本的服务知识（如职业思想、行为规范、语言规范、礼貌常识等），掌握岗位工作的具体要求（如岗位责任制、业务技能、工作流程与要求、操作要领等）。通过职前培训可以使新招员工熟悉和适应新的工作环境并掌握必要的工作技能。因此，物业服务企业在职前培训上花费较多的时间、精力、财力、物力是值得的。新员工对服务企业的最初印象、感受以及得到的培训知识，对他们未来的工作行为将产生极大的影响。

职前培训是一项"三合一"的活动，需要物业服务企业的高层领导、物业服务企业的人事部门和具体的用人部门共同出面制订培训计划并组织实施。在分工合作的基础上，各部门负责人应亲自把关，把这项活动搞得有声有色。实践表明，最容易给新员工以暗示性教育的有物业服务企业的文件、上级指示、上级和同事的言行举止和工作示范、自己的想法和建议得到的答复、自己的行为受到的奖惩、自己被分配任务的挑战程度等，尤需引起重视。

职前培训主要包括：公司规章制度，员工手册，员工行为语言规范，公司的发展史，公司的规划、经营理念，公司的组织机构，员工职业道德、敬业精神，消防安全知识，物业管理基础知识等内容。

（二）在职培训

在职培训就是以在职员工为培训对象，旨在改进或提高现有员工的知识、观念、技能、工作能力的一种再教育方法。对在职员工进行培训是物业服务企业员工培训的重要内容，是提高物业服务企业员工整体素质和提高物业管理水平的重要途径，物业服务企业对在职员工的培训应常抓不懈。在职培训多为经常性中短期培训，培训的内容主要是针对员工的工作要求而进行，包括工作技能培训、管理技巧培训、形体语言培训等。

在职培训的形式多种多样，常见的形式有以下几种。

（1）岗位培训。

岗位培训是使员工掌握本岗位所需的专业知识，增加员工的知识量和知识深度，使员工能适应更高标准的要求而开展的培训。培训的组织形式既可以是物业服务企业自己办班，也可以参加专业机构组织的各种岗位培训。

（2）业余学习。

这种方式是员工利用工作之余进行的以提高专业知识、技能为目的的学习方式，如参加物业管理专业函授学习和自学考试、读夜校等，这种方式是提高物业管理从业人员素质的重要途径。

（3）专题培训。

这种方式主要是针对物业服务企业在采用新的管理方法或应用了新的设备、新的技术或制定了新的制度时，为保证新方法、新设备、新技术、新制度的正常运行而开展的培训。专题培训既可以自己办班组织，也可以派员外出学习。

（4）脱产进修。

这种方式主要用来培养公司紧缺人才，或为公司培养高层次的管理人才、技术人才，由公司推选员工到高等院校、科研单位、典型公司去进修、学习。这种培训能切合公司的实际需要，是在职培训的重要方式之一。

本章复习思考题

一、填空题

1．物业服务企业登记内容包括_____、_____和_____等。
2．物业服务企业资质等级分为_____、_____、_____。
3．新设立的物业服务企业，其资质等级按最低等级核定，并设_____年的暂定期。
4．现代企业文化由物质文化、_____、_____和_____等四个层次构成。
5．员工培训的包括_____、_____和_____等内容。
6．员工培训包括_____和_____两种类型。

二、选择题

1．物业服务企业在领取营业执照之日起（　　）天内向当地的房地产行政主管部门申请资质。

  A．10　　　　　　B．20　　　　　　C．30　　　　　　D．60

2. 在物业服务企业设立时，关于工商注册登记和资质审批的说法（   ）是正确的。
   A. 工商注册在先，资质审批在后
   B. 资质审批在先，工商注册在后
   C. 资质审批和工商注册同时进行
   D. 二者没什么联系

3. 物业服务企业成立须经（   ）。
   A. 业主大会批准
   B. 工商行政管理部门登记
   C. 房地产行政主管部门批准
   D. 居民委员会批准

4. 物业服务企业是指对建成投入使用的房屋及其附属设施设备、相关场地实施（   ），并为业主与物业使用人提供全方位、多层次的有偿服务及创造良好的生活和工作环境，具有独立法人的经济实体。
   A. 社会化管理   B. 专业化管理
   C. 企业化管理   D. 法制化管理

5. 物业服务企业按经营服务方式的分类形式有（   ）。
   A. 企业化、专业化、市场化
   B. 管理型、顾问型、综合型
   C. 赢利、提供服务、提高社会效益
   D. 住宅管理、商场管理、写字楼管理、酒店管理

6. 二级物业服务企业资质证书由（   ）颁发和管理。
   A. 国务院建设主管部门
   B. 省、自治区人民政府建设主管部门
   C. 省、自治区人民政府房地产行政主管部门
   D. 直辖市人民政府房地产行政主管部门
   E. 设区的市人民政府房地产行政主管部门

7. 加强物业服务企业资质管理的作用有（   ）。
   A. 有利于提高物业管理水平
   B. 有利于规范我国的物业管理市场秩序
   C. 能够更好的保护业主和住户的合法权益
   D. 有利于开拓市场
   E. 有利于提高竞争力

8. 物业服务企业品牌的构成要素有（   ）。
   A. 物业服务企业的知名度   B. 物业服务企业的经营理念
   C. 在行业中的声誉和地位   D. 为业主提供服务的品质

E. 与其员工共存共荣的发展理念

9. 不直接接管项目的物业服务企业是（　　）。
   A. 管理型物业服务企业　　　　　　B. 顾问型物业服务企业
   C. 综合性物业服务企业　　　　　　D. 委托管理型物业服务企业

10. 物业服务企业的设立登记机关是（　　）。
    A. 国家工商行政管理机关　　　　　B. 房地产行政主管部门
    C. 税务机关　　　　　　　　　　　D. 财政机关

11. 一级资质物业服务企业管理各类物业房屋建筑面积的计算基数是（　　）。
    A. 多层住宅 200 万平方米
    B. 高层住宅 100 万平方米
    C. 独立式住宅（别墅）15 万平方米
    D. 办公楼、工业厂房及其他物业 50 万平方米

12. 负责一级物业服务企业资质证书的颁发和管理的是（　　）。
    A. 国务院建设主管部门
    B. 省、自治区人民政府建设主管部门
    C. 县（市）人民政府房地产主管部门
    D. 县（市）人民政府价格主管部门

13. 新设立的物业服务企业应当自领取营业执照之日起（　　）日内，向企业住所地政府房地产行政主管部门申请资质。
    A. 30　　　　　　　　　　　　　　B. 20
    C. 10　　　　　　　　　　　　　　D. 15

14. 由业主、开发商或物业产权单位自行组建，对自有产权的物业项目进行管理的物业服务企业属于（　　）。
    A. 委托管理型物业服务企业
    B. 自主经营型物业服务企业
    C. 综合性物业服务企业
    D. 顾问型物业服务企业

15. 企业法人登记事项包括（　　）。
    A. 企业名称　　　　　　　　　　　B. 住所
    C. 注册资本金　　　　　　　　　　D. 法定代表人
    E. 经济性质　　　　　　　　　　　F. 经营范围

16. 根据《中华人民共和国公司法》，股份有限公司注册资本最低限额为人民币（　　）。
    A. 1000 万元　　　　　　　　　　 B. 500 万元
    C. 100 万元　　　　　　　　　　　D. 50 万元

17. 直线职能制的组织架构比较适用于（　　）。
   A．专业化物业服务企业
   B．业务繁杂、服务项目多的物业服务企业
   C．大中型物业服务企业
   D．管理范围分散的大型物业服务企业
18. 目前物业管理机构设置中普遍采用（　　）组织形式。
   A．直线制　　　　　　　　　B．直线职能制
   C．事业部制　　　　　　　　D．矩阵制
19. 物业服务企业品牌的基础或核心是（　　）。
   A．企业的组织架构　　　　　B．企业的领导能力
   C．企业管理服务质量　　　　D．雄厚资产
20. 物业管理理念是物业服务企业面向市场的一种理性思维价值体系。在企业内部，理念起着（　　）。
   A．形象标志的作用　　　　　B．企业吸引客户的作用
   C．企业实力的作用　　　　　D．统一思想的作用

三、判断题

1. 一级资质物业服务企业注册资本应为300万元以上。（　　）
2. 某物业服务企业仅管理高层住宅类型的物业，总管理面积达120万平方米，从管理类型和面积上看，该公司符合申报一级资质条件。（　　）
3. 根据法律，企业对其名称享有专有权。（　　）
4. 物业服务企业的管理权利来源于合同。（　　）
5. 为切实保护广大业主的合法权益，物业服务企业必须依法成立并具备法人资格。（　　）
6. 现代企业法人制度极大地调动了广大投资者的投资积极性，促进了社会经济的发展。（　　）
7. 物业服务合同终止时，物业服务企业应及时同物业业主或业主委员会办理交接手续。（　　）
8. 国务院建设主管部门负责一级物业服务企业资质证书的颁发和管理。（　　）
9. 物业服务企业的住所既可以是自有产权房屋，也可以是租赁房屋。（　　）
10. 物业服务企业登记机关是国家工商行政管理机关。（　　）

四、简答题

1. 一级资质物业服务企业的条件有哪些？
2. 如何做好物业服务企业的员工培训？

五、案例分析题

1. 王华所在小区的住宅建筑面积大概有 20 多万平方米，王华是该小区业主委员会的主任。因为物业服务企业是开发商下属的企业，收费标准高，服务质量差，2 年来，业主对该企业的服务日益不满，王华所在的业主委员会决定从社会上公开招聘物业服务企业。消息一出，引来好多的物业服务企业前来招标，其中还包括王华所在单位的房管处转制组建的物业服务企业，其他的业主委员会成员也都有各自的关系，纷纷推荐物业服务企业。王华很为难，不知该选谁为好。为此，他向区物业办工作人员咨询，物业办答复说，按照《物业服务企业资质管理试行办法》的规定，20 万平方米的小区必须由具备二级物业管理资质的企业进行管理。王华查了一下投标企业，只有一个公司有二级资质，并且报价也趋于平均水平。王华把物业办的意见和投标企业的情况在业主委员会议上作了说明，取得了一致意见。

请问：《物业服务企业资质管理试行办法》对物业服务企业及小区规模都有哪些具体的规定和要求呢？

2. 南山某小区的物业服务企业是开发商的全资子公司，理所当然地承接了开发商的物业进行管理。业主入住之后，对物业服务企业的物业管理收费标准和服务标准等问题多次提出质疑，而该物业服务企业也多次向业主大会提出该项目严重亏损，意图提高物业服务费用，双方僵持不下。业主与物业服务企业的矛盾愈演愈烈，业主终于解聘了原物业服务企业。

请问：你认为本案的关键问题在哪？应该怎样解决？

第 4 章 物业管理市场和运行机制

【内容简介】

  本章主要讲述了物业管理市场的形成与发展，物业管理市场的特征，物业管理市场的构成，物业管理市场的运行机制，物业管理的行政管理部门，物业服务企业与供水、供电、供气、供暖等专业经营单位，房地产开发企业、各专业性服务企业、物业管理行业协会之间的关系等六个主要问题。通过本章的学习，对于理解我国物业管理的发展历程，树立市场观念，正确处理物业管理与各相关部门的关系有着重要的理论意义和现实指导意义。

【关键词】

  物业管理市场 政府指导价 市场调节价 物业管理的行政管理

第一节 物业管理市场

一、物业管理市场的形成与发展

（一）物业管理市场的概念

市场是指在一定的时间、地点进行商品交换的场所。这是对市场的狭义理解，是对市场局部特点和某种外在表现的概括，它仅仅把市场看做是流通行为的载体。按照马克思主义政治经济学关于市场的广义理解，市场是指商品交换和商品买卖关系的总和。它不仅包括作为实体的商品交换的场所，更重要的是，它包括一定经济范围内商品交换的活动。生产者和消费者就是通过市场形成相互连接的纽带。

物业管理行业是有偿出售智力劳动和体力劳动的服务性行业，所出售的是无形的商品，其核心产品是服务。这种以物业为对象的管理和服务如同其他的商品一样，具有价值和使用价值。物业管理服务产品进入商品交换领域，便形成了物业管理市场。

所谓物业管理市场，是指出售和购买以物业为对象的管理服务这种无形劳动的场所和由此而引起的交换关系的总和。具体地说，就是把物业管理服务纳入到整个经济活动中，使其进入流通、交换领域，使物业管理经验与服务得以传递、应用，并渗透到生产、生活领域，改善生产与生活环境，提高生产与生活质量，从而实现其应有的价值。

（二）物业管理市场的形成与发展

随着社会主义市场经济体制的建立、房地产开发的不断发展、住房制度改革的不断深化和人民群众对居住环境质量要求的不断提高，我国的房地产业得以蓬勃发展，物业管理行业也随之兴起。1981年3月10日，深圳市诞生了我国第一家物业服务企业。经过20多年的发展，物业管理强劲的春风吹遍大江南北，遍布祖国的东西。据不完全统计，现在我国的物业服务企业已超过3万余家，从业人员已超过300余万人。一大批管理规模大、信誉高、质量好的物业服务企业不断涌现，物业管理行业在城市管理、安置劳动力就业、改善人民群众的工作和生活环境等方面发挥了巨大的作用。

有交换就有市场，随着物业管理行业的不断发展，物业管理市场也得以迅速扩大。与此同时，也随之出现了物业管理市场化程度低，市场交易规则不健全，部分企业恶意竞争，乱涨价、乱收费等不容忽视的问题。

为促进物业管理行业的健康发展，建立规范的物业管理市场和正常的交易秩序，国家和各地先后出台了一系列法律、法规和政策。规范物业管理市场的途径之一是引入竞争机制，建立物业管理的招投标制度。1993年年底，深圳市首次把招投标制度运用到物业管理，对即将建成的莲花北村的物业管理进行了招标。有了良好的开端后，深圳市又着手对旧住宅小区进行试验，于1996年在鹿丹村实行社会公开招标，再一次把竞争机制引入到物业管理运作中。

在各地取得成功经验的基础上，1995年5月，原建设部在深圳召开的全国物业管理工作会议上，明确要求各地要尽快引入竞争机制，推行物业管理招投标制度。1999年8月，九届全国人大常委会通过的《中华人民共和国招标投标法》自2000年1月1日起正式实施。这标志着我国招投标制度用法律的形式固定下来，有了法律依据。2003年9月1日起实施的国务院《物业管理条例》明确规定："根据提倡通过公开、公平、公正的市场竞争机制选聘物业服务企业"，"国家提倡通过招投标的方式选聘具有相应资质的物业服务企业"。同年6月，原建设部发布《前期物业管理招标投标管理暂行办法》，对前期物业管理招投标活动进行规范。这一系列法律、规章的发布表明，公开、公平、公正的市场竞争机制正在逐步完善，我国的物业管理市场正不断健康发展。

二、物业管理市场的特征

由于物业管理市场交换的是无形的管理服务，是市场细分的结果，因此它有着与其他商品市场不同的特点。

1. 非所有权性

物业管理服务必须通过服务者的劳动向需求者提供服务，这种服务劳动是存在于人体之中的一种能力，在任何情况下，没有哪种力量能使这种能力能与人体分离。因此，物业管理市场交换的并不是物业管理服务的所有权，而只是这种服务的使用权。

2. 生产与消费同步性

物业管理服务是向客户提供直接服务，服务过程本身既是生产过程，也是消费过程，劳动和成果是同时完成的。如公共秩序维护服务为业主提供值岗、巡查等安全防范服务。当保安员完成安全防范服务离开岗位时，业主的安全服务消费亦就同时完成。

3. 品质差异性

物业管理服务是通过物业服务企业员工的操作为业主直接服务，服务效果必然受到员工的服务经验、技术水平、情绪和服务态度等因素的影响。同一服务，不同的操作，品质的差异性都很大。如不同的装修工程队，装修的款式及工艺就有很大的差异，即使是同一工程队，每一次服务的成果质量也难以完全相同。

4. 服务综合性与连锁性

物业管理服务是集物业维护维修、安全防范、卫生保洁、园林绿化、家居生活服务等多种服务于一体的综合性服务。这种综合性服务的内容通常又是相互关联、相互补充的。业主或物业使用人对物业管理服务的需求在时间和空间及形式上经常出现相互衔接，不断地由某一种服务消费引发出另一种消费。如业主在接受汽车保管的同时，会要求提供洗车及维修服务。

5. 需求的伸缩性

业主或物业使用人对物业管理服务的消费需求有较大的伸缩性，客户感到方便、满意时，就会及时或经常惠顾；感到不便或不理想时，就会延缓，甚至不再购买服务。特别是在物业管理的专项服务和特色服务上，如代购车票、船票、机票，代订代送报刊等，客户可以长期惠顾；也可以自行解决或委托其他的服务商办理。

三、物业管理市场的构成

物业管理市场与其他专业市场一样由市场主体、市场客体和市场环境三个因素构成。

1. 市场主体

市场主体是指在市场中进行交换的个人或组织。一种商品或劳务之所以成为交换的对象，是因为有对这种商品或劳务的需求，以及相伴于这种需求的供给，因而市场主体包括需求主体和供给主体。物业管理市场的需求主体是物业的所有权者和使用者；供给主体是物业管理的经营者，即通过合法手续取得物业管理经营资格的法人企业或其他组织。

2. 市场客体

市场客体是指在市场中被进行交换的对象。一个市场区别于另一个市场的主要标志在于它们所交换的对象不同。市场客体可以分为有形的商品和无形的商品（即劳务）两大类。物业管理市场上的交换对象是物业管理服务，是一种无形的劳务。这种劳务具体体现在房屋及其附属设施设备的维修、养护、管理，安全防范，清扫保洁，环境绿化，代理租赁，以及应业主或物业使用人的要求提供的其他有偿服务。

3. 市场环境

市场环境是指进行交换的环境。需要明确的是，这里所指的"环境"并不是进行交换的具体场所，而是指使交换赖以进行的社会制度以及各种相关的法律、法规。就物业管理市场来说，主要包括：基本的社会制度，与物业管理相关的各种法律、法规、规章和政策，各类物业管理的契约或合同。它们共同规范和制约着物业管理市场的具体交换行为。

四、物业管理市场的运行机制

（一）物业管理市场价格机制

价格机制是指在市场竞争过程中，价格变动与供求变动之间相互制约的联系和作用。价格机制是市场机制中最敏感、最有效的调节机制，价格的变动对整个社会经济活动有十分重要的影响。

1. 物业管理服务的价值构成

物业服务企业的产品凝结着物业服务企业员工的劳动，同样具有价值和使用价值。由于物业管理服务的无形性，服务的等级层次很难具体地加以描述，因此在方法上又与有形产品的定价有所区别。

物业管理服务的价值在形式上表现为物业管理服务价格，它是物业管理服务的效用、物业管理服务的相对稀缺性及对物业管理服务的有效需求三者相互作用的结果。也就是说，物业管理服务的价值由这三者的相互作用并通过具体价格表现出来。

（1）物业管理服务的效用。

物业管理服务的效用是指业主或物业使用人因物业服务企业的服务而得到满足的程度。物业管理服务如果没有效用，就不会有物业管理服务价格，业主或用户也就不会产生占有物业管理服务的欲望。

（2）物业管理服务的相对稀缺性。

物业管理服务的相对稀缺性即意味着对比业主的一般欲望，其欲望的满足由于从质和量上有限而处于不足的状态。因此，物业管理服务价格被看做是稀缺性的价值反映，可以认为是在结合效用和稀缺性后产生的。

（3）物业管理服务的有效需求。

除以上两个原因外，还须对物业管理服务形成现实购买力才行。人们把购买力所形成的需求称为有效需求。就是说，业主或物业使用人对物业服务费用具备一定的支付能力。

2. 物业管理服务价格的管理形式

《中华人民共和国价格法》对于服务收费在内的价格管理规定了三种定价形式：一是政府定价，它是指由政府价格主管部门按照定价权限和范围制定的价格；二是政府指导价，它是指由政府价格主管部门按照定价权限和范围规定基准价及其浮动幅度，指导经营者制定的价格；三是市场调节价，它是指由经营者自主制定，通过市场竞争形成的价格。我国开展物业管理以来，也长期采取了上述三种价格管理方式。由于政府定价方式不符合市场竞争法则，实践中引发了大量矛盾，国家发展改革委、原建设部于2003年11月13日颁布的《物业服务收费管理办法》不再规定政府定价形式，仅采取政府指导价和市场调节价对物业管理服务收费进行管理。

（1）政府指导价。

政府指导价是一种政策性价格形式，先由房地产行政主管部门根据物业管理服务的实际情况和管理要求，制定物业管理服务的等级标准，然后由价格主管部门会同房地产行政主管部门测算出各个等级标准的物业管理服务基准价和浮动幅度。各物业管理服务项目的具体收费标准，由业主和物业服务企业根据规定的基准价和浮动幅度，结合本项目的服务等级标准和调整因素，在物业服务合同中约定。政府指导价主要适用于住宅小区。

（2）市场调节价。

市场调节价是指物业管理服务收费完全由业主和物业服务企业按照市场原则自由协商确定并在物业服务合同中约定的一种定价形式。这种定价形式完全体现市场规律的作用，是一种市场价格，政府不予干预。《山东省物业服务收费管理实施办法》规定，为写字楼、工业区、商场、商埠、宾馆、酒店等非住宅提供公共性服务，其收费实行市场调节价，收费标准由当事人双方合同约定。

3. 物业管理服务价格的确定

（1）确定原则。

物业服务企业应遵循市场经济规律，以马克思主义的劳动价值论为基础，结合物业管理服务的特征来确定物业管理服务价格。

① 权利与义务相结合的原则。按照市场经济原则，物业服务企业提供的服务与取得的费用应做到质价相符。同样作为业主，在得到一定等级的服务之后也应当支付一定的费用。

② 依法定价原则。确定物业管理服务价格必须按有关部门的政策和标准，反对物业服务企业单方面定价。

③ 遵循符合业主或物业使用人消费规律的原则。

（2）定价方法。

① 成本加利润法。一般先是通过对物业服务费用及其构成进行测算和处理，然后加上按目标利润率计算的利润额。

② 由物业服务企业与业主协议定价。

（3）定价策略。

① 差别定价法。

差别定价法即针对不同的物业、不同的市场采取不同的价格；或者对同一幢物业，按不同的顾客需求采取不同的价格。

② 增量定价法。

增量定价法是指通过计算由价格政策引起的利润是否增加来判断定价方案是否可行，如果增量利润是正值，说明定价方案可以接受；如果增量利润是负值，就是不可接受的。增量利润等于定价方案引起的总增量收入减去定价方案引起的增量成本。

③ 物业管理服务价格与服务质量的定价技巧。

不同的管理服务质量与相适应的价格标准组合在一起，在物业服务企业与用户或业主认可的范围内是可行的。高服务价格、低服务质量的组合不为业主所接受，高服务质量、低服务价格的组合对物业服务企业来说无利可图。一般的，在既定的服务价格水平上，业主希望得到最优质的服务，或者在既定服务质量水平上，业主希望自己支付最低的价格。

（二）物业管理市场供求机制

在物业管理市场中，供给是指在一定时间内已经存在于市场和能够提供给市场销售的物业管理服务的总量；需求则是指在一定时间内市场上消费者对物业管理服务的具体货币支付能力的需求数量。

物业管理市场上的供给与需求是对立统一的关系，二者互为条件、相互对立、互相制约。供给和需求都要求对方与之相适应，达到平衡协调的关系。然而，供求之间不可能永远一致，在一定时期和一定条件下可能表现为供大于求；而在另一时期和条件下，又可能表现为求大于供。可是，在一定时期的客观条件下，物业管理服务又可能会呈现供求相等的平衡状态。但总的说来，供求之间的平衡只是暂时的、相对的和有条件的，而不平衡则是普遍的、绝对的。

1. 决定物业管理市场供求的主要因素

（1）决定物业管理服务供给量的主要因素。

① 人力资源状况。

物业管理提供的是服务，要完成这种服务，最主要的是人力资源。如果社会上熟练掌握物业管理技能的人多，表明物业管理行业的人力资源丰富，物业管理服务的供给量就多；相反，社会上熟练掌握物业管理技能的人少，人力资源贫乏，物业管理服务的供给量就会相对地少。目前，在我国物业管理市场中，科学地进行组织经营、管理和熟练掌握物业管理技能的专门人才并不多，人力资源并不丰富。

② 国家经济政策。

国家的产业政策、财政政策、税收政策等对物业管理服务的供给量也产生影响。产业政策的变动会影响投入各个生产部门的劳动总量的变动，从而影响各部门的供给量。国家支持发展的产业投资多、贷款利率低，因而能扩大生产增加供给。国家如果对某一部门或某一产品增加财政补贴，可以刺激生产增加供给；如果提高贷款利率，则会抑制生产减少供给。

③ 相关服务价格的变动。

有些劳务的使用价值与物业管理服务是密切相关或可以互相替代的。这些相关联或可替代的服务价格的变动也会引起物业管理供给量的变动。如专业的家政服务公司的服务价格下降，人们就愿意直接请其提供服务，减少物业服务企业提供的服务。价格的变化引起需求的变化，这样家庭服务就会扩大，供给量增加，物业管理的服务项目就会萎缩，供给就会减少。

（2）决定物业管理服务需求量的主要因素。

① 消费者的货币收入水平。

在货币币值不变的条件下，消费者的购买能力会随着货币收入的增加而提高。如果说人们的货币收入增加了,即使物业管理服务的价格不变或略有上升,业主还是会购买这种服务,需求量会增加;如果人们的货币收入减少,就会缩减消费,即使物业管理服务的价格不变或略有下降,需求量也会有所减少。物业管理服务并不是生活必需品,而是一种享受性服务,收入水平的变化对其需求的影响程度相对会大一些。

② 消费者偏好。

消费者偏好是指人们习惯于消费某种商品或特别喜爱消费某种商品的心理行为。消费者偏好对物业管理服务的需求量有较大的影响。如有的人要求有保安员的保安服务,亦有人更愿意使用科技安全防范产品进行保安。特别是当前,物业管理还未被全社会充分认识,业主对物业管理服务的需求还缺乏主动性。当然,人们的生活习惯和消费偏好是可以引导和改变的。

③ 房地产发展规模。

房地产发展规模大,向社会提供的物业绝对量增加,客观上扩大了物业管理服务的需求;房地产发展规模小而且慢,对物业管理服务的需求自然较少。就一时一地而言,房地产规模的变化,对当时物业管理服务需求量的变动有着明显的影响。

2. 物业管理市场的供求规律

供求规律是物业管理市场中的一个重要规律,主要有以下内容。

(1) 供求的变动决定着价格的变动。

① 如果物业管理服务产品供不应求,价格就要上涨。这种情况可以在供应量不变而需求量增加的情况下发生,也可以在需求量不变而供应量减少的情况下发生。

② 如果物业管理服务产品供过于求,价格就会下降。这种情况可以在需求量不变而供应量增加的情况下发生,也可以在供应量不变而需求量减少的情况下发生。

(2) 价格变动引起供求情况的变动。

① 如果物业管理服务产品的价格上涨,需求就会相应减少;相反,价格下跌,需求就会相应增加。

② 如果物业管理服务产品价格上涨,供给便会增长;价格下跌,供给便会减少。

③ 供求的变化和价格的变化方向相反。如果物业管理服务产品供不应求,价格自然会上涨。价格上涨会引起物业服务企业扩大经营,或其他的行业转移经营,供给量增加,需求相对减少。而当供求状态趋向供过于求时,价格就下跌,物业服务企业就会调整减少经营,供给量随之减少,需求量相对增加。这种增减到一定程度,价格就回升,往前发展又会变成供不应求,循环发展。

(3) 供求变动决定买方、卖方市场的变动。

在物业管理服务产品的供求变化中,买卖双方哪一方占优势,在价格和其他条件上就能压倒对方,在市场中对自己有利。在物业管理服务产品供不应求时,卖方占优势,便形成"经营者主权",表现为卖方市场;在物业管理服务产品供过于求时,买方占优势,便形成"消费者主权"，表现为买方市场。

（三）物业管理市场竞争机制

竞争机制是指竞争同供求关系、价格变动、生产要素流动与组合，以及市场成果分配诸因素之间的有机联系和运动趋向。市场经济是竞争经济，没有竞争也就没有市场经济。

1. 物业管理市场竞争的必然性

在物业管理市场中，市场主体之间，尤其在物业管理服务产品经营者之间的竞争是一个内有动力外有压力的、持续不断的市场较量过程。因此，竞争推动和迫使物业管理经营者进行合理的决策，并且通过优胜劣汰的强制作用，奖励高效率者，惩罚低效率者，对价格信号做出迅速及时的反应，不断尝试新的生产服务要素组合，开发和扩大新的物业管理市场领域，推出新的服务项目，保证资源配置到最为需要的地方。

如果没有竞争或缺乏竞争，占据物业管理市场垄断地位的少数企业就会靠牺牲其他市场参与者（包括物业管理服务经营者、业主或物业使用人）的利益，谋取垄断利润。由于没有做出相应的市场贡献，从而导致整个物业管理市场的经济效益和服务水平的降低。

我国的物业管理市场是一个新兴的市场，市场机制还不完善。有鉴于此，在1999年5月的全国物业管理工作会议上，原建设部提出要在物业管理市场中尽快引入竞争机制并提出明确要求。

2. 物业管理市场竞争的形式

（1）物业服务企业之间的竞争。

从市场竞争的范围来考察，物业服务企业之间的竞争主要是围绕着提高服务质量、增加服务项目、降低经营成本等内容而展开的。这种竞争促使各个企业管理服务的个别劳动时间平均化为社会必要劳动时间，其结果必然是推动企业的技术进步和劳动生产率的提高。

（2）业主与经营者之间的竞争。

从参与竞争的市场主体之间的关系来考察，业主与经营者之间的竞争主要表现为对物业管理服务业主要贱买、经营者要贵卖的竞争。这是经营者与业主争夺物业管理市场主动权的竞争。

（3）价格竞争与非价格竞争。

从竞争是否围绕价格变动这一角度来考察，价格竞争就是通过降低服务价格来争取较多的消费者，从而扩大物业管理服务销售量的竞争，其实质是企业之间提高劳动生产率的竞争。它要求物业服务企业千方百计加强管理、改进技术、节约资源，达到少投入、多产出的目的。非价格竞争就是指不变动价格，而是通过其他途径和采用其他方法来争取较多的消费者，从而扩大物业管理服务销售量的竞争。如开发新的服务项目，提高服务质量，扩大广告宣传，改变销售方法等，用这些方法和途径来争取更多的业主购买物业管理服务。

3. 市场竞争与经济风险

有市场竞争就必然存在经济风险。在社会化大生产的市场经济中，由于生产技术的迅速变化，市场情况的千变万化，以及某些政治因素的干扰和自然灾害的影响，使物业管理经营者的实际收益低于原预期收益，从而蒙受经济损失，甚至发生亏损或破产，这就是经济风险。随着社会主义市场经济的发展和经济体制改革的深化，物业服务企业作为独立的经济实体有自身的经济利益，要参与市场竞争，就要承担经营决策的正误以及经营活动的好坏所带来的后果。在市场竞争中，从产生经济风险的原因来看，经济风险主要有三个方面。

（1）自然风险。

由自然因素造成的经济风险，如雷击、火灾、水灾、地震、气候突变等给经营者带来的经济损失即属自然风险。

（2）社会风险。

由个人或集团的社会行为造成的经济风险，如盗窃、事故、政治动乱、战争等给经营者带来的经济损失即属社会风险。

（3）经营风险。

由物业服务企业自身决策失误或经营管理不善造成的经济损失即属经营风险。

（四）价格、供求与竞争机制的功能

价格、供求与竞争机制的功能从总体上说是调控整个物业管理市场运行的过程。

1. 适应与协调功能

在物业管理市场中，各个独立的物业服务企业的经营和业主的消费是分散决策的，需要通过市场价格和竞争机制的作用相互协调为一体。市场价格信号的变化反映着物业管理服务的稀缺程度，从而表明一定的物业管理服务的需求程度。处于竞争之中的物业服务企业，出于自身经济利益的追求和市场竞争的巨大压力，必然会对市场价格信号的变化做出灵活的、及时的反应，调整自己的经营规模和经营结构，其结果是保证了物业管理服务能不断地适应变化着的需求。

2. 刺激与创新功能

竞争就是要战胜对方，在市场上保持优势。每一家参与竞争的物业服务企业都试图获得一份超过竞争对手的利润，为此要不断改进技术、降低成本、开发新的服务项目和新的市场领域，进行服务与经营过程中的技术创新和项目创新。竞争促进了技术进步。因为谁运用了新技术，提供了新的服务项目，谁就可以暂时地（或长或短地）获得一份由创新形成的垄断地位所带来的超额利润。竞争同时也促进了物业管理新技术的推广和扩散。随着竞争参与者的模仿过程的普遍化，创新者的暂时的垄断地位和优先利润也逐渐失去。在这一过程中，物业管理服务的新技术、新项目得到普及，整个物业管理服务的技术水平也因此而提高。

第二节 物业管理的行政管理部门和其他相关部门

一、物业管理的行政管理的含义

物业管理的行政管理是指国家行政机关依据有关的法律、法规，对物业管理实施行业管理。其实质是国家通过法律手段、行政手段，建立物业管理的正常秩序，使物业管理有利于城市建设和国民经济发展，有利于改善人民群众居住条件和工作条件。

二、物业管理的行业主管管理部门及其职责

1. 物业管理的行业主管管理部门及其职责

2007年12月经国务院批准的机构改革方案规定，住房和城乡建设部是国务院综合管理全国住房和城乡建设部的职能部门。因此，从全国范围内来讲，它是国家物业管理的行政管理部门。

省、自治区、直辖市人民政府住房和城乡建设厅（局）负责本行政区范围内物业管理的归口管理工作。

各地、市的情况有所不同。有的地、市由房地产管理局负责本行政区域内物业管理的归口管理工作；有的地、市由建设行政主管部门负责本行政区域内物业管理的归口管理工作。

2. 物业管理行业主管部门的职责

（1）政策指导。

物业管理的行政主管部门要把物业管理的政策交给广大的人民群众，包括业主、物业使用人，业主委员会和物业服务企业，也包括街道办、居委会和其他相关部门。要把宣传政策作为执行政策的基础条件，加强宣传力度，通过各种形式普及物业管理的法律、法规和政策。要培训业主委员会和物业服务企业的有关人员，使其学法、懂法并依法办事。

（2）行政立法。

根据国家法律、法规和物业管理方面的方针政策，针对物业管理中出现的新情况和遇到的新问题，制定各种物业管理的行政规章或规范性文件，保证物业管理行业的持续、健康发展。

（3）协调服务。

对物业管理中出现的业主之间、业主与业主委员会之间、业主与物业服务企业之间，业主、业主委员会、物业服务企业与各行政管理部门之间的关系进行协调；对物业管理业与房地产、建筑装修、市政环保等行业组织协调。同时，要提供包括政策咨询、人才培训、信息沟通、房地产税费、登记备案手续等方面的服务。

（4）执法监督。

行政管理部门要根据行政法规赋予的行政职权进行行政执法，接受业主和有关各方的

投诉，对物业管理中出现的纠纷依法进行行政监督管理和处理。

（5）市场调控。

通过行政、法律、经济等手段调节物业管理中经济活动，扶持和培育物业管理市场，推动其健康规范发展。

三、街道办事处，乡、镇人民政府在物业管理中的职责

物业管理与社区管理紧密联系，街道办事处，乡、镇人民政府要协助有关行政部门对物业管理进行监督，对物业管理与社区管理、社区服务的相互关系进行协调。从一个居住地区来说，区、县房管局负责日常的物业管理的行政管理工作，街道办事处和乡镇人民政府不能替代其对物业服务企业的具体管理。但在涉及居民的宣传政策、组织协调、调解纠纷诸方面，街道办事处，乡、镇人民政府又有着无法比拟的优势。物业服务企业要与物业所在地街道办事处或乡、镇人民政府保持密切联系，接受指导，互相配合、支持，构筑高效优质的社区管理服务系统。

2009年5月1日起实施的《山东省物业管理条例》规定："街道办事处、乡（镇）人民政府负责组织指导本辖区业主大会成立和业主委员会换届选举工作，监督业主大会和业主委员会依法履行职责，调解处理物业管理纠纷"，"社区居民委员会负责指导、监督业主大会、业主委员会依法开展业主自治管理，协助街道办事处、乡（镇）人民政府开展社区管理、社区服务中与物业管理有关的工作"。

四、物业服务企业和工商、物价、税务、公安等行政管理部门的关系

工商、物价、税务、公安等行政管理部门依据分工，对物业服务企业依法实施监督和指导。

1. 物业服务企业必须接受工商行政主管部门的监督和指导

物业服务企业在开业之前，须向工商行政主管部门申请注册登记，经工商行政主管部门审核批准后，依法发给物业服务企业企业法人营业执照，然后物业服务企业在取得资质证书后方可正式开业。

工商行政主管部门每年度对物业服务企业依法进行年检、年审，对违法经营者有权依法进行批评、教育、处罚，甚至吊销企业营业执照，对合法经营者给予保护和支持。

2. 物业服务企业要依法向国家纳税

（1）物业服务企业要依法将应纳税金按时交到税务行政主管部门。

（2）税务行政主管部门有权依法对物业服务企业进行定期或不定期的税务检查与指导，有权处理违反税务规定的行为。

3. 物业服务企业应接受物价行政主管部门的物价管理

（1）物业服务企业与物业建设单位、业主委员会或物业产权人约定的物业管理服务收费

标准，应当报物价行政主管部门备案，物业服务企业不得擅自扩大收费范围或提高收费标准。

（2）物价行政主管部门有权对物业服务企业的收费价格依法进行监督和指导，有权依法对违规收费企业进行处罚。

4. 物业安全管理工作要接受当地公安部门的监督和指导

（1）安全管理是物业管理的主要工作之一。

物业服务企业要根据物业管理区域的特点合理布岗，加强巡逻检查，发现有犯罪嫌疑人和易燃、易爆、剧毒、放射性等危险物品，或发生刑事、治安案件，应当立即向当地公安机关报告，并协助做好调查、救助和疏散工作。在物业管理区域内，当物业服务企业发现违法行为时应该制止，对应该制止而没有制止的违法行为应该及时报告的治安事件而没有及时报告的，要承担相应的责任。

（2）居住小区规划红线内的机动车停车场、非机动车存车处等交通设施，均由物业服务企业负责维护、管理；发生交通事故要报请公安交通部门处理；设立收费停车场，由公安交通管理部门审核批准。

（3）供水管网及管网上设置的地下消防井、消火栓等消防设施，由供水部门负责维护、管理，公安消防部门负责监督检查；高压、低压消防供水系统，包括泵房、管道、室内消防栓及防火门、消防电梯、轻便灭火器材、消防通道等，由物业服务企业负责维护、管理，并接受公安消防部门的监督检查。

5. 物业服务企业的环境管理应接受环保、环卫和园林部门的监督和指导

（1）物业服务企业对违反规定进行固体、水体、大气和噪声污染等行为应该予以制止，情节严重的，应报环保部门依法处理。对毁坏绿地、树木的行为，应予以制止，情节严重的，应报园林绿化部门依法处理。

（2）居住区内的城镇道路，由环卫部门负责卫生清扫；居住区内的其他道路、绿地、楼内公共部位的卫生清扫，由物业服务企业负责；将垃圾由垃圾楼（站）运至垃圾转运站或垃圾处理厂，由物业所在地环卫部门负责。公共厕所的产权属于环卫部门的，由环卫部门负责管理，未办理产权移交的，由物业服务企业负责管理。

（3）居住区内的城镇道路两旁的绿化由园林部门负责管理，小区内的其他绿化由物业服务企业负责管理。

五、物业管理和供水、供电、供气、供暖等公用事业部门之间的关系

作为独立的企业法人，物业服务企业与供水、供电、供气、供暖等公用事业部门之间不是上下级关系，而是分工明确、相互配合的平等关系。

1. 供水、供电、供气、供暖等单位的职责

供水、供电、供气、供暖等公用事业部门是取得特定经营资格的企业，这些单位按照合同约定分别为业主与物业使用人提供水、电、气、暖、通信、有线电视等商品的服务，

业主及物业使用人应当支付相应的费用。它们之间是一种商品买卖关系，理应由上述企业收费到户并承担相关管线、设施的维护管理职责。国务院颁布实施的《物业管理条例》规定："物业管理区域内，供水、供电、供气、供热、通信、有线电视等公用事业单位应当向最终用户收取有关费用"，"供水、供电、供气、供热、通信、有线电视等单位，应当依法承担物业管理区域内相关管线和设施设备维修、养护的责任"。

尽管国家对上述各公用事业单位的职责分工有明确规定，但按照《物业管理条例》实施前的有关规定，物业建设单位在小区建成后应将水、电、暖等设施移交给供水、供电、供气、供暖等单位后方可由它们直接实施管理。2000年以前，由于种种原因，不少建设单位并未将水、电、暖等相关设施移交给供水、供电、供暖等部门，至今仍由物业服务企业承担水、电、暖等项费用的代收代缴任务。物业服务企业不但无偿服务，而且还承担着水、电、暖等项费用的差额。

2. 物业服务企业与供水、供电、供气、供暖等单位之间的关系

（1）委托关系。

供水、供电、供气、供暖等公用事业部门如将水、电、气、暖等项费用的收缴任务委托给物业服务企业，双方应签订委托协议，明确双方的权利和义务，并由上述部门向物业服务企业支付相应的费用。根据《物业管理条例》的规定，物业服务企业接受委托代收上述费用的，不得向业主收取手续费等额外费用。

（2）配合关系。

上述公用事业部门因维修、养护需要临时占用、挖掘道路、场地的，应当及时恢复原状，物业服务企业应当予以配合；当物业服务企业发现属于供水、供电、供气、供暖等单位维修、养护职责范围内的问题时，应当及时向有关部门通报，督促、配合其及时解决问题，保证业主与物业使用人的正常工作和生活。

六、物业服务企业和房地产开发企业之间的关系

1. 物业服务企业和房地产开发企业之间的关系

目前，全国的物业服务企业与房地产开发企业之间的关系有两种类型。

（1）隶属关系。

目前我国有50%左右的物业服务企业隶属于房地产开发企业。即使是依据《公司法》设立的物业服务企业，其法人代表大多也是由房地产开发企业的老总兼任。这类物业服务企业主要管理房地产开发企业的自建物业，是典型的自建自管体制。这种管理体制有三大弊端。

第一，由于房地产开发企业与物业服务企业是一家人，业主或物业使用人因开发遗留问题或房屋质量保修而产生的各种怨恨全记到物业服务企业的"账"上，轻者投诉，重者拒交物业服务费用，物业服务企业往往是两头不落好，处于非常被动的境地。

第二，这种自建自管的管理体制限制了物业服务企业之间的公平竞争，不利于推进物

业管理的社会化和市场化。

第三，这类物业服务企业多由房地产开发企业的闲杂人员组成，有的视房地产开发企业为后台，服务态度粗暴，服务质量低劣，严重阻碍着物业管理行业的健康、持续发展。为克服以上弊端，根据《物业管理条例》的规定，国家提倡业主通过公开、公平、公正的市场竞争机制选择物业服务企业。国家提倡建设单位按照房地产开发与物业管理相分离的原则，通过招投标的方式选聘具有相应资质的物业服务企业。住宅物业的建设单位，应当通过招投标的方式选聘具有相应资质的物业服务企业。

（2）非隶属关系。

这是指房地产开发企业为其开发项目的前期物业管理，通过招投标的方式选聘物业服务企业。投标企业中标后，与房地产开发企业签订前期物业服务合同，平等地约定双方的权利和义务。二者之间不是上下级关系，完全是平等的契约合同关系。这种管理体制下，前期物业服务企业能更好地协助房地产开发企业完善配套设施，提高房屋质量，督促房地产开发企业履行质量保修义务；另外，也能更好的促使物业服务企业按合同约定做好物业管理工作，减少物业管理服务纠纷。这种管理体制是物业管理市场化的产物，符合我国物业管理发展的正确方向。

2. 房地产开发企业应承担的义务

（1）依法建设义务。

依法建设义务主要包括依法办理用地、规划、施工等方面的各种手续；按照国家或地方有关规定及合同约定建设居住小区的各类公共配套设施，办理权属登记手续，不得随意改变其用途；依法进行项目的综合竣工验收并向有关部门办理备案手续；依法通过招投标的方式选聘具有相应资质的物业服务企业承担项目的前期物业管理工作。

（2）移交义务。

建设单位交付住宅物业时，应当向业主提供住宅质量保证书和住宅使用说明书等资料；按规定向物业服务企业移交物业管理用房和有关资料；在住宅小区综合验收后的规定期限内，依据国家或地方有关规定将供水、供电、供暖、供气等设施设备移交各专业经营单位并办理各种相关的手续。

（3）质量保修义务。

建设单位应当建立健全物业售后维修服务体系，按照国家和地方规定的保修期限、范围，承担物业的保修责任。物业建设单位如将物业保修的有关事宜委托物业服务企业承担，应签订委托合同并向物业服务企业支付相应的报酬。

七、物业服务企业和各专业性服务企业之间的关系

专业性服务企业包括各类设备维保、绿化、保洁、安保企业。物业服务企业与其之间是一种委托关系。专业性服务企业依靠其专业人才、技术和设备，在某类服务方面积累了丰富的经验，有着物业服务企业无法比拟的优势。物业服务企业将相关的专项任务委托给

专业性服务企业,既可以节省人力物力成本,充分享受社会化分工带来的成果,又符合国家规定和物业管理的发展趋势。根据《物业管理条例》的规定,物业服务企业可以将物业管理区域内的专项服务委托给专业性服务企业,但不得将区域内的全部物业管理一并委托给他人。这就是说,物业服务企业可以将物业管理区域内的专项任务分包给专业性服务企业,但禁止将物业管理项目整体转包。物业服务企业将某项任务分包后,要依据合同对专业性服务企业实施管理和监督,并作为第一责任人对业主承担责任。对于不称职的专业性服务企业应当按照合同约定及时更换。

八、物业管理行业协会

物业管理行业协会是具有社团法人资格,以本行业的从业企业为主体,相关企业参加,按照有关法律、法规自愿组成的全国性或区域性行业自律组织。行业协会的有效工作可以促进本行业的健康有序发展。我国既有全国性的物业管理行业协会——中国物业管理行业协会,也有各省、市成立的物业管理行业协会。物业服务企业应积极参加物业管理行业协会的活动,接受其业务监督和指导。

中国物业管理行业协会成立于 2000 年 10 月,其主要职能是:

(1) 协助政府贯彻执行国家的法律、法规和政策;

(2) 协助政府开展行业调研和统计工作,为政府制订行业改革方案、发展规划、产业政策等提供预案和建议;

(3) 协助政府组织、指导物业管理成果的转化和新技术、新产品的推广应用工作,促进行业科技进步;

(4) 代表和维护企业合法权益,向政府反映企业的合理要求和建议;

(5) 组织制定并监督本行业的行规行约,建立行业自律机制,规范行业自我管理行为,树立行业的良好形象;

(6) 进行行业内部协调,维护行业内部公平竞争;

(7) 为会员单位的物业管理和发展提供信息与咨询服务;

(8) 组织开展对物业服务企业的资质评定与管理、物业管理优秀示范项目的达标考评和从业人员执业资格培训工作;

(9) 促进国内、国际行业交流和合作。

本章复习思考题

一、填空题

1. 物业管理市场具有_____、_____、_____、_____和_____等特征。
2. 物业管理市场由_____、_____和_____三个要素构成。

3. 现阶段，我国对物业管理服务收费价格实行_____和_____两种定价管理方式。
4. 影响物业管理需求的主要因素包括_____、_____和_____三个方面。
5. _____是我国物业管理的行业主管部门。

二、选择题

1. 1993年，在（　　）成功实施了我国内地第一个物业管理项目的招投标工作。
   A．广州　　　　B．上海　　　　C．北京　　　　D．深圳
2. 1981年，（　　）成立了我国内地第一家物业服务企业。
   A．深圳　　　　B．广州　　　　C．上海　　　　D．北京
3. 我国第一部招投标的法律文件是（　　）。
   A．《中华人民共和国招标投标法》　　　　　　B．《物业管理条例》
   C．《前期物业管理招标投标管理暂行办法》　　D．《房地产法》
4. 政府指导价适用于（　　）。
   A．居住小区　　B．商业物业　　C．工业物业　　D．其他物业
5. 市场调节价适用于（　　）。
   A．居住小区　　B．居民小区　　C．非居住小区　　D．各类物业

三、判断题

1. 2003年国务院颁布的《物业管理条例》是我国第一部物业管理的法律文件。（　　）
2. 物业管理市场是随着物业管理行业的发展而发展起来的。（　　）
3. 实行物业管理招投标制度是规范物业管理市场的最好方式之一。（　　）
4. 非居住小区的物业服务收费价格双方合同约定后，须报物价部门备案。（　　）
5. 物业服务企业具有替供水、供电等部门代收水电费的义务。（　　）
6. 物业管理行业协会具有社团法人资格。（　　）
7. 房地产开发企业与物业服务企业应当是上下级关系。（　　）

四、简答题

1. 什么是物业管理市场？简述我国物业管理市场的产生与发展情况。
2. 影响物业管理需求的主要因素有哪些？
3. 物业管理行政主管部门在物业管理中的职责有哪些？
4. 物业服务企业与供水、供电等公用事业部门的关系是什么？
5. 物业管理行业协会的职责有哪些？

第 5 章 物业管理前期介入、物业承接查验和前期物业管理

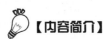【内容简介】

　　本章主要讲述了物业管理前期介入、物业承接查验、前期物业管理等内容。通过本章的学习，了解物业管理前期介入的意义和内容，了解物业承接查验的步骤和方法，掌握前期物业管理的基本要求。

【关键词】

　　前期介入　　承接查验　　前期物业管理　　前期物业服务合同

第一节　物业管理前期介入

一、物业管理前期介入的含义

（一）物业开发建设存在的主要问题

在物业开发建设和销售过程中，建设项目由于多种原因往往会存在一些问题，主要表现在：

（1）物业规划设计和施工安装存在问题，如设备配置不当、停车位不足、物业工程质量缺陷等；

（2）建设单位不按规定提供物业管理的基础条件，如管理用房、物业档案资料缺漏等；

（3）工程质量保修和工程遗留问题处理不及时；

（4）建设单位从自身的利益考虑，将部分开发建设的责任和义务转嫁给物业服务企业承担；

（5）建设单位在售房时向业主做出不合理承诺，使物业服务企业承担不合理的责任等。

（二）物业管理前期介入的概念

房地产开发包括决策立项（市场调查、可行性论证、项目选址以及申请立项等）、前期准备（规划设计、方案报批、工程勘探、土地征用和拆迁安置、办理开工手续和施工准备）、施工建设、竣工验收和营销等五个阶段。

物业管理前期介入是指物业服务企业在正式接管物业之前，从业主、物业使用人和物业管理的角度对物业的整体布局、功能规划、楼宇设计、材料选用、设备选型、设施配套、管线布置、房屋租赁经营、施工质量、竣工验收等多方面向建设单位提出意见和建议，使物业投入使用后能更好地满足业主与物业使用人的需求，为物业管理创造条件。

二、物业管理前期介入的作用

（1）有利于完善设计细节，提高物业的实用性和便利性。

在物业布局、配套、建筑造型、房型设计、电力负荷设计、垃圾站点布设、建材选用、供电供水、污水处理、电话、有线电视等的管线铺设、空调排烟孔位预留等方面充分考虑住户生活的安全、舒适与便利，向房地产开发企业提出建设性意见。

（2）及时发现和处理工程施工和设备安装方面存在的问题，保证施工质量。

（3）为验收接管打下基础。

通过开展前期介入，物业服务企业全面熟悉和掌握了物业的土建结构、管线走向、设施建设、设备安装等情况，有利于缩短验收时间、提高验收质量，便于对发现问题的交接处理。

(4) 为前期物业管理做好准备。

物业服务企业可利用前期介入的机会，逐步开展制订物业管理方案和各项规章制度，进行机构设计、招聘人员、实施上岗培训等前期物业管理的准备工作，方便物业移交后物业管理各项工作的顺利开展。同时，通过在前期介入过程中与各方的磨合，理顺与环卫、水电、通信、治安、绿化等部门之间的关系，为日后管理建立畅通的沟通渠道，便于日后对物业的管理。

(5) 有助于提高建设单位的开发效益。

前期介入是物业服务企业从物业开发项目的可行性研究开始到项目竣工验收的全程介入，建设单位可以得到物业服务企业的专业支持，开发出市场定位准确、功能使用考虑周全、业主满意的物业，促进物业的销售。同时，建设单位还可以通过引入高水平的物业管理咨询提升自身的品牌。

此外，开展前期介入还有利于降低房地产开发企业投资的风险，有利于物业服务企业工程技术人员的培养。

三、物业管理前期介入的工作内容与实施

在物业管理前期介入阶段，物业服务企业的工作内容大致可以归纳为以下几个方面。

(一) 立项决策阶段的介入

房地产开发的第一个阶段是立项决策，解决开发什么、能否开发的问题。这首先需要对市场进行调查分析，物业管理人员所提供的关于该项目的市场定位、潜在业主的构成、需求以及消费水平，周边物业管理概况及日后的物业管理内容、管理标准及成本、利润预算等方面的意见有着重要的参考价值，对正确进行项目的可行性分析及降低决策的风险起着决定性的作用。

(二) 规划设计阶段的介入

产品要有竞争力必须要能全面满足客户的需求，对于房地产来说，不仅要重视房屋本身的质量问题，更应该考虑服务的使用功能、小区的合理布局、建筑的造型、建材的选用、室外的环境、居住的安全舒适、生活的方便等。这就要求在规划设计阶段，物业服务企业根据已往的管理经验和日后实施物业管理的需要，针对规划设计中的种种问题和缺陷提出自己的意见和建议。

1. 设施配套

目前，对房地产而言，要求进行综合性开发。因此，光满足住的需求是不够的，还需要充分考虑享受和发展的需求。而能否充分发挥其整体功能，关键要看各类配套设施是否完善。那么，什么是完善，需要配些什么？如对于大多数住宅小区而言，小区内外道路交

通的布置，环境的和谐与美化，尤其是人们休息交往的场所与场地的布置在规划设计中都必须给予充分的考虑，但这些设施的规模和档次如何设置，以及是否需要幼儿园、学校等公益设施，是否需要各类商业服务网点、娱乐健身设备都需要根据不同的物业、不同的业主，区别对待。

2. 水、电、气等的供应容量

水、电、气的供应容量是项目规划设计时的基本参数，设计人员在设计时，通常参照国家的标准设计，而国家的标准设计仅规定了下限，即最低标准，只要高于此限就算达到设计要求。但在实际生活中，南北气候的差异必然会造成实际用量的差异，并且随着人们生活水平的不断提高，对各种能源的需求也会不断增大。因此，在规划设计时，要留有余地。

3. 安全保卫系统

大部分消费者在购买物业时，都把小区的安全摆在首位。因此，做好小区的安全保卫工作，给业主创造一个安全的居家环境是规划设计的又一个重要环节。目前，大部分小区都采用现代化的自动报警系统，如消防联动控制柜、远红外自动报警系统等。但采用的设备越多、越先进，物业的建造成本就越高，这就需要在节约成本的基础上，尽可能设计经济有效的报警系统。

4. 垃圾处理方式

垃圾处理是每一个物业每天都要面对的问题，处理不好将直接影响小区的环境卫生和业主的日常生活。一般小区垃圾的处理方式有两种选择：垃圾道或垃圾桶。如果采用垃圾道，对于业主来说是相当方便、快捷的，但对于物业服务企业来说，如何保持其清洁，杜绝蚊蝇、蟑螂、老鼠的滋生源，防止异味的产生，则成了一个非常头痛的问题。如果采用垃圾桶，就需要考虑如何在方便业主的前提下，合理的设置垃圾桶的位置及数目，保持小区公共区域的环境卫生。这两种方式各有利弊，在规划设计时具体采用哪种方式应根据小区的实际情况和物业服务企业的管理经验来选择。

5. 建筑材料的选择

建筑材料的选择影响着工程的质量、造价，物业服务企业应根据自己以往的管理经验提供一份常用建材使用情况的资料，以便设计单位择优选择，减少日后的维修管理工作。

6. 其他

在规划设计时，还有一些细节性的问题容易被设计人员忽略，如室内各种管线的布局、位置是否适用，电路接口的数量、位置是否方便日后检修，插座开关的高度、数目及具体的位置是否适当、方便使用等。这些问题一旦出现，会给日后的使用和管理带来极大的不便，物业服务企业应提前指出，尽量减少类似的缺陷。总之，物业管理的工作特点造成了从业人员对物业在使用和管理工程中细节问题的敏感性，物业管理人员的改进意见或建议更贴近业主的实际需要，并为以后的物业管理工作打好基础。

（三）施工安装阶段的介入

在这个阶段，物业管理人员的介入一方面加强了工程监理的力量，使工程质量又多了一份保障。另一方面，保证了建筑移交和日后管理的连续性。其工作主要表现在以下几个方面。

1. 解决常见的质量问题

物业管理人员对房屋在使用工程中常见的质量问题了解的较多，如卫生间哪里最容易漏水、什么样的墙会渗水等，这些问题如有物业管理人员在现场进行指导和监督，就会在施工中予以彻底解决，减少"先天不足"问题的产生。

2. 熟悉各种设备和线路

在这个阶段，物业管理人员需要熟悉机电设备的安装调试，管道线路的铺设及走向，因此要尽可能全面收集物业的各种资料，熟悉各个部分，为日后的管理工作做好准备。

（四）预销售阶段的介入

在这个阶段，物业管理的介入主要是为前期管理做好管家准备，其主要工作有：

（1）制定并公示物业管理服务内容、服务标准和收费标准；

（2）为未来的业主做物业管理咨询；

（3）将物业管理重要事项配合房地产开发企业将其约定在售房合同中，或签订专门的前期物业服务合同。

四、物业管理前期介入的可行性

物业管理前期介入不仅是必要的，而且是可行的。

首先，房地产开发企业和物业服务企业互惠双赢。通过物业管理前期介入，对房地产开发企业来说，提高了投资决策的科学性和规划设计的准确性，最大限度地保证了物业开发质量，促进了物业销售。从物业服务企业的角度来说，熟悉了解物业，为今后接受新业务奠定了基础，便于企业进一步扩大业务领域，占领业务市场。

其次，物业服务企业集聚了一批优秀的管理和技术人员队伍，有着丰富的经验。

第三，政府法律和政策的支持。目前，包括深圳、北京等许多城市都出台了相应的制度，把物业管理前期介入纳入房地产开发的法定程序。

第二节　物业承接查验

一、物业承接查验的概念

物业的承接查验是指物业服务企业对新接管项目的物业共用部位、共用设施设备进行的再检验。

《物业管理条例》第 28 条规定："物业服务企业承接物业时，应当对物业共用部位、共用设施设备进行查验"。

二、物业承接查验的意义

物业承接查验是物业管理过程中对工程质量进行监控的不可缺少的一环，是物业管理的基础性工作之一。

目前，我国物业管理还处于发展阶段，一些物业服务企业的行为不规范。在签订合同时，忽视了物业承接查验。房屋的管网设施、隐蔽工程等存在的问题，有些往往在业主入住后才会暴露出来。如果不进行严格的承接查验，后果必然是产品质量责任、施工安装质量责任、管理维护责任不清，纠纷多、投诉多，业主和物业服务企业的合法权益得不到有效保护。

（1）物业承接查验有利于明确建设单位、业主、物业服务企业的责权义，维护各自的合法权益。

（2）物业承接查验有利于促使建设单位提高建设质量，加强物业建设与管理的衔接，提供开展物业管理的必备条件，确保物业的使用安全和功能，保障物业买受人的权益。

（3）物业承接查验有利于着力解决日趋增多的物业管理矛盾和纠纷，规范物业管理行业有序发展，提高人民群众居住水平和生活质量，维护社会安定。

具体的承接查验程序与标准在没有新的行业标准出台之前，应当按照原建设部 1997 年 7 月 1 日发布的《房屋接管验收标准》执行。

三、新建物业的承接查验的内容

新建物业的承接查验是在建设项目竣工验收合格后到业主入住前对物业进行的查验。

（一）新建物业的承接查验的主要内容

1. 物业资料的审核

（1）竣工总平面图，单体建筑、结构、设备竣工图，配套设施、地下管网工程竣工图等竣工验收资料。

(2) 设施设备的安装、使用和维护保养等技术资料。
(3) 物业质量保修文件和物业使用说明文件。
(4) 物业管理所必需的其他资料。

2. 物业共用部位的查验

按照《物业管理条例》的规定，物业服务企业在承接物业时，应对物业共用部位进行查验。主要内容包括：
(1) 主体结构及外墙、屋面；
(2) 共用部位楼面、地面、内墙面、天花、门窗；
(3) 公共卫生间、阳台；
(4) 公共走廊、楼道及其扶手、护栏等。

3. 共用设施设备的查验

物业的共用设施设备种类繁多，主要内容有低压配电设施、柴油发电机组、电气照明、插座装置、防雷与接地、给水排水、电梯、消防水系统、通信网络系统、火灾报警及消防联运系统、排烟送风系统、安全防范系统、采暖和空调等。

4. 园林绿化工程的查验

园林绿化分为园林植物和园林建筑。物业的园林植物一般有花卉、树木、草坪、绿（花）篱、花坛等，无林建筑主要有小品、花架、园廊等。这些均是园林绿化的查验内容。

5. 其他公共配套设施的查验

物业其他公共配套设施查验包括物业大门、值班岗亭、围墙、道路、广场、社区活动中心（会所）、停车场（库、棚）、游泳池、运动场地、物业标识、垃圾屋及中转站、休闲娱乐设施、信报箱等。

（二）查验方式

承接查验可以从资料查验和现场查验两个方面进行。

资料查验是对建设单位移交的文件资料、单项验收报告以及对房屋共用部位、共用设施设备、园林绿化工程和其他公共配套设施的相关合格证明材料进行查验。现场查验是对房屋共用部位和公共设施设备采用观感查验、使用查验、检测查验和试验查验等方法进行检查。

对建设单位无法提供相关合格证明材料、存在严重安全隐患和重大工程缺陷、影响物业正常使用的，物业服务企业可以拒绝承接物业。

（三）工程质量问题的处理

发生工程质量问题的原因主要有设计方案不合理或违反设计规范造成的设计缺陷，施工单位不按施工规范施工、施工工艺不合理、偷工减料、建材质量不合格、建设单位施工管理不善、竣工验收检查把关不严或由于气候、环境、自然灾害等原因造成的质量缺陷。

对在查验过程中发现的质量问题，首先要进行客观、翔实的记录，并填写《物业查验记录表》，然后，将经过整理的工程质量问题提交给建设单位确认，并办理确认手续。

工程质量问题整理出来之后，建设单位根据造成质量问题的原因，制订相应的整改方案并组织实施。在实际工作过程中，物业服务企业也可以先行提出整改方案，供建设单位参考。

对于存在的工程质量问题，属于施工单位责任的，按原建设部《建筑工程质量保修办法》由建设单位督促施工单位整改；属于规划设计缺陷造成的功能不足、使用不便、运行管理不经济等问题，由建设单位负责，采取调整设计方案、改造或增补相应设施等措施进行整改。

为使物业工程质量问题得到及时圆满地解决，物业服务企业应安排专业技术人员进行现场跟踪，对整改完工的项目进行验收并办理查验手续。对整改不合要求的工程项目则应继续督促建设单位处理。

四、原有物业的承接查验

（一）原有物业的承接查验的条件

在物业管理机构发生更迭时，新任物业服务企业必须在具备下列条件的情况下实施承接查验：

（1）物业产权单位或业主大会与原有物业服务企业签订的物业服务合同完全解除；

（2）物业产权单位或业主大会同新的物业服务企业签订了物业服务合同。

（二）原有物业的承接查验的步骤

1. 成立物业承接查验小组

在签订了物业服务合同之后，新的物业服务企业即应组织力量成立物业承接查验小组并着手制订承接查验方案。承接查验验收小组应提前与业主委员会及原物业服务企业接触，洽谈移交的有关事项，商定移交的程序和步骤，明确移交单位应准备的各类表格、工具和物品等。

2. 原有物业承接查验的内容

（1）文件资料的查验。

在对文件资料进行查验过程中，除检查上述资料外，还要对原物业服务企业在管理过程中产生的重要质量记录进行检查。

（2）物业共用部位、共用设施设备及管理现状的查验。

主要查验项目包括建筑结构及装饰装修工程的状况，供配电、给水排水、消防电梯、空调等机电设施设备的质量和运行情况，保安监控的质量和运行情况，对讲门禁设施的质量和运行情况，清洁卫生设施的质量状况，绿化及设施，停车场、门岗、道闸设施，室外道路、雨污水井等排水设施的质量和运行情况，公共活动场、公共娱乐设施及其他设施设备的质量和运行情况等。

（3）各项费用与收支情况。

包括物业服务费、停车费、水电费、其他有偿服务费的收取和支出情况，维修资金的收取、使用和结存情况，各类押金、应收账款、应付账款等账务收支情况。

（4）其他内容。

包括物业管理用房，专业设备、工具和材料，与水、电、通信等市政管理单位签订的供水、供电的合同、协议等。

（三）质量问题的处理

影响房屋结构安全和设备使用安全的质量问题，必须约定期限由物业建设单位负责进行加固、返修，直至合格；影响相邻房屋的安全问题，由物业建设单位负责处理。

对于不影响房屋结构安全和设备使用安全的质量问题，可约定期限由物业建设单位负责维修，也可采取费用补偿的办法，由承接单位处理。

五、物业保修制度

《物业管理条例》第31条规定："建设单位应当按照国家规定的保修期限和保修范围，承担物业的保修责任。"

物业保修责任是指建设单位有对物业竣工验收后在保修期内出现不符合工程建筑强制性标准和合同约定的质量缺陷，予以保证修复的责任。虽然物业服务企业按照物业服务合同对物业进行维修、养护、管理，但前期物业管理一般处于建设单位的物业保修期间内，在保修期间与范围内的房屋维修由建设单位承担首要责任。1998年《城市房地产开发经营管理条例》第16条明确规定："房地产开发企业应当对其开发建设的房地产开发项目的质量承担责任。"为了区别物业服务企业和建设单位对物业的维修的不同责任，《物业管理条例》在此进一步明确建设单位对物业的保修责任，保修责任应当按照国家规定的保修期限和保修范围承担，保修期限与保修范围以外的物业维修、保养由物业服务企业按照物业服务合同的约定承担。

为了保障住房消费者的权益，加强商品房住宅售后服务管理，1998年原建设部下发《商品住宅实行住宅质量保证书和住宅使用说明书制度的规定》，要求建设单位在向用户交付销售的新建商品住宅时，必须提供《住宅质量保证书》和《住宅使用说明书》。建设单位应当按《住宅质量保证书》的约定承担保修责任。商品住宅出售后，委托物业服务企业等单位维修的，应在《住宅质量保证书》明示所委托的单位。

根据该规定，物业的地基基础和主体结构在合理使用寿命年限内承担保修；正常使用情况下物业各部位、部件的保修范围和保修期限（从建设单位将竣工验收的物业交付用户使用之日起计算的最低法定期限）为：屋面防水3年；墙面、厨房和卫生间地面、地下室、管道渗漏1年；墙面、顶棚抹灰层脱落1年；地面空鼓开裂、面积起沙1年；门窗翘裂、五金件损坏1年；管道堵塞2个月；供热、供冷系统和设备1个采暖期或供冷期；卫生洁具1年；灯具、电器开关6个月。其他部位的保修期限，由房地产开发企业与用户自行约定。房地产开发企业可以自行延长上述保修期限。但是，根据该规定的第7条、第12条，用户验收商品住宅后自行添置、改动的设施设备，由用户自行承担维修责任。用户违反《住宅使用说明书》的合理使用提示，使用不当或擅自改动结构、设备位置和不当装修等造成的质量问题，建设单位不承担保修责任。由上述原因引起的房屋质量受损和其他用户损失，由责任人承担相应责任。

第三节　前期物业管理

一、前期物业管理的概念

2003年9月1日施行的原建设部《前期物业管理招标投标管理暂行办法》第2条规定："前期物业管理是指在业主、业主大会选聘物业服务企业之前，由建设单位选聘的物业服务企业实施的物业管理。"根据该办法，并结合《物业管理条例》一些原则规定，可对前期物业管理作如下定义：所谓前期物业管理，是指房屋出售后至业主委员会与业主大会选聘的物业服务企业签订的物业服务合同生效时止，由建设单位选聘物业服务企业对房屋及配套的设施设备和相关场地进行维修、养护、管理，维护相关区域内的环境卫生和秩序的活动。

二、前期物业管理的内容

前期物业管理的内容与常规的物业管理内容基本相同，其不同的地方主要在于：开发建设单位委托物业服务企业进行物业管理时，有一个建设单位作为委托方委托的过程，物业服务企业从建设单位手中承接查验物业的过程。其中牵涉的具体内容包括以下几个方面。

（1）房地产开发建设单位与物业服务企业接洽有关前期物业管理委托事项。主要包括管理服务内容、管理服务标准、管理服务期限、前期物业管理过程中有关保修责任的委托与实施；遗留扫尾工程、空置房屋经租或看管等代为办理的事项；管理服务费用的构成及筹集；管理用房、经营用房的提供使用及收益分配；物业及相关资料的承接查验。

（2）在洽谈过程中，物业服务企业对人力、物力等自身条件和接管物业的运作、盈亏风险做出测算，据此制订接管方案作为依据与房地产开发建设单位进一步磋商或竞标。若意见达成一致或中标，则双方将签订前期物业服务合同。

（3）一旦签约，物业服务企业就要对物业实施承接查验。对物业承接查验的依据主要是 1991 年 2 月 4 日原建设部制定的《中华人民共和国行业标准——房屋接管验收标准》，同时还应做好资料档案的移交工作。必不可少的资料档案有：规划图、竣工图、地下管网竣工图、各类房屋清单、单体建筑结构、设备竣工图及合格证或保修书、共用设施设备及公共场地清单以及有关业主或物业使用人的相关资料等。

（4）根据前期物业服务合同所赋予的管理职责以及相关的法律规定，物业服务企业应制定一系列管理制度，以建立正常的管理秩序。这些制度如停车场的管理办法、电梯使用规定及物业保修与维修方面的有关制度和规定等。

（5）建立与社会上有关单位、部门的联络，营建综合服务网络。前者是指物业正式启动运作后，势必要与物业所在区域的有关主管部门和市政公用事业单位取得联系，赢得他们的支持与配合。同时，物业服务企业如有必要，还可以考虑聘请专业性服务企业代理专业性事务工作，以使业主入住后各种需求得到充分满足。

（6）对业主入伙进行管理。入伙是指业主或物业使用人收到书面通知书并在规定期限内办完相应手续后，领取钥匙实际入住。物业服务企业对入伙的管理包括：向业主发出可以办理入伙的书面通知书；在业主接到通知书后去验收物业时，对物业管理情况进行介绍说明，回答业主的询问，接受业主对物业管理问题的意见；宣传临时管理规约、前期物业服务合同和国家有关的物业管理法律，公布物业管理的规章制度；让业主如实填写住户情况登记卡，发送住户手册；收取物业服务费用、专项维修资金、装修保证金和其他有关费用等。

三、前期物业管理的特点

相对于常规的物业管理而言，前期物业管理具有以下基本特征。

1. 建设单位的主导性

为业主提供物业管理服务的物业服务企业并非由业主来选择，无论是招投标方式还是协议方式，选择物业服务企业的决定权在建设单位。前期物业活动的基础性文件——临时管理规约的制定权在建设单位。物业管理服务的内容与质量，服务费用，物业的经营与管理，物业的使用与维护，专项维修资金的缴存、管理、使用、续筹，均由建设单位确定。

2. 业主地位的被动性

相对于建设单位、物业服务企业而言，业主除享有是否购置物业的自由外，其他的权利义务均处于从属地位。如业主在签订物业买卖合同时应当对遵守临时管理规约予以书面承诺；建设单位与物业服务企业达成的前期物业服务合同约定的内容，业主在物业买卖合同中不能变更；前期物业管理中，有关物业的使用、维护，专项维修资金的缴存、管理、使用、续筹等方案，业主无权决定等。

3. 前期物业服务合同期限的不确定性

建设单位虽可与物业服务企业在签订前期物业服务合同时约定期限，但是期限虽未满，只要业主委员会与物业服务企业签订的物业服务合同生效，前期物业服务合同即告终止。

4. 监管的必要性

在前期物业管理中，建设单位、物业服务企业处于优势地位，如果对其失去监督，那么业主的合法权益就不能得到有效保障。《物业管理条例》及原建设部与之配套的规章对建设单位前期物业管理活动的行为作了一些具体的限制性规定。如建设单位制定的临时管理规约，不得侵犯买受人的合法权益；前期物业服务企业的选择要遵守《前期物业管理招标投标管理暂行办法》的规定等。

四、前期物业管理中应注意的问题

1. 关于前期物业管理起止时间的认定

前期物业管理从时间上讲是在前期介入之后。根据《物业管理条例》第 25 条的规定可以认定，建设单位在物业出售前就应当选聘物业服务企业从事前期物业管理工作。至于销售前具体从何时开始，该条例没有明确，实践中也没有必要一刀切，因为房地产的销售存在期房销售和现房销售。对于现房销售一般可以在销售前 6 个月就应聘请物业服务企业从事对物业的前期管理工作。因为，这时有许多物业管理方面的实际性工作要做，如组织结构的准备、各项管理规定的拟订、业主入伙文件资料的汇编和整理以及业主入伙接待工作的准备等。对于期房销售，物业服务企业前期实际性物业管理工作可以稍微晚些。这里讲的是物业管理实际工作开展在时间方面的一个大致认定，至于前期物业服务合同的签订，应在前期物业管理实际性工作进行之前签订。我们可以归纳为：前期物业服务合同在物业出售之前由建设单位与物业服务企业签订，前期物业管理工作按照合同规定的期限应在业主入住前开始。不论是期房销售还是现房销售，前期物业管理实际工作的开展应在业主或物业使用人入住前开始，原因有以下三个方面。

（1）业主一经入住，就需要一定的物业管理服务。作为前期物业管理阶段的物业服务企业而言，为留给业主一个好的第一印象，需要在业主或物业使用人入伙前做好迎接用户入住的一切准备工作。

（2）我国物业管理立法明文规定建设单位与物业买受人签订的买卖合同应当包含前期物业服务合同约定的内容。若在业主入住时不存在前期物业管理，作为买卖合同的销售方势必构成违约，对日后辖区物业管理工作的顺利开展也将带来一定的负面影响。

（3）在业主或物业使用人入伙前开始，更有利于物业服务企业对入伙用户的了解，方便建立用户的档案资料，有助于物业服务企业与住户之间的联系和沟通，为今后物业管理工作的开展打好基础。

至于前期物业服务合同时间终止的问题，根据《物业管理条例》第26条的规定，前期物业服务合同可以约定期限；但是，期限未满、业主委员会与物业服务企业签订的物业服务合同生效的，前期物业服务合同自然终止。因此，在前期物业服务合同正常终止的时间上，有两种可能的情况：第一种情况是合同期限到期的终止；第二种情况是合同期限未到，但业主或业主委员会通过正常程序已经选聘好其他的物业服务企业，则前期物业服务合同应予以终止。在第二种情况下这并不构成违约行为，作为物业所有权人的业主，有权优先就自己的财产在不违背国家、地方政府有关法律法规的情况下，另行物色"管家"。当然，业主对自身权利的行使又通常需通过业主大会进行。《物业管理条例》明确规定，选聘物业服务企业必须经物业管理区域内经专有部分占建筑物总面积过半数的业主且占总人数过半数的业主同意。业主委员会是业主大会的执行机构，代表业主与业主大会选聘的物业服务企业签订物业服务合同。合同的签订意味着权利的行使，前期物业服务企业不得以与建设单位所签订的前期物业服务合同未到期而对抗业主另行选择物业服务企业的决定，相反，从事前期物业管理工作的物业服务企业应当以一种积极的心态退出，并主动向业主委员会移交相关资料。值得指出的是，实践中还会出现这样一种情况，即前期服务合同到期，但业主大会尚未召开，没有选聘物业服务企业。在这种情况下，由谁负责前期服务合同到期至业主选聘物业服务企业期间的物业管理，法律上没有具体规定。实践中一般由负责前期物业管理的物业服务企业继续管理，业主应该认可前期物业服务企业的管理活动，并继续按前期物业服务合同的约定缴纳物业服务费用。

2. 关于前期物业服务费用的承担问题

前期物业服务费用的承担问题相对来说较为复杂，各地方的物业管理法律规定也不尽相同。《物业管理条例》第42条对此明确规定："业主应当根据物业服务合同的约定交纳物业服务费用。业主与物业使用人约定由物业使用人交纳物业服务费用的，从其约定，业主负连带交纳责任。已竣工但尚未出售或者尚未交给物业买受人的物业，物业服务费用由建设单位交纳。"根据《物业管理条例》的规定并结合地方的有关规定，前期物业服务费用应根据实际情况而定：在物业交付使用前，前期物业服务费用全部由建设单位承担；对部分已交付使用的物业，根据"谁享有、谁承担"的原则，其业主应承担前期物业服务费用的缴纳；对已竣工但尚未出售或者尚未交给物业买受人的物业，物业服务费用由建设单位交纳。

五、前期物业服务合同

1. 前期物业服务合同的概念

在物业建成之后、业主大会成立之前，就需要进行物业管理活动。由于业主大会尚未成立，不可能由业主委员会代表业主与业主大会选聘的物业服务企业签订物业服务合同。这种情况下，只能由建设单位选聘物业服务企业对物业实施管理服务，物业服务合同在建设单位和物业服务企业之间签订。这时的物业服务合同称为前期物业服务合同。

2. 前期物业服务合同的特征

前期物业服务合同具有以下特征。

（1）前期物业服务合同具有过渡性。

前期物业服务合同的期限，存在于在业主、业主大会选聘物业服务企业之前的过渡时间内。实践中，物业的销售、业主的入住是陆续的过程，业主召开首次业主大会会议时间的不确定性决定了业主、业主大会选聘物业服务企业时间的不确定性，因此，前期物业服务的期限也是不确定的。但是，一旦业主大会成立或者全体业主选聘了物业服务企业，业主与物业服务企业签订的合同发生效力，就意味着前期物业管理阶段结束，进入了通常情况下的物业管理阶段。

（2）前期物业服务合同由建设单位和物业服务企业签订。

通常情况下物业服务合同的签订主体是业主与物业服务企业，而前期物业服务合同签订的主体是建设单位和物业服务企业。这是因为首次业主大会尚未召开，业主还不能形成统一意志来决定选聘物业服务企业，而此时已有实施物业管理的现实必要，为了维护正常的物业管理秩序，保护业主现实的合法权益，根据《物业管理条例》的规定，建设单位选聘物业服务企业的，应当与物业服务企业签订前期物业服务合同。而且，建设单位一开始就拥有物业，是第一业主，这是建设单位享有第一次选聘物业服务企业的优先权，能够签订前期物业服务合同的合理依据。

（3）前期物业服务合同是要式合同。

要式合同是指法律要求必须具备一定形式的合同。由于前期物业管理涉及广大业主的公共利益，《物业管理条例》要求前期物业服务合同以书面的形式签订。对合同形式作书面要求，便于明确合同主体的责权利，防止建设单位和物业服务企业侵害业主权益的情况发生，发生纠纷时也有据可查。

3. 前期物业服务合同的内容

2004年9月6日，原建设部制定并发布了《前期物业服务合同（示范文本）》，根据示范文本，前期物业管理合同应包括以下内容。

（1）合同双方与物业的基本情况。

合同双方与物业的基本情况包括合同双方情况、物业基本情况等。

（2）服务内容与质量。

在物业管理区域内，物业服务企业提供的前期物业管理服务一般包括以下内容：物业共用部位的维修、养护和管理；物业共用设施设备的运行、维修、养护和管理；物业共用部位和相关场地的清洁卫生，垃圾的收集、清运及雨、污水管道的疏通；公共绿化的养护和管理；车辆停放管理；公共秩序维护、安全防范等事项的协助管理；装饰装修管理服务；

物业档案资料管理。

其他的当事人可以针对所提供的服务项目，具体承诺各项服务应达到的服务水平和质量标准，作为合同的附件。

除了上面的内容外，物业服务企业提供的其他服务也应一一列出。

单个业主可委托物业服务企业对其物业的专有部分提供维修养护等服务，服务内容和费用由双方另行商定。

（3）物业服务费用收费方式。

建设单位与物业服务企业协商后，可以选取包干制或者酬金制的一种作为收费方式，物业服务费用一般由业主按其拥有物业的建筑面积交纳。

（4）物业的经营管理活动的内容。

物业的经营管理活动是指利用物业共用部位与共用设施设备所进行的经营活动。一般情况下，物业经营活动由物业服务企业统一经营，便于统一管理、统一协调，还可以降低服务成本，扩大利润空间。业主与物业服务企业可以就物业经营活动的各个项目做出具体约定，其中主要包括：经营活动的项目名称；经营部位的权属界定；经营项目的收费标准；物业服务企业与业主关于经营项目收费或利润的分成比例。

（5）物业的承接查验。

物业的承接查验包括查验的共用部位、共用设施设备的内容；双方确认查验过的物业共用部位、共用设施设备存在的问题；建设单位应承担的责任和解决办法；承接物业时，建设单位应向物业服务企业移交的资料；建设单位的保修责任等。

（6）物业的使用和维护。

物业的使用和维护包括建设单位和业主、物业使用人应配合实施物业管理服务规章制度的义务；物业服务企业制止业主、物业使用人违反临时管理规约和物业管理区域内物业管理规章制度的行为的具体措施；物业服务企业对重大事项的告知义务和接受监督义务；业主装饰装修房屋的约定；物业管理用房的具体约定。

（7）专项维修资金。

专项维修资金包括专项维修资金的缴存、管理、使用和续筹等。

（8）违约责任。

（9）其他事项。

本章复习思考题

一、填空题

1. 物业管理前期介入包括_____、_____、_____、_____和_____。
2. 前期物业服务合同由_____和_____签订。

3. 屋面防水工程的保修期是_____年。

二、选择题

1. 前期介入是指（　　）建设单位根据项目开发建设的需要所引入的物业管理咨询活动。
  A. 物业办理入住前　　　　　B. 新建物业竣工之前
  C. 新建物业竣工时　　　　　D. 办理入住时

2. 前期物业管理是指（　　）的物业管理阶段。
  A. 物业承接查验开始至业主大会选聘物业服务企业为止
  B. 物业销售开始至物业办理入住为止
  C. 物业竣工验收开始至业主大会选聘物业服务企业为止
  D. 物业办理入住开始至业主大会选聘物业服务企业为止

3. 前期物业管理服务对象是（　　）。
  A. 建设单位　　　　　　　　B. 承建单位
  C. 全体业主　　　　　　　　D. 建设单位、物业产权人

4. 前期介入的服务对象（　　）。
  A. 建设单位　　　　　　　　B. 承建单位
  C. 全体业主　　　　　　　　D. 物业产权人

5. 前期介入是指新建物业竣工之前，建设单位根据项目开发建设的需要所引入的物业管理的（　　）活动。
  A. 服务　　　B. 咨询　　　C. 管理　　　D. 监理

6. 前期物业管理的职责是在新建物业投入使用初期建立物业管理服务体系并提供服务，起止于（　　）。
  A. 前期介入与常规物业管理之间
  B. 前期介入与前期物业管理之间
  C. 前期介入与物业承接查验之间
  D. 常规物业管理之后

7. 前期介入的作用有（　　）。
  A. 优化工程设计　　　　　　B. 有助于提高工程质量
  C. 制止售房时的不合理承诺　D. 为前期物业管理作充分准备
  E. 有助于提高建设单位的开发效益

8. 前期介入规划设计阶段的主要内容有（　　）。
  A. 根据规划和配套确定物业管理服务的基本内容
  B. 就物业的结构布局、功能方面提出改进的建议
  C. 提供设施设备的设置、选项及服务方面的改进建议

    D. 根据物业管理成本初步确定物业管理服务费的收费标准
    E. 就物业环境及配套设施的合理性、适应性提出意见或建议

9. 前期物业管理期间，物业服务企业从事的活动和提供的服务，既包含物业正常使用期所需要的常规服务内容，又包括（　　）。
    A. 物业共用部位、共用设施设备承接检查
    B. 为建设单位开发物业项目提供物业管理专业技术支持
    C. 装修管理
    D. 工程质量保修处理
    E. 业主入住

10. 在物业项目的建设阶段，物业管理前期介入的内容主要有（　　）。
    A. 与建设单位、施工单位就施工中发现的问题共同商榷，及时提出并落实整改方案
    B. 就物业的结构布局、功能方面提出改进建议
    C. 提供设施设备的设置、选型及服务方面的改进意见
    D. 配合设备安装
    E. 对内外装修方式、用料及工艺等从物业管理的角度提出意见

11. 在前期物业管理期间，物业服务企业从事的活动和提供的服务，除包含物业正常使用期间所需要的常规服务，还包括（　　）。
    A. 物业共用部位承接查验
    B. 物业共用设施的承接查验
    C. 业主入住
    D. 业主专有部分的保修处理
    E. 装修管理

12. 在整个物业项目实施过程中，前期管理主要包括（　　）。
    A. 物业承接查验阶段
    B. 物业入住阶段
    C. 业主大会选聘物业服务企业阶段
    D. 建设阶段
    E. 竣工验收阶段

13. 在整个物业项目实施过程中，前期介入主要包括（　　）。
    A. 规划设计阶段介入
    B. 物业承接查验阶段介入
    C. 竣工验收阶段介入
    D. 销售阶段
    E. 建设阶段介入

14. 新建房屋在保修期内由（ ）负责保修。
    A．施工单位　　　　　　　　B．管理单位
    C．建设单位　　　　　　　　D．销售单位
15. 在物业的接管验收时，交接物业的双方是（ ）。
    A．业主委员会和物业服务企业
    B．施工单位和开发建设单位
    C．房地产行政主管部门和物业服务企业
    D．开发建设单位和物业服务企业
16. （ ）标志着物业正式进入使用阶段。
    A．竣工验收完成　　　　　　B．接管验收完成
    C．业主大会召开　　　　　　D．业主委员会成立
17. 房屋接管验收交付使用后，如发现重大事故隐患，如属于设计、施工或材料的原因，应由（ ）负责。
    A．施工单位　　　　　　　　B．建设单位
    C．物业服务企业　　　　　　D．业主自己
18. 业主验楼项目包括（ ）。
    A．门窗系列　　　　　　　　B．给排水系列
    C．供电系列　　　　　　　　D．外墙面系列
19. 新建房屋接管验收应提交的产权资料包括（ ）。
    A．项目批准文件　　　　　　B．用地批准文件
    C．拆迁资料　　　　　　　　D．施工合同
20. 接管验收的主体为（ ）。
    A．建设单位与房地产行政主管部门
    B．施工单位与物业服务企业
    C．施工单位与建设单位
    D．建设单位与物业服务企业

三、判断题

1. 前期物业服务合同具有过渡性。　　　　　　　　　　　　　　　　（　　）
2. 前期物业服务合同由建设单位和物业服务企业签订。　　　　　　　（　　）
3. 物业的承接查验是指物业服务企业对新接管项目的物业共用部位、共用设施设备进行的再检验。　　　　　　　　　　　　　　　　　　　　　　　　　　　（　　）
4. 前期物业服务合同是要式合同。　　　　　　　　　　　　　　　　（　　）
5. 影响房屋结构安全和设备使用安全的质量问题，必须约定期限由物业建设单位负责进行加固、返修，直至合格。　　　　　　　　　　　　　　　　　　（　　）

四、简答题

1．物业管理前期介入的作用有哪些？
2．前期物业管理包括哪些内容？
3．规划设计阶段的介入的内容有哪些？
4．物业承接查验应注意哪些问题？
5．物业服务企业在早期介入中承担什么样的角色？物业管理早期介入可以在四个阶段介入，你认为在哪个阶段介入最好？为什么？
6．物业的开发建设存在的主要问题有哪些？

五、案例分析题

1．谷先生接到自己购买的商品房交接通知书后，于 2008 年 1 月 8 日前去验房。验房时，前期物业服务企业要求他先预交 6 个月的物业服务费用。交费后，谷先生验房时却发现，房屋存在"厨房窗台渗水、部分卫生间瓷砖有空鼓"等问题，为此，当日他向开发商下达了工程质量整改通知。同日，谷先生还与前期物业服务企业签订了前期物业服务合同。下达整改通知后，谷先生认为房屋存在影响正常居住的质量问题，先后进行了 3 次验房。直到 2009 年 3 月 1 日，谷先生觉得房屋质量合格了，就和开发商签订了"房屋交接书"。收房后，谷先生却接到前期物业服务企业的通知，让他交齐 2008 年 1 月 8 日至 2009 年 3 月 1 日的物业服务费用。

谷先生认为，"房屋交接书"上明明写着从 2009 年 3 月 1 日起享受相关物业管理服务，"在这之前我并没有享受服务，为什么还要交费？"他还认为，已预交的 6 个月的物业服务费用应抵作 3 月 1 日之后的物业服务费用。前期物业服务企业的吕经理则认为，2008 年 1 月 8 日是谷先生的入住日期。对于所有的业主，他们都是从入住日期进行收费的。他认为，至于房屋质量是否合格，那是开发商和业主的事情。

请问：根据法律、法规的规定分析，你认为房屋整改期间的物业服务费用应该由谁支付，为什么？

2．王先生在 2007 年 12 月底购买了一套商品房。依照合同约定，王先生付清了全部房款，并且支付了专项维修资金。建设单位委托某物业服务企业从事小区的前期物业管理。入住后，由于电梯意外受损，王先生便与其他的业主修复或更换电梯。建设单位因涉及多起诉讼，资金短缺，于是就使用了专项维修资金来修理电梯，事后建设单位一直未归还这笔钱款。业主们发现后，要求建设单位还钱，但建设单位却认为，电梯属于共用设备，其修理可以使用维修资金，不用返还。双方就此发生争执，直至诉诸法院。

请问：前期物业管理期间可否使用专项维修资金？

第 6 章 业主入住和房屋装修管理

【内容简介】

本章内容涉及业主入住和房屋装修管理两部分内容。业主入住标志着物业管理正式启动。业主或物业使用人在办理完入住手续后，往往会根据自己的生活、工作的特点和要求，在正式入住之前，一般会对房屋进行重新分隔、装饰和布置；住户调换后，新住户也往往会把原来的装修拆除，进行二次装修。装修管理就是在业主或物业使用人进行装修期间，对装修方案、装修材料、装修质量以及装修人员等方面的综合管理。

【关键词】

业主入住　　房屋装修管理　　流程　　标准　　管理责任

第一节 业主入住

办理入住手续是物业服务企业接管物业后第一次与业主的零距离接触，也是物业服务企业展示企业形象、服务水平、专业能力的最佳契机，对物业服务企业的建设和发展具有深远影响。

一、业主入住应具备的条件

办理业主入住手续应具备以下几个条件。
（1）物业服务企业的接管验收已经完成。
（2）已同开发商（建设单位）签订了《物业服务合同》。
（3）物业已达到入住条件。

物业已达到入住条件包括物业管理区域具备通路、通水、通电、通气、通邮、排水、排污、通信联络等基本使用功能，可以满足日常生活及工作需要；消防设施验收合格；配套设施已基本齐备、建成并投入使用；物业服务企业有固定的办公场地并开始办公。

二、入住准备

入住准备工作的主要内容包括以下几个方面。
（1）根据政府《房屋面积测绘结算表》编制、统计每位客户应缴纳的物业服务费用和其他代收代缴费用表。
（2）按规定建立专项维修资金专用账户。
（3）完成相关文件如入伙工作方案、收楼须知、房屋验收单、业主临时管理规约、住户手册、装修责任书、安全防火责任书、住户登记表等的编写、印制、装订工作。
（4）各类文件资料分类袋装，连同准备交接的配套物品如钥匙、IC卡等按户袋装。
（5）再次检查公共建筑及设施、设备运行情况。
（6）再次检查客户的房屋内部保洁情况。
（7）有计划地组织各级人员进行入住业务培训。
（8）入住现场物资配备及场景布置（办公物品、绿色植物的摆放；接待人员的位置；入口、出口及行走路线等），确定应急机制。

三、入住流程

（一）向业主发送入住文件

物业服务企业在入住工作准备就绪后，应及时向业主发出《入住通知书》、《入住手续书》、《收楼须知》等入住文件。

（二）办理收楼手续

业主持《入住通知书》，到开发商销售部办理收楼手续，缴纳剩余房款和其他相关费用，开发商向业主开具收楼证明。

（三）确认业主身份，建立业主档案

管理处客服部根据开发商提供的业主情况表，确认、核对业主身份，无误后，由业主填写《业主入住登记表》，收存身份证明、照片、房产证复印件、企业法人营业执照等相关资料。完毕后，管理处客服部在《手续办理单》上签字。

（四）收缴入住费用

在办理入住环节，需要向业主收取物业服务费用一般不超过3个月、水电周转金、煤气开户费（代收代缴）、有线电视开户费（代收代缴）、停车场地租赁费、其他费用（IC卡等工本费等）。

（五）业主签署相关文件并存档

业主填写《业主家庭情况登记表》，签署《业主临时管理规约》和《消防安全责任书》、《装修责任书》等相关文件并存档。

（六）发放相关资料和钥匙

包括《住户手册》、《服务指南》、《住宅使用说明书》、《住宅质量保证书》、《业主管理规约》、《消防安全责任书》、《装修责任书》。

业主领取入住资料和钥匙后，应在《业主入住资料、物品领取清单》上签名确认。完毕后，工作人员在《手续办理单》上签字确认。

（七）验房收楼、开通水电

业主缴纳完毕入住费用后，物业服务企业工作人员要带领业主进行验房，验收情况要逐项填写在《楼宇验收记录表》中，记录完毕业主签字。对存在的质量问题，要及时通知开发商和施工单位或产品供应商进行整改。整改完毕后，通知业主复验，直至合格。

在业主验房收楼过程中，物业服务企业的工作人员还要依照楼宇功能设置情况向业主逐项介绍楼宇自用部位和共用部位设施设备的设置情况和使用要求。

四、办理业主入住手续应注意的问题

（1）分时段办理，避免过分集中产生混乱。

（2）严格操作程序，避免因过分集中办理产生混乱，各种文件和记录签字要做到准确无误。

（3）各部门间通力配合，实行一站式服务并适当延长服务时间，方便业主入住。

（4）入住现场张贴入住办理流程图。

（5）设专人受理业主咨询、引导业主车辆。

（6）现场宣传有关物业管理知识和相关法律法规；

（7）利用办理入住手续时机建立完善的《业主档案》。

第二节　房屋装修管理

装修管理是日常物业管理的重要内容之一。业主或物业使用人在收楼后有权对自己所购（租）物业进行装修，但装修必须在规定范围内进行，并遵守有关房屋装修的法规、制度。

为了维护全体业主的共同利益，保障公共设施的正常使用、楼宇安全和房屋外观的统一美观，必须对业主的装修行为进行有效规范。为此，物业管理从业人员必须熟悉有关法律法规，了解、掌握房屋建筑的基本构造知识，了解装修管理运作程序及熟悉装修施工中的常见问题，明确有关人员的职责范围，尽可能消除或减少违章引起的负面影响。对违章装修既要做到有据有理、坚持原则，又要晓之以理，尽可能避免与业主产生摩擦。

一、装修管理的内容和要求

装修管理就是在业主或物业使用人进行装修期间，对装修方案、装修材料、装修质量以及装修人员等方面的综合管理。

（一）装修管理要求

1. 室内装修管理要求

（1）不得改动或损坏房屋的梁、柱、板、承重墙、剪力墙、屋面的防水层、隔热层、上下水管道、烟气道、供电电路、天然气管道、暖气管道及位置，防盗及对讲系统等。

（2）地面装修不要凿除原水泥层，只允许凿毛。铺设装修材料不得超过楼板负荷，大理石厚度不得超过 10 厘米。

（3）厨房、卫生间改动必须做好防水，包括墙面、地面、原下水管道周围。阳台不得封包，堆放超过负载的物品。非厨房、卫房间不得改为厨房、卫生间。

（4）不得改变厨房、卫生间、阳台的使用功能，请勿将生活污水排入雨水管道。

（5）主下水管不要用建筑材料封包，安装抽油烟机，其排气管须接入烟道。

（6）不得擅自封包、改动燃气管道。如需改动燃气管道，须待煤气验收合格后向燃气公司申请，由燃气公司专业人员施工。

（7）浴室内安装燃气热水器必须采用强排式，排气管不得超出外墙10厘米。排气管不得排入烟道或管井。

（8）浴室内安装浴霸必须从插座重新引线，不能使用原预留灯线。房内不得使用超过原设计负载的用电器。

（9）未在装修申请中注明的施工内容不得施工。

2. 外观装修管理要求

（1）原有门、窗、墙洞、尺寸、位置、式样、颜色等均不要做任何改动。不准安装遮阳篷。

（2）住宅入户门由开发商统一指定式样安装，走廊不准装饰或垫高，门外不准包框、贴瓷片、设神位、鞋柜。

（3）空调主机要在预留位置安装，空调架应牢固防锈，排水、排风不要影响他人。

（4）不得在外墙钻孔开洞。

（5）首层有小院的及顶层有消防通道的住户不得私自搭建建筑物及构筑物。

3. 装修施工管理要求

（1）装修时间管理。

装修时间应根据各地不同的作息时间、季节变换以及习惯习俗等综合确定。装修时间包括一般装修时间、特殊装修时间和装修期。

① 一般装修时间是指除节假日之外的正常时间。一般装修时间各地不同的季节有不同的规定，如北方某些地区规定作业时间及噪声施工时间为：上午7:00～12:00，下午13:00～20:00。

② 特殊装修时间是指节假日休息时间。为保障其他业主的休息和正常生产生活秩序，一般节假日原则上不允许装修。特殊情况需要装修，时间上应视具体情况相应缩短装修时间，重大节假日（如元旦、春节、劳动节、国庆节）不得进行施工装修。

③ 装修期是指装修过程的完结时间，一般情况下不超过3个月。

（2）装修施工人员管理。

装修工人的来源有极大的不确定性，施工过程中的自我约束不足，物业装修管理中应要求装修施工人员佩带施工标牌（识），严格施工人员的出入管理，杜绝物业管理区域装修期间的不安全问题和无序化状态。

① 施工单位填写《装修施工人员登记表》，将装修施工人员的身份证复印件或暂住证复印件（用于外地施工人员）及近照2张，交到物业服务企业办理出入证。

② 装修施工人员凭证出入项目区。出入证实行专人专证、专户专用，不得涂改或转借。施工人员不得串户装修，不得从事招揽生意等与本户装修不相关的行为。

③ 装修施工人员留宿须经住户、装修队负责人、物业服务企业三方同意,并办理暂住手续。未办理暂住手续者,晚上 8 点至次日早上 7 点不得进入小区。

④ 装修人员不得侵扰其他的业主,不准在楼道内闲逛或在其他的楼层里停留。

(3) 装修材料、设备的管理。

① 核对是否为审批同意的材料。

② 装修材料须封装,要及时搬入室内,不得堆放在户门外或公共场所。

③ 对于有特别要求的材料或设备按照规定办理相应手续。

(4) 施工过程管理。

① 核查装修项目。

② 施工人员检查。检查施工人员是否如实申报,是否办理施工证。

③ 施工现场严禁使用煤气罐、电炉、碘钨灯等,防火设备是否配备,操作是否符合安全要求。

④ 施工期间,如要使用电气焊或动用明火时,应遵守国家有关消防管理规定,要向物业服务企业提出申请,填写动用明火申请表,批准后方可使用。装修队的电工、焊工应持证上岗,严格遵守安全操作规程。施工现场禁止吸烟。

⑤ 检查施工人员的现场操作是否符合相关要求,如埋入墙体的电线是否穿管,是否用合格的套管,是否破坏了墙、梁等。

⑥ 注意用电及消防安全。用电时,要注意采用适当的插头,严禁用电源线直接接到漏电开关上;严禁用电炉做饭、烧水。

⑦ 施工队应严格遵守有关装修规定,如业主要求违章装修时,应解释说明,不予装修。

⑧ 施工负责人要保证各楼层公用设施完好。

⑨ 发现新增项目需指导用户及时申报。

⑩ 出现问题时,施工负责人应及时与物业服务企业联系,双方协商解决,不得擅自做主。

(5) 装修垃圾清运。

装修垃圾是装修管理中的一个重要内容,其对物业环境和业主以及物业使用人的工作生活有着极大的影响,甚至会产生环保、安全等方面的隐患。

① 装修垃圾需袋装处理;

② 按指定位置、时间、方式进行堆放和清运,由物业服务企业统一清运。

③ 装修期间要保持环境整洁,装修垃圾须封装,不得堆放在户门外或公共场所,应保持所经电梯、楼道及走廊干净。

④ 严禁高空抛物。

(6) 竣工验收。

① 装修施工结束后,由业主或物业使用人和施工队负责人共同向物业服务企业提出验收申请。

② 物业服务企业在收到验收申请当日内组织人员进行验收。验收合格的，由物业服务企业验收组在《装修申请表》"完工验收"栏目签署"初验合格"；装修人有违章装修行为的，物业服务企业验收组主管按规定做出估价，列清扣款数额，经物业服务企业主任同意后，将扣款清单一份交装修人，一份交财务部，由财务部扣款。

③ 物业服务企业收回施工证，发生丢失的，装修企业给予赔偿。

④ 装修企业清场离开。

⑤ 装修验收合格并使用1个月后，物业服务企业验收组应对装修施工组织复验，复验没有问题，在《装修申请表》内注明"复验合格"后，送物业服务企业主任审批，由财务部退还装修人及装修企业的装修押金。

⑥ 将装修资料整理归档，长期保存。

4．违章责任

（1）发生装修违章，装修企业为第一责任人，装修人为第二责任人，两者对装修违章负有共同责任。

（2）未申报登记擅自开工的，或在申报登记时提供虚假资料的，责令改正，补办手续。

（3）影响建筑物结构或使用安全进行装修的，应由装修人和装修企业限期改正，造成损害的，装修人与装修企业连带承担赔偿责任。

（4）不按照相关部门的技术要求进行装修的，由装修人、装修企业改正。

（5）擅自改动、暗藏燃气管道设施的，由装修人、装修企业改正。

（6）违反规定装修施工现场未配备消防灭火器的，由装修人改正；拒不改正的，报消防部门处理。

（7）违反规定违章堆放、清运装修垃圾的，由装修人改正。

（8）违反规定不遵守装修时间限制的，责令装修人、装修企业改正。

（9）对违章装修，对责任人做出处理：

① 责成限期修复、纠正；

② 责令停工；

③ 扣缴装修企业交纳的押金，不足部分再从装修人交纳的押金中扣缴，如仍然不足，则由装修人一方承担；

④ 情节特别严重的，在小区内公告，取消装修企业在小区的装修资格，并依法追究当事人的责任。

二、装修管理程序

1．收集装修人和装修企业信息

收集装修人和装修企业信息包括物业所有权证明，申请人身份证，装修设计方案，装修施工单位资质，原有建筑、水电气等改动设计和相关审批以及其他法规规定的相关内容。物业使用人对物业进行装修时，还应当取得业主的书面同意。

2. 装修人填写装修申报表并附相关图纸资料

装修申报表（示范文本）

业主姓名		单位名称及详细地址		联系电话	
装修单位	全称		执照号		
	负责人		联系电话		装修人数
申请装修内容和范围				物业服务企业初审	
				初审人： 日 期：	
申请装修期限		200 年 月 日 至 200 年 月 日			
装修工程预算造价		装修押金		收款人	
装修保证	本住户和施工队保证：遵守《××市住宅装修管理规定》和物业服务企业的规定，保证按期完成，若有违约，愿接受物业服务企业的处罚。 业主（住户）签字：　　　　　施工队负责人签字：				
物业服务企业主任审批：					
		签字：　　　　　　　　　　　　年　月　日			

3. 核查

（1）物业服务企业根据规定对装修申报表进行核查，并在规定期限内（一般为 3 个工作日）答复。

（2）超出物业服务企业职权范围的，报主管部门批准，并在规定期限内（一般为 3 个工作日）答复。

4. 办理开工手续

（1）装修人按有关规定向物业服务企业交纳装修管理费和装修押金。

（2）装修企业办理施工卡、施工人员办理临时出入证。

（3）备齐灭火器等消防器材。

（4）签署装修施工责任承诺书。

（5）发放装修施工许可证。

5. 施工管理

装修施工期间需要特别注意施工时间、材料的进出口、施工要求、垃圾清运时间、公共环境保洁和施工人员的跟踪管理。

6. 竣工验收

验收合格签署书面意见，退还装修押金。验收不合格，提出书面整改意见并责成装修人和装修企业限期整改；发生歧义、无法统一意见或装修人拒不接受的，报请上级主管部门处理。

本章复习思考题

一、填空题

1. 业主入住应具备的条件包括_____、_____、_____和_____。
2. 在办理入住环节，可以向业主收取的费用包括_____、_____和_____等。
3. 发生装修违章，_____为第一责任人，_____第二责任人，两者对装修违章负有共同责任。
4. 入住文件主要包括_____、_____和_____。

二、选择题

1. 发生装修违章，第一责任人是（   ）。
   A．装修企业　　　　B．业主　　　　C．开发商　　　　D．物业使用人
2. 办理房屋装修施工开工手续包括（   ）。
   A．装修人交纳装修管理费和装修押金
   B．装修企业办理施工卡、施工人员办理临时出入证
   C．备齐灭火器等消防器材
   D．签署装修施工责任承诺书
3. 房屋装修的期限一般不超过（   ）。
   A．3个月　　　　　　　　　　　　B．6个月
   C．2个月　　　　　　　　　　　　D．4个月
4. 业主入住期间收取的费用包括（   ）。
   A．物业服务费用
   B．水电周转金、煤气开户费
   C．有线电视开户费
   D．停车场地租赁费

三、判断题

1. 业主装修房屋不得改动或损坏房屋的梁、柱、板、承重墙、剪力墙、屋面的防水层。　　　　　　　　　　　　　　　　　　　　　　　　　　　　　　（   ）
2. 业主房屋不得改变厨房、卫生间、阳台的使用功能。　　　　　（   ）
3. 装修施工现场严禁使用煤气罐、电炉、碘钨灯等。　　　　　　（   ）
4. 入住标志着物业管理正式启动。　　　　　　　　　　　　　　（   ）
5. 在办理入住手续过程中，各类文件资料应该分类袋装。　　　　（   ）

四、简答题
1. 物业服务企业在装修管理中如遇到业主违章装修应怎样处理？
2. 办理业主入住手续应注意哪些问题？
3. 装修管理期间物业服务企业主要负责哪些工作？

五、案例分析题
1. 业主余某在房屋装修时擅自拆除了承重墙，经群众举报，所在地房地产行政主管部门发了限期整改通知，要求其恢复原状。余某在规定时间内恢复了承重墙，不料物业服务企业却告知他承重墙的恢复不符合规定，余某很生气，认为物业服务企业是在存心整人。

请问：如果你是该物业服务企业的工作人员，你会怎样向余某做出正确的解释？

2. 张先生入住位于顶层的新房后，未经物业服务企业的同意，封了观景阳台并加了防护栏。物业服务企业根据《管理规约》中"为维持小区整体形象和相邻住户的安全，业主不得私自封闭观景阳台，不得在窗户上加装防护栏"的约定，要求他拆除。张先生认为这房子是自己的，这是自己应有权利范围内的事，拒不拆除。于是物业服务企业的决定对张先生罚款 1600 元，张先生拒不交纳，不得已，物业服务企业对他采取了断水、断电的"制裁措施"。最后因双方纠纷无法解决，物业服务企业把张先生告上了法庭。

物业服务企业提出的诉讼请求是：（1）张先生拆除护栏并交纳罚款；（2）此案诉讼费用由张先生负担。张先生提出了反诉，他的诉讼请求是：（1）物业服务企业不得妨碍业主基于房屋所有权而采取的封闭阳台、窗户等维持居住安全的措施；（2）赔偿因断水、断电给自己造成的损失；（3）此案诉讼费用由物业服务企业负担。

请问：你认为这个问题应该怎样解决？

3. 张大妈住了几十年的房子要危改了，于是她拿着政府给的危改补贴款和多年的积蓄买了一套商品房，办理入住手续后，物业服务企业要求张大妈交 2000 元装修押金，否则不发门钥匙。装修完毕，张大妈的子女到物业服务企业要求退还押金，没想到却被物业服务企业以违章装修为由罚了 500 元。张大妈的子女一气之下将物业服务企业告上法庭。

请问：物业服务企业有罚款权吗？

第 7 章 物业维修与设备管理

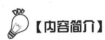【内容简介】

　　物业所具有的地点固定、价值量大、使用年限长等特点，决定了其在使用过程中，为了抵御、恢复由于各种因素的影响所造成的损坏，保证使用者的安全和正常使用的性能，必须加强物业的维修管理。物业维修管理是物业服务企业日常经营活动中的一个重要环节。物业的价值、寿命、收益、物业管理活动的成果在很大程度上依赖于物业的维修管理。物业设备管理是物业管理不可缺少的组成部分。本章主要讲述了物业维修的特点、内容、方法，房屋维修标准、房屋装修管理、物业设备管理等内容，并详细介绍了相关管理方法和手段。

【关键词】

　　房屋维修设备管理

第一节 物业维修管理

一、房屋管理概述

（一）房屋维修和房屋维修管理

1. 房屋维修

房屋维修是指物业服务企业根据政府房屋维修管理的标准、要求以及物业服务合同的约定，在房屋的经济寿命期内在对房屋进行查勘鉴定、评定房屋完损等级的基础上对房屋进行维护和修理，使其保持或恢复原来状态或使用功能的活动。

房屋竣工交付使用后，受各种因素的影响或作用而发生损坏。导致房屋损坏的原因很多，基本上可分为自然损坏和人为损坏两类。受自然界的风、霜、雨、雪及空气中有害物质的侵蚀，虫害（如白蚁等）、菌类（如霉菌）的作用等造成的损坏属自然损坏。除洪水、地震、台风等情况外，自然损坏的速度一般是缓慢的。由于设计缺陷或施工质量隐患，在房屋使用期间由于违规装修、改造、搭建及不合理地改变房屋用途或维修保养不善等都属于人为损坏。在实际工作中，以上因素往往是相互交叉影响或作用的，从而加剧了房屋损坏的程度和速度。因此，为减缓房屋损耗速度，延长房屋使用年限，维持和恢复房屋原有质量和功能，保障住用安全和正常使用，以达到房屋保值、增值的目的，物业服务企业做好房屋维修管理工作是十分必要的。

受原有房屋条件、环境的限制，房屋维修只能在原有房屋基础上进行，维修设计与施工都只能在一定范围内进行，其维修活动与新建同类房屋建筑施工过程不同，维修技术不仅包括建筑工程专业及相关专业的技术，还包括独特的设计和施工操作技能，如房屋结构部分受损后的加固补强、防水堵漏等，以及随着时间的推移，房屋的各个部分如主体结构、外墙、楼地面、设备的零部件等都会有不同程度的损坏，需要根据损坏的程度进行小修、中修或大修。

房屋维修管理具有以下特点。

（1）房屋维修是一项经常性的工作。

房屋使用期限长，在使用中由于自然或人为的因素影响会导致房屋、设备的损坏或使用功能的减弱，而且由于房屋所处的地理位置、环境和用途的差异，同类结构房屋使用功能减弱的速度和损坏的程度也是不均衡的，因此，房屋维修是大量的、经常性的工作。

（2）量大面广、零星分散。

一方面，房屋维修涉及各个单位、千家万户，项目多而杂；另一方面，由于房屋的固定性以及房屋损坏程度的不同，决定了维修场地和维修队伍随着修房地段、位置的改变而具有流动性和分散性。

(3) 技术要求高。

房屋维修的技术性表现在以下三个方面：首先，房屋维修由于要保持原有的建筑风格和设计意图，因此技术要求相对于建造同类新建工程来讲要高；其次，房屋维修有其独特的设计、施工技术和操作技能的要求，而且对不同建筑结构、不同等级标准的房屋，采用的维修标准也不同；第三，房屋维修必须以建筑工程专业以及相关的专业技术知识为基础，制定相应的技术管理规定和质量评定指标，并配备高素质的专业技术人员和技术工人才能较好地完成。

2. 房屋维修管理

房屋维修管理是指物业服务企业为做好房屋维修工作而开展的计划、组织、控制、协调等过程的集合。

从管理过程讲，房屋维修管理主要是指围绕房屋维修的管理目标而进行的计划、组织、控制和协调工作。从管理层次讲，房屋维修管理一般可分成公司管理层次的维修管理和施工项目层次的维修管理。所谓公司管理层次的维修管理，是指物业服务企业管理层为实现整个企业的房屋维修管理目标而开展的管理工作，包括组织开展对所管房屋的查勘鉴定工作，围绕整个企业的房屋维修工作所做的计划管理、质量管理、编制维修工程预算、组织施工项目招投标以及开展对技术、劳动、材料、机器等生产要素的管理。所谓施工项目层次的维修管理又分两种情况。一种是物业服务企业拥有自己的维修施工队伍，为组织好维修项目的施工而以项目施工过程为对象开展的管理工作，包括编制项目施工计划并确定施工项目的控制目标，做好施工准备工作，对施工过程实施组织和控制并做好项目竣工验收。另一种是物业服务企业自己没有施工队伍，施工项目是委托其他的专业维修单位来从事施工活动的，在这种情况下，所谓施工项目层次的维修管理主要是指物业服务企业的项目负责人对维修项目施工过程实施监督管理，以确保施工过程处于受控状态，从而实现企业预定的项目成本、质量和工期目标。我们把这种情况下的施工项目管理称做房屋维修施工项目的内部监理。

房屋维修管理的主体是物业服务企业，物业服务企业受业主的委托开展相应的物业管理服务工作。房屋维修管理是物业管理的重要组成部分。在房屋维修过程中，实施房屋维修的主体一般是专业房屋维修公司（或物业服务企业内部的专业房屋维修部门）。而房屋维修管理的职能则是对房屋维修过程实施管理，做到在确保质量和实现合理工期的基础上使整个房屋维修过程处于受控状态，合理地使用人力、物力、财力，最大限度地节约维修成本，实现更大的经济效益、社会效益和环境效益。

房屋维修管理具有以下特点。

(1) 经营和服务的双重性。

物业管理是集经营、管理和服务于一体的系统行为过程，而房屋维修管理则是物业管理的一个重要经营活动，它对投入使用的物业进行功能的恢复和改善，这与使用者的安全和切身利益有关,而且房屋维修管理所提供的维修服务也是有偿的。因此,房屋维修管理同时具有经营性和服务性。

(2) 复杂性。

房屋维修管理的复杂性是由物业的多样性、个体性和房屋维修的广泛性和分散性决定的。由于每一幢物业几乎都有独特的形式、结构和单独的设计图纸,因此,房屋维修必须根据不同的结构、不同的设计,不同情况的物业分别制订不同的维修方案,组织不同的维修施工,这就给房屋维修管理带来了复杂性。同时,还要对零星、分散又广泛的房屋维修进行组织管理,这也使房屋维修管理呈现复杂性。

(3) 计划性。

房屋维修过程本身有其固有的规律性,房屋维修管理必须严格按维修施工程序进行,这就决定了房屋维修管理也必须按这一程序有计划地组织实施。

(二) 房屋维修管理的原则

房屋维修管理工作必须为人民群众的居住生活服务、为社会经济服务。房屋维修管理总的原则是美化城市、造福人民、有利生产和方便生活。

1. 经济、合理、安全、实用原则

经济是指在房屋维修过程中节约与合理地使用人力、物力和财力,尽量做到少花钱、多修房。合理是指修缮计划要定得合理,要按照国家规定与标准修房,不随意扩大修缮范围。安全就是指通过修缮,使物业不倒、不塌、不破,达到主体结构牢固,用户住用安全。保证物业不发生伤人事件是房屋维修的首要原则。实用就是从实际出发,因地制宜,以适应用户在使用功能和质量上的要求,充分发挥物业的效能。

2. 区别对待原则

对于各种不同类型的物业,要依据不同的建筑风格、不同的结构、不同的等级标准区别对待。

3. 维护物业不受损坏原则

维护物业不受损原则强调的是"能修则修,应修则修,以修为主,全面养护"。各类房屋都是社会财富的重要组成部分,因此,房屋维修工作一定要做到全面及时、注意保养、爱护使用,实现物业的保值增值。

4. 为用户服务原则

从根本上说,房屋维修的目的是为了满足社会生产和人民生活需要。为此,房屋维修管理人员要真正树立为用户服务的思想,改善服务状态,提高服务质量;要建立、健全科学合理的维修服务制度并保证制度的贯彻实施。在房屋维修管理上,必须认真解决用户急需解决的修缮问题,自觉维护用户的合法权益,切实做到为用户服务。

5. 修缮资金投资效果最大化原则

物业修缮资金的管理原则就是获得最大的投资效果,要努力做到少花钱、多修房、修好房。

(三)房屋维修管理的意义

(1)房屋维修管理是实现物业保值增值的重要保证。
(2)房屋维修管理是房地产经营顺利开展的基础。
(3)房屋维修管理是物业服务企业实现"自负盈亏、自我发展"的前提。

二、房屋维修管理的内容

房屋维修管理涉及的面比较广,包括房屋的安全检查、房屋维修计划管理、房屋维修技术管理、房屋维修质量管理和房屋维修施工管理等。

(一)房屋的安全检查

物业管理区域内房屋的安全检查是房屋使用、管理、维护和修理的重要依据。定期和不定期的对房屋进行检查,随时掌握房屋健康状况,不仅能及时发现房屋的危损情况,抢修加固,解除危险,而且还能为科学地管理房屋和修缮房屋提供依据,正确地督导房屋使用,延长房屋的寿命。

(二)房屋维修计划管理

物业服务企业应根据物业管理区域内房屋的实际情况,以及各类房屋的建筑、设施设备的保养、维修、更新周期等,制订切实可行的房屋维修计划,并积极组织力量,保证计划的完成,确保物业的正常使用,维护业主与物业使用人的正当权益。

(三)房屋维修技术管理

物业服务企业应根据《房屋维修技术管理规定》,组织查勘、鉴定,掌握房屋完损情况,按房屋的实际用途和完损情况,拟订维修方案;日常维护,有计划地组织房屋按年轮修;分配年度维修资金、审核维修方案和工程预决算,与施工单位签订施工合同;配合施工单位,适当安置住户,保证维修工作的顺利进行;监督施工单位按规定要求施工,确保工程质量;竣工后,进行工程验收;组织自行施工的维修工程的施工管理,进行工料消耗、工程质量的检查鉴定;建立健全房屋的技术档案,并进行科学管理等。

(四)房屋维修质量管理

物业服务企业应根据《城市房屋修缮规定》、《建设工程质量管理条例》及《房屋修缮工程质量检验评定标准》等，强化维修工程的质量监督、检查、验收与评定，完善维修工程的质量保修制度。

（五）房屋维修施工管理

物业服务企业通过对维修工程的计划、组织、协调和监督，实现房屋维修的预定目标。而且，不论是物业服务企业的自有维修队伍，还是对外委托的专业维修队伍，均应做好具体维修施工作业的计划管理、组织管理、现场管理、质量与安全管理、机械设备与材料管理、成本管理等工作。

三、房屋安全检查的方法

1. 直观法

直观法是指由房屋检查人对房屋的建筑结构情况进行直接全面的检查。主要检查建筑构件的裂缝、变形、倾斜、腐朽现象的特征、深度、形状、分布及各类原因引起的潜在隐患。

2. 刺探、敲击听声法

刺探、敲击听声法是指用铁钎刺探埋入墙内的柱根、柁檩、椽头等部位，探查腐朽程度。敲击墙体、木构件，判断空鼓或虫蛀的情况。

3. 仪器检查法

仪器检查法是指使用回弹仪、取芯机、超声仪等检查构件的受损程度；使用经纬仪检查房屋垂直度；用水平仪检查房屋沉降量；用小线、尺子检查木构件的变型程度。

4. 结构构件验算法

结构构件验算法是指通过结构计算，验算结构构件截面尺寸是否符合强度、刚度要求。

四、危险房屋管理

依据《城市危险房屋管理规定》原建设部第四号令，房地产行政主管部门与物业服务企业要做如下工作。

1. 制定危房鉴定检查制度

危房的划分一定要根据房屋构件损坏范围的大小、程度以及对周围环境、整个房屋的危害程度而定，一般可以考虑以下三种情况。

（1）整幢危房。

整幢危房是指房屋结构大部分具有不同程度的损毁，已危及整幢房屋并随时有倒塌的可能,且已无维修价值,不能通过修复保证住用安全的房屋。

(2) 局部危房。

局部危房是指房屋大部分结构尚好,只是局部构件受损,一旦发生事故,对整幢房屋无太大影响,只要排除局部危险,可继续安全使用。

(3) 危险点。

危险点是指房屋的某个承重构件或某项设施损坏,但对整体还未构成直接威胁,一般可通过维修排除险情。

2. 建立健全危房管理机构

除政府有权威性的危险房屋的鉴定机构外,各物业服务企业也应设立相关部门或指定专门技术人员负责此项工作,依据原建设部颁发的《危险房屋鉴定标准》和各地政府颁布的有关规定,按照初始调查、现场勘察、检测验算、论证定性等程序,在掌握测算数据、科学分析论证的基础上,确认房屋的建筑质量及安全可靠程度。

3. 危房处理措施

根据鉴定情况可按以下四类办法处理。

(1) 观察使用。

观察使用适用于采取适当安全技术措施后,尚能短期使用,但须继续观察的房屋。

(2) 处理使用。

处理使用适用于采取安全技术措施后可解危的房屋。

(3) 停止使用。

停止使用适用于已无修缮价值,暂无条件拆除,又不危及相邻建筑和影响他人安全的房屋。

(4) 整体拆除。

整体拆除适用于整幢危险且无修缮价值,随时可能倒塌并危及他人生命财产安全的房屋。

五、物业的日常养护

日常养护是物业服务企业为了确保房屋的完好和正常使用而进行的经常性的修理工作,也是实施物业管理工作的重要内容之一。

(一) 日常养护的一般程序

物业的日常养护包括零星养护与计划养护两种情况。

零星养护是结合实际情况或因突然损坏而引起的小修。其特点是修理范围广、作业零星分散、时间要求紧，属于经常性的服务。计划养护则结合科学的大、中、小计划而开展工作，以保证房屋的正常使用以及正常寿命。物业服务企业应根据房屋所选用的各类设备、材料及其质量，合理确定其使用寿命，编制养护计划。

（二）日常养护的一般内容

日常养护的一般内容包括以下几个方面：
（1）地基基础的养护；
（2）墙台面及吊顶工程的养护；
（3）门窗工程的养护；
（4）屋面工程的养护。

（三）房屋日常养护的考核指标

1. 定额指标

定额指标可以包括人工定额、材料消耗定额等。定额指标要求：
（1）小修养护工人的劳动效率要100%达到或超过人工定额；
（2）材料消耗要不超过或低于材料消耗定额。

2. 经费指标

房屋租金和按规定提取的修理费是房屋日常维护的资金来源，对房屋日常小修养护经费的使用应实行包干使用、亏损不补、节余留用的办法。

3. 服务指标

服务指标可以通过以下三个指标来评价。
（1）走访查房率。

走访查房率是指按月（季）走访查房户数与辖区内住户总户数之比。一般要求物业管理人员每月或每季度对辖区内住户逐户走访查房50%以上。在计算时，若逐户被走访一次或多次，均按一次计算。

（2）养护计划率。

养护计划率是指当月完成属于计划内项目户次数与当月养护计划安排的户次数之比，一般要求达到80%以上。

（3）养护及时率。

养护及时率是指当月完成的小修养护次数与当月全部报修中应修的户次数之比，一般要求达到99%以上。

4. 安全指标

安全指标是房屋维修养护工作的首要指标,为了确保住户和生产安全,原建设部已规定年职工负伤事故频率必须小于 $3\times10^{-1}\%$。

第二节　房屋维修标准

一、房屋结构的分类

我国房屋建筑结构分为四类七等。

（一）钢筋混凝土结构

钢筋混凝土结构是指全部或承重部分为钢筋混凝土结构,包括框架大板与框架轻板的房屋。

（二）砖混结构

1. 砖混结构一等

砖混结构一等是指部分为钢筋混凝土,主要是砖墙承重的结构。外墙部分砌砖、水刷石、水泥抹面或涂料粉刷,并设有阳台,内部设备齐全的单位式住宅或非住宅。

2. 砖混结构二等

砖混结构二等是指部分为钢筋混凝土结构,主要是砖墙承重的结构。外墙是清水墙,没有阳台,内部设备不齐全的非单元式住宅或其他房屋。

（三）砖木结构

1. 砖木结构一等

砖木结构一等是指材料上等,标准较高的砖木（石料）结构。这类房屋一般是外部有装修,内部设备完善的庭院式或花园式洋房等。

2. 砖木结构二等

砖木结构二等是指结构正规,材料较好,一般外部没有装修处理,室内有专用上水、下水等设备的普通砖木结构房屋。

3. 砖木结构三等

砖木结构三等是指结构简单,材料较差,室内没有上水、下水等设备,较低级的砖木结构房屋。

（四）简易结构

简易结构是指如简易房、平房、木板房、土草房、砖坯房、竹木捆绑房等。

二、房屋完损等级的分类

在房屋的使用过程中，由于自然因素或人为因素的作用可能造成房屋的损坏。对房屋进行查勘鉴定是掌握房屋完损程度的一项经常性的基础工作，是拟订房屋维修设计或维修方案、编制房屋维修计划的依据。房屋查勘鉴定是指房屋管理单位按照有关法规规定，对房屋的结构、装修和设备进行检查、测试、验算并评定其完损等级的活动。

房屋的完损等级要结合当地的实际情况，根据各类房屋的结构、装修和设备的完好或损坏程度等进行分类。一般将房屋的完损等级分为完好房、基本完好房、一般损坏房、严重损坏房和危险房等五类。

（一）完好房

完好房的特点是：结构构件安全可靠，整体性好；屋面或板缝不漏水；装修和设备完好、齐全、完整，管道通畅，现状良好，使用正常；有一定的陈旧现象或个别构件有允许值之内的轻微损毁，但不影响居住安全和正常使用，通过小修即可恢复的房屋。

（二）基本完好房

基本完好房的特点是：结构构件安全，基本牢固，虽有少量部件的损坏程度稍稍超过设备允许值，但能保持稳定；屋面或板缝局部渗透；装修、设备的个别部件或零件有影响使用的破损，通过在原有构件或部位上进行修补、涂抹（油漆）等维修即可恢复使用功能的房屋。

（三）一般损坏房

一般损坏房的特点是：局部构件变形、裂缝、腐蚀或老化，强度不足；屋面或板缝局部漏雨；装修局部有破损，油漆老化，设备管道不够畅通；水、卫、电气管线、器具和部件有部分老化、损坏或残缺，需要进行中修或局部大修更换部件的房屋。

（四）严重损坏房

严重损坏房的特点是：部分结构构件有明显或严重倾斜、开裂变形或强度不足，个别构件已处于危险状态；屋面或板缝严重漏雨；设备陈旧不齐全，管道严重堵塞，水、卫、电气管线、器具和零部件残缺及严重损坏，需要局部整修、更新等大修的房屋。

（五）危险房

危险房的特点是：主体构件强度严重不足，稳定性很差，随时有可能倒塌，采用局部加固修理仍不能保证安全；已经丧失维修价值；因结构严重损坏需要拆除、翻修的整栋房屋。

三、房屋完损等级的评定方法

房屋完损等级标志着房屋质量的好与坏，它是根据房屋各个组成部分的完损程度来综合评定的。

（一）钢筋混凝土结构、混合结构、砖木结构房屋完损等级评定方法

（1）房屋的结构、装修、设备等组成部分各项完损程度符合同一个完损标准，则该房屋的完损等级就是分项所评定的完损程度。

（2）房屋的结构部分各项完损程度符合一个完损标准，在装修设备部分中有一二项完损程度下降一个等级，其余各项仍和结构部分符合同一个完损标准，则该房屋的完损等级按结构部分的完损程度来确定。

（3）房屋的结构部分中非承重或楼地面分项完损程度下降一个等级完损标准，在装修或设备部分中有一项完损程度下降一个等级完损标准，其余3个组成部分的各项都符合上一个等级以上完损标准，则该房屋的完损等级可按上一个等级的完损程度来确定。

（4）房屋结构部分中地基基础、承重构件、屋面等项的完损程度符合同一个完损标准，其余各分项完损程度可有高出一个等级的完损标准，则该房屋完损等级可按地基基础、承重结构、屋面等项的完损程度来确定。

（二）其他结构房屋完损等级评定方法

其他结构房屋是指竹、木、石结构、窑洞、捆绑等类型的房屋（俗称简易结构）。此类结构的房屋，在评定完损等级时按以下两种方法来确定。

（1）房屋的结构、装修、设备等部分各项完损程度符合同一个完损标准，则该房屋的完损等级就是分项的完损程度。

（2）房屋的结构、装修、设备部分等级大多数项目完损程度符合一个完损标准，有少量分项完损程度高出一个等级完损标准，则该房屋的完损等级按绝大多数分项的完损程度来确定（参见表7-1）。

表 7-1 房屋分幢完损等级评定表

房屋情况	完损标准分类	结构部分				装修部分				设备部分			评定等级
		地基基础	承重构件	非承重墙	屋面	楼地面	门窗	外抹灰	内抹灰	顶棚	细木装修	水卫	电照	暖气	特种设备	

房屋情况	完损标准分类													
幢号 结构类别 建筑面积 建筑年代	完好													
	基本完好													
	一般损坏													
	严重损坏													
	危险													
备注														

（三）基本做法

评定房屋等级的做法一般分为定期和不定期两种。

1. 定期评定房屋完损等级

每隔一定时期（1～3 年，或根据各地规定）对所管房屋进行一次全面的逐幢完损等级评定，包括组织准备、实施查勘、统计汇总三个阶段。

2. 不定期评定房屋完损等级

（1）根据气候特征，如雨季、台风、暴风雪等，着重对危险房屋、严重损坏房屋和一般损坏房屋等进行检查，评定完损等级。

（2）房屋经过中修、大修、翻修和综合维修竣工验收以后，重新评定完损等级。

（3）接管验收新建房屋后，要进行评定房屋完损的等级。

经鉴定属于危险房屋的，鉴定机构必须及时发出危险房屋通知书；属于非危险房屋的，应在鉴定文书上注明在正常使用条件下有效时限，一般不超过 1 年。

四、房屋维修工程的分类

按照房屋维修的不同性质，房屋维修工程可分为不同的类型。

（一）按维修对象的不同，房屋维修工程可分为结构性维修和非结构性维修

1. 结构性维修

结构性维修是指为保证房屋结构安全、适用和耐久，对老朽、破损或强度、刚度不足的房屋结构构件进行检查、鉴定及修理。

2. 非结构性维修

非结构性维修是指为保障房屋的正常使用和改善居住条件，对房屋的装修、设备等部分的更新、修理和增设，其主要作用是恢复房屋的使用功能，保护结构构件免遭破坏，延长房屋的使用年限。

（二）按所维修房屋的完损程度不同，房屋维修工程可分为小修工程、中修工程、大修工程、翻修工程和综合维修工程

1. 小修工程

小修工程又叫零修工程或养护工程，是指物业服务企业为确保房屋正常使用，保持房屋原来的完损等级而对房屋在使用中正常出现的小的损坏进行及时修复的预防性养护工程。这类工程用工少、费用少，综合平均费用占房屋现时造价的1%以下。其特点是项目简单、零星分散、量大面广、时间紧迫。小修工程的范围主要包括以下几个方面：

（1）屋面筑漏（补漏）、修补屋面、屋脊等；
（2）钢、木门窗的整修、拆换五金、配玻璃、换纱窗、油漆等；
（3）修补楼地面面层等；
（4）修补内外墙、窗台、腰线和抹灰等；
（5）拆砌挖补局部墙体、个别拱圈、拆换个别过梁等；
（6）抽换个别檩条，接换个别木梁、屋架、木柱，修补木楼梯等；
（7）水卫电、暖气等设备的故障排除及零部件的修换等；
（8）下水管道的疏通，修补明沟、散水、落水管等；
（9）房屋检查发现的危险构件的临时加固、维修等。

物业服务企业的房屋小修养护工程项目信息，主要是通过房屋维修管理人员的走访查房的定期检查和业主与物业使用人的随时报修这两个渠道收集取得的。

2. 中修工程

中修工程是指房屋少量主体构件已损坏或不符合建筑结构的要求，需要牵动或拆换进行局部维修以保持房屋原来的规模和结构的工程。这类工程工地比较集中，项目较小而工程量比较大，有周期性，使用于一般损坏房屋，其一次维修费用低于该房屋同类结构新建造价的20%。中修后的房屋，70%以上必须符合基本完好房的要求。及时地开展中修工程是保持房屋基本完好的有力保证。中修工程的范围主要包括以下几个方面：

（1）少量结构构件形成危险点的房屋维修；
（2）一般损坏房屋的维修，如整幢房屋的门窗整修，楼地面、楼梯的维修，抹灰修补，油漆保养，设备管线的维修和零配件的更换等；
（3）整幢房屋的公用生活设备的局部更换、改善或改装、新装工程以及单项目的维修，

如下水道重做，整幢房屋门窗的油漆，整幢房屋围墙的拆砌等。

3. 大修工程

大修工程是指无倒塌或只有局部倒塌危险的房屋，其主体结构和公用生活设备的大部分已严重损坏，虽不需全面拆除，但必须对其进行牵动、拆换、改装、新装，以保证房屋基本完好或完好的工程。这类工程的工程地点集中、项目齐全，具有整体性。其费用为该房屋同类结构新建造价的 25%以上。经大修后的房屋，一般都应达到基本完好或完好房屋标准。大修工程的范围主要包括以下几个方面：

（1）修复严重损坏的房屋主体结构的维修工程；
（2）对整幢房屋的公用生活设备进行管线更换、改善或新装的工程；
（3）对房屋进行局部改建的工程；
（4）对房屋主体结构进行专项抗震加固的工程。

4. 翻修工程

翻修工程是指原来的房屋需要全部拆除，另行设计，重新建造或利用少数主体构件在原地或移动后进行更新改造的工程。这类工程投资大、工期长，但费用较低。经过翻修后的房屋必须达到完好房屋的标准。翻修工程的适用范围主要包括以下几个方面：

（1）房屋主体结构全部或大部分损坏，有倒塌危险；
（2）因自然灾害破坏不能再使用的房屋；
（3）地处陡峭易滑坡地区的房屋或低势低洼长期积水无法排出地区的房屋；
（4）主体结构、围护结构简陋无修缮价值的房屋；
（5）国家基本建设规划范围内需要拆迁恢复的房屋。

5. 综合维修工程

综合维修工程是指成片、多幢或多面积、较大的单幢楼房，大部分严重损坏而进行的有计划的成片维修和为改变片（幢）房屋面貌而进行的维修工程。综合维修工程的费用应是该片（幢）房屋同类结构新建造价的 20%以上。经过综合维修工程的房屋应达到基本完好或完好的标准。综合维修工程的竣工面积和数量，在统计时计入大修工程项目内，可不单独列出。

（三）按经营管理的性质不同，房屋维修工程可分成恢复性维修、赔偿性维修、补偿性维修、返工性维修和救灾性维修

1. 恢复性维修

恢复性维修是指修复因自然损耗造成损坏的房屋及其构件的维修活动，它的作用是恢复房屋的原有状况与功能，保障居住安全和正常使用。

2. 赔偿性维修

赔偿性维修是指修复因用户私自拆改、增加房屋荷载、改变使用性质、违约使用以及过失造成损坏的房屋及其构件的维修活动，其维修费用应由责任人承担。

3. 补偿性维修

补偿性维修是指在房屋移交时，通过对该房屋的质量、完损情况进行检查鉴定，发现有影响居住安全和使用的损坏部位，而对房屋进行的一次性的维修工作，其费用由移交人与接受人通过协商解决。

4. 返工性维修

返工性维修是指因房屋的设计缺陷、施工质量不好或管理失当造成的再次维修，其维修费用由责任人承担。

5. 救灾性维修

救灾性维修是指修复因自然灾害造成损坏的房屋及其构件的维修活动，对于重大天灾，如风灾、火灾、水灾、震灾等，维修费用由人民政府有关部门拨专款解决，对于人为失火造成的灾害，维修费用按"赔偿性维修"规定的办法处理，责任者需承担全部或部分费用。

五、房屋维修工程经济技术指标

（一）房屋维修标准

1. 主体工程维修标准

主体工程维修主要是指屋架、梁、柱、墙、楼面、屋面、基础等主要承重构部件。当主体结构损坏严重时，不论对哪一类房屋进行维修，均应要求牢固、安全，不留隐患。

2. 木门窗及装修工程维修标准

木门窗维修应开关灵活，不松动，不透风；木装修工程应牢固、平整、美观，接缝严密。一等房屋的木装修应尽量做到原样修复。

3. 楼地面工程维修标准

楼地面工程维修应牢固、安全、平整、美观，拼缝严密，不空鼓开裂，卫生间、厨房、阳台地面无倒泛水现象。如厨房、卫生间长期处于潮湿环境，可增设防潮层；木基层或夹砂楼面损坏严重时，应改做钢筋混凝土楼面。

4. 屋面工程维修标准

屋面工程必须确保安全，要求平整不渗漏，排水畅通。

5. 抹灰工程维修标准

抹灰工程应接缝平整、不开裂、不起壳、不起泡、不松动、不剥落。

6. 涂料粉饰工程维修标准

各种内外墙涂料及地面涂料均属保养范围。应制定养护周期,以达到延长房屋使用年限的目的。对木构件和各类铁构件应进行周期性涂料保养。涂料粉饰要求不起壳、不剥落、色泽均匀,尽可能保持与原色一致。

7. 水、电、卫、暖等设备工程维修标准

房屋的附属设备均应保持完好,保证运行安全,正常使用。电气线路、电梯、安全保险装置及锅炉等应定期检查,严格按照有关安全规程定期保养。对房屋内部电气线路破损老化严重、绝缘性能降低的,应及时更换线路。当线路发生漏电现象时,应及时查清漏电部位及原因,进行修复或更换线路。对供水、供暖管线应作保温处理,并定期进行检查维修。

8. 金属构件维修标准

金属构件应保持牢固、安全、不锈蚀。

9. 其他工程维修标准

对属物业服务企业管理的庭院院墙、院墙大门、院落内道路、沟渠下水道、窨井损坏或堵塞的,应修复或疏通;庭院绿化,不应降低绿化标准,并注意对庭院树木进行检查、剪修,防止大风暴雨时对房屋造成破坏。

此外,对坐落偏远、分散、不便管理且建筑质量较差的房屋,维修时应保证满足不倒不漏的基本住用要求。房屋修缮应注意做到与抗震设防、白蚁防治、改善居住条件等相结合。

(二)房屋维修的考核指标

根据原建设部颁布的《房地产经营、维修管理行业经济技术指标》的规定,考核房屋维修工作的经济技术指标体系包括以下几个方面。

1. 房屋完好率

房屋完好率是指房屋主体结构良好,设备完整,上水、下水道通畅,室内地面平整,能保证用户安全、正常使用的完好房屋和基本完好房屋数量(建筑面积)之和与总房屋数量(建筑面积)之比。

$$房屋完好率 = \frac{完好房屋建筑面积 + 基本完好房屋建筑面积}{房屋建筑总面积} \times 100\%$$

2. 年房屋完好增长率及年房屋完好下降率

年房屋完好增长率是指房屋经过大修、中修或翻修竣工验收后，新增加的完好房屋和基本完好房屋建筑面积之和与直管房屋建筑面积之比。

$$年房屋完好增长率=\frac{新增完好房屋建筑面积+新增基本完好房屋建筑面积}{直管房屋建筑总面积}\times100\%$$

年房屋完好下降率是指原完好房屋和基本完好房屋由于多种因素经房屋普查确定已达不到完好房屋或基本完好房屋标准的房屋数量（建筑面积）与直管房屋总量（建筑面积）之比。

$$年房屋完好下降率=\frac{原完好房屋和基本完好房屋下降为损坏房屋的数量}{直管房屋数量}\times100\%$$

3. 危房率

危房率就是整幢危险房屋的建筑面积占总的房屋建筑面积的百分比。

$$危房率=\frac{整幢危险房屋的建筑面积}{房屋总建筑面积}\times100\%$$

4. 房屋维修工程量（m^2/人·年）

房屋维修工程量是指全年完成综合维修的大修、中修、小修工程数量之和与年全部维修人员平均人数之比。

$$房屋维修工程量=\frac{年综合维修人员平均量+年大修、中修、小修房屋数量}{年全部维修人员平均人数}$$

5. 维修人员劳动生产率

维修人员劳动生产率是指年大修、中修、小修及综合维修工作量之和与年全部维修人员平均人数和年参加本企业生产的非本企业人员平均数之和之比。

维修人员劳动生产率=

$$\frac{年综合维修工作量+年大修、中修工作量+年小修维护工作量}{年全部维修人员平均人数+年参加本企业生产的非本企业人员平均人数}$$

6. 大修、中修工程质量合格品率

大修、中修工程质量合格品率是指大修、中修工程质量经评定达到合格标准的单位工程数量之和与报告期验收鉴定的单位工程数量之和之比。

$$大修、中修工程质量合格品率=\frac{报告期评定为合格品的单项工程量之和}{报告期验收鉴定的单项工程量之和}\times100\%$$

7. 维修工程成本降低率

维修工程成本降低率是指维修工程成本降低额与维修工程预算成本额之比。

$$维修工程成本降低率 = \frac{维修工程成本降低额}{维修工程预算成本额} \times 100\%$$

8. 年职工负伤事故频率

年职工负伤事故频率是指全年（报告期）发生的负伤事故人次与全年（或报告期）全部职工平均人数之比。

$$年职工负伤事故频率 = \frac{全年发生的负伤事故人次}{年职工平均人数} \times 100\%$$

9. 小修养护及时率

小修养护及时率是指月（季）度全部管区内实际小修养护户次数与月（季）度全部管区内实际检修、报修户次数之比。

$$小修养护及时率 = \frac{月（季）度全部管区内实际养护户次数}{月（季）度全部管区内实际报修户次数} \times 100\%$$

10. 房屋租金收缴率

房屋租金收缴率是指当年实收租金额与当年应收租金额之比。

$$房屋租金收缴率 = \frac{当年实收租金额}{当年应收租金额} \times 100\%$$

11. 租金用于房屋维修率

租金用于房屋维修率是指用于房屋修缮的租金额与年实收租金额之比。

$$租金用于房屋维修率 = \frac{用于房屋修缮的租金额}{全年实收租金额} \times 100\%$$

12. 流动资金占用率

流动资金占用率是指流动资金年平均余额与年完成维修工作量之比。

$$流动资金占用率 = \frac{流动资金年平均余额}{年完成维修工作量} \times 100\%$$

13. 机械设备完好率

机械设备完好率是指报告期制度台日数内完好台日数与报告期制度台日数之比。

$$机械设备完好率 = \frac{报告期制度台日数内完好台日数}{报告期制度台日数} \times 100\%$$

六、房屋维修管理的内容、要求及原则

（一）房屋维修管理的内容

1. 房屋的安全检查

对房屋进行安全检查，能随时掌握房屋的状况，及时发现房屋的危损情况，排除险情，延长房屋的使用寿命。

2. 房屋维修施工管理

根据房屋的完好情况编制年度维修计划，安排年度维修投资，审核维修方案，遵循房屋修理要求和技术标准。

3. 房屋维修的行政管理

房屋修缮是房屋所有者应当履行的责任，因使用不当或人为造成房屋损坏，应由责任人负责修复或给予赔偿；对于房屋修缮责任者不及时修缮，或者在房屋修缮时遭到责任人的借故阻挠，或者发现有可能导致房屋危险情况出现时，房管部门可采取"排除解危"的强制措施，费用由当事人承担。房屋修缮，依照《城市异产毗连房屋管理规定》承担责任。

（二）房屋维修管理的基本原则

房屋维修管理的基本原则包括以下几个方面：
（1）确保房屋完好；
（2）改善使用功能；
（3）提高使用效益。

七、房屋维修责任的划分

（1）自用部位、自用设备的修缮、更新责任，由单元房屋住户承担，费用自理。

（2）房屋承重结构、共用部位及共用设备的修缮、更新责任，由整幢房屋住户按各单元房屋建筑面积比例共同承担，费用在专项维修资金中列支。

（3）公共设施的修缮、更新费用在专项维修资金中列支。

（4）社区服务配套设施的修缮、更新、改造责任，由该设施的所有人承担，费用在经营管理收入中列支。

（5）共同部位、共同设施设备以及公共设施，凡属人为损坏的，由行为人负责修复或赔偿，费用由行为人承担。

第三节　物业设备管理

一、物业设备的概念及分类

（一）物业设备的概念

物业设备是指附属于建筑物的各类设备的总称。它是发挥物业功能、实现物业价值的物质基础和必要条件。因为，没有物业的附属设备，不仅物业的构成不完整，而且建筑物也将无法发挥其应有的功能和价值。

（二）物业设备的分类

物业设备是根据用户的要求和物业的用途而设置的，不同用途的物业，其设备的配置也不相同。一般来讲，物业设备可以分为建筑卫生设备和建筑电气工程设备两大类。

1. 建筑卫生设备

建筑卫生设备包括以下几个方面。
（1）供水设备，如供水箱、供水泵、水表、供水管网等。
（2）排水设备，如排水管道系统、通风管、清通设备、抽升设备、室外排水管、污水处理设施等。
（3）热水供应设备，如热水表、加热器、供应热水管道、冷水箱等。
（4）消防设备，如供水箱、灭火机、消防泵等。
（5）燃气设备，如厨房设备、燃气设备等。
（6）供暖、制冷和通风设备系统。

2. 建筑电气工程设备

建筑电气工程设备包括以下几个方面。
（1）供电设备，如变压器、配电房内设备、楼层配电箱、电表、总开关等。
（2）弱电设备，如公用天线电视设备、通信设备、广播设备等。
（3）运输设备，如电梯、自动扶梯等。
（4）防雷设备，如避雷针、避雷网等。

二、物业设备管理的内容和方式

（一）物业设备管理的内容

不同的物业设备有不同的特点，因此，物业设备管理的内容也各不相同。一般包括以下内容。

1. 物业设备的基础资料管理

（1）设备原始资料档案管理。

设备在接管后均应建立原始资料档案。这类档案主要有：验收文件（包括验收记录、测试记录、产品与配套件的合格证、订货合同、安装合同、设备安装图、使用维护说明等）、建立设备卡片（应记录有关设备的各项明细资料，如房屋设备编号、名称、类别、规格、技术特征、附属物所在地点、建造年份、开始使用日期等）。

（2）重要设备维修资料档案管理。

这类档案主要有：报修单、运行记录、考评材料、技术革新资料等。

2. 物业设备的运行管理

物业设备运行管理的主要内容是：建立合理的运行制度和运行操作规定、安全操作规程等运行要求及文明安全运行的管理，并建立定期检查运行情况和规范服务的制度等。对于设备的安全管理，除了加强设备安全检查和对操作人员、维修人员进行培训外，还要建立安全责任制，对住户进行安全教育。

3. 物业设备维修管理

物业设备的维修管理是指根据设备的性能，按照一定的科学管理程序和制度，以一定的技术管理要求，对设备进行日常养护和维修、更新。物业设备维修管理的内容包括：设备的定期检查、日常保养与维修制度、维修质量标准、维修人员管理制度等。

（二）物业设备管理方式

物业设备管理工作由房管单位和物业服务企业的工程部门主管，并有专人负责。设备管理主要有维修管理和运行管理两大部分组成。

物业设备维修管理的特点是一次性投资大、设备使用年限短、灵敏度及精确度要求高。维修工作的好坏将直接影响着设备在运行中技术性能的发挥。具体的管理措施是：

（1）建立设备管理账册和重要设备的技术档案；

（2）建立设备卡；

（3）建立定期检查、维修、保养制度；

（4）建立物业设备大修、中修工程的验收制度，积累有关的技术资料；

（5）建立物业设备的更新、调拨、增添、改变、改造、报废等方面的规划和审批制度；

（6）建立承租户保管房屋设备的责任制度；

（7）建立每年年末对物业设备进行清查、核对和使用鉴定的制度，遇有缺损现象，应采取必要措施，及时加以解决。

三、物业设备的保养与维修

（一）物业设备的保养

物业设备的保养是指对设备所进行的常规性的检查、养护、添装、维修和改善等工作。

1. 日常维护保养

日常维护保养是指设备操作人员所进行的经常性的保养工作。日常维护保养主要包括：定期检查、清洁润滑、发现小故障及时排除，认真做好维护以及必要的记录等工作。

2. 一级保养

一级保养是指由设备的操作人员、维修人员按计划进行的保养维修工作。一级保养主要包括对设备的某些局部进行的解体、清洗、调整，以及按照设备磨损规律进行的定期保养等。

3. 二级保养

二级保养是指设备维修人员对设备进行的全面清洗、部分解体检查和局部修理、更换或修复磨损零件，使设备能够达到完好状态的保养。

预防性计划维修保养制度是为防止意外损坏按照预定计划进行一系列预防性设备修理、维护和管理的组织措施和技术措施。实行预防性计划维修保养制度可以延长设备修理间隔期、降低修理成本和提高维修质量。

（二）设备的维修工程分类

设备的维修是指通过修复或更换零件，调整精度、排除故障、恢复设备原有功能的技术活动。根据设备的完损情况，其维修可以分为以下几类。

1. 零修维修工程

零修维修工程是指对设备进行日常的保养、检修，以及为排除运行故障而进行的局部修理。

2. 中修工程

中修工程是指对设备进行正常、定期的全面检修，部分解体修理和更换少量的零部件，保证设备能够恢复、达到应有的标准与技术要求，使设备正常运转。更换率一般为10%~20%。

3. 大修工程

大修工程是指对设备定期进行全面检修、全部解体，更换主要部件或修理不合格的零部件，使设备基本恢复原有性能。更换率一般不超过30%。

4. 设备更新与技术改造

设备更新与技术改造是指在设备使用达到一定年限以后，针对其技术性能落后、效率低、能耗大或污染日趋严重等情况，通过更新设备，提高和改善设备的技术性能。

（三）物业设备维修的特点

1. 维修成本高

因房屋设备使用年限较短，加之技术的进步，出现了性能更好、使用更舒适方便的新型房屋设备，导致物业设备的维修更新间隔期的缩短，从而使维修成本增加。

2. 维修技术要求高

由于房屋设备是在房屋建筑物内部，其灵敏程度和精确程度的要求都较高，而维修工作的好坏会直接影响设备在运行中的技术性能的正常发挥，因此，房屋设备维修技术的要求相当高。

3. 随机性与计划性相结合、集中维修与分散维修相结合

物业设备因平时使用不当或其他突发事故等原因往往是突然发生故障，这就使物业设备的维修有很强的随机性。但物业设备又都有一定的使用寿命和大修更新周期，因此，设备的维修又有很强的计划性。

四、物业设备管理制度

物业设备管理制度主要包括：岗位责任制、值班制度、交接班制度、报告记录制度、工具领用保管制度、计划维修保养制度、维修工程审批制度、巡检制度、季度和年度安全检查制度等。

1. 岗位责任制

岗位责任制主要说明各相关岗位的职责，包括工程部经理的岗位职责、各技术专业主管的岗位职责、领班的岗位职责、技术工人的岗位职责、资料统计员的岗位职责等。

2. 值班制度

值班制度主要说明值班人员的工作时间、操作规程、意外事故处理、请假制度等。

3. 交接班制度

交接班制度具体内容包括值班人员交接班前的工作、交接班手续等。

4. 报告记录制度

报告记录制度可以让物业经理、技术主管和班组长及时了解设备的运行情况及设备维

修管理情况，及时发现设备管理中存在的问题，以便及时解决。

5. 工具领用保管制度

工具领用保管制度主要说明维修工作人员在领用工具材料时应办理的手续，工具使用完后如何归还，相关定额资料等内容。

6. 计划维修保养制度

计划维修保养制度具体内容包括维修及保养工作的类别及内容、设备维修保养的要求、维修保养的周期、维修保养计划等。

7. 维修工程审批制度

维修工程审批制度对设备的中修、大修与改造更新应提出计划，经上级部门批准后，安排施工。施工要严格把好工程质量关，竣工后要按规范组织验收。

8. 巡检制度

根据各类设施设备的使用特点，制定相关的巡回检查制度，检查仪表是否正常工作，设备运转有无异常噪声、发热，系统是否泄漏等情况，并作相应记录。

9. 季度和年度安全检查制度

除了日常的巡检以外，还应进行季度和年度检查或试验，并做好相应记录。

五、给排水系统养护管理要求

给排水系统是指房屋的冷水、热水管道，阀门，水箱（蓄水池），生活及消防水泵，污水排放管道设施等。给排水系统的养护管理要求如下。

1. 加强巡视检查

检查范围包括室内外外露管道、阀门、屋顶水箱、水箱浮球阀、泵房。

水暖工负责每天的巡视检查，每天不少于 1 次。一旦发现问题，要及时维修解决。

2. 水箱清洗消毒

（1）水箱定期清洗消毒。

水箱清洗一般每半年进行 1 次，每一年消毒 1 次。水箱清洗消毒作业，特别要注意操作人员要有健康证明书。每次清洗后，水质要取样送卫生防疫站作鉴定，并保存水质鉴定书。

（2）泵房也是水质二次污染的主要关键点。一般泵房中生活水泵均有 2 台以上，水泵应该定期轮换使用，轮换周期不超过半个月。

3. 其他注意事项

（1）需停水作业时，应事先向物业使用人发出停水通知，说明停水原因、停水时间，让业主能早作准备。

（2）定期对泵房内水泵、管道、电机等进行维修保养。

（3）需定期清洁屋面天沟，使之疏通。

（4）室外管道、水表、阀门、消火栓等需要定期刷油漆，减少锈蚀。在冬天来临之前，为防止管道冻裂，还须做好保温防冻工作。

（5）定期检查消火栓、消防泵、喷淋泵、水龙带、消防接驳器、水枪、灭火器等设备。消防泵、喷淋泵每月试运行一次。水龙带、消防接驳器、报警按钮应定期试验检查，防止老化、霉变、失效，并应及时更换。

六、电梯设备的维修管理

（一）维修管理要求

（1）要制定电梯的操作规程、保养规程、维修规程以及保养维修计划，并建立保养维修档案。

（2）配备合格的维修人员，不具备此条件的，应请专业电梯保养公司来负责电梯的保养维修工作，以保证电梯和自动扶梯的维修质量。

（3）定时巡查，以便及时发现故障并维修。

（4）电梯机房等重要部位，要注意防水、防火，并保证良好的通风条件，防止温度过高。

（5）注意门匙的管理，防止发生人为破坏。

（二）维修等级及周期

（1）零维修（小修）。

零维修（小修）是指日常的维护保养。

（2）中修。

中修是指运行较长时间后进行的全面检修保养，周期一般定为3年。但第二个周期是大修周期，如需要大修则可免去中修。

（3）大修。

大修是指在中修后继续运行3年时间，因设备磨损严重需要换主机和较多的机电配套件以恢复设备原来性能而进行的全面彻底的维修。

（4）专项修理。

专项修理是指不到中修、大修周期又超过零维修范围的某些需及时修理的项目，如较大的设备故障或事故造成的损坏。

（5）更新改造。

更新改造是指电梯连续运行 15 年以上，如主机和其他配套件磨损耗蚀严重，不能恢复又无法更换时，就需进行更新或改造。

（三）维修工程的审批

除零维修外，中修、大修与更新改造均列为电梯维修工程。各基层单位应在每年设备普查的基础上提出下一年度的电梯大修、中修和更新计划，经上级部门批准后，安排施工，并把好工程质量关，竣工后按规范组织验收。

本章复习思考题

一、填空题

1. 危房处理措施有_____、_____、_____和_____四种。
2. 房屋的完损等级包括_____、_____、_____和_____。
3. 房屋维修工程可分为_____、_____、_____、_____和_____工程五类。
4. 房屋维修管理的原则是_____、_____和_____。

二、选择题

1. 房屋质量好坏的标志是（　　）。
   A．房屋使用的年限　　　　　　B．房屋装修的时间
   C．房屋完损的等级　　　　　　D．设备新旧程度
2. 对房屋进行安全检查时，为探察腐朽程度应采用（　　）进行检查。
   A．直观法　　　　　　　　　　B．刺探、敲击听声法
   C．仪器检查　　　　　　　　　D．结构构件验算
3. 根据房屋完损等级的评定标准，年久失修、结构有明显变化或损坏，装修严重变形、破损，设备陈旧不齐，需要进行大修或翻修、改建的房屋，属于（　　）。
   A．危险房　　　　　　　　　　B．严重损坏房
   C．一般损坏房　　　　　　　　D．基本完好房
4. 因房屋损坏不修或有险不查而造成事故的，应承担民事或刑事责任的是（　　）。
   A．房屋所有人　　　　　　　　B．房屋安全鉴定机构
   C．物业服务企业　　　　　　　D．房屋所在地房地产行政主管部门
5. 经鉴定属非危险房屋的，应在鉴定文书上注明正常使用条件下的有效使用时限，有效时限一般不超过（　　）。

A. 三个月　　　B. 半年　　　　C. 一年　　　　　D. 二年

6. 将原有房屋全部拆除，另行设计，在原地或移地更新改造，属于（　　）。
   A. 翻修工程　　　　　　　　B. 综合维修工程
   C. 大修工程　　　　　　　　D. 重修工程

7. 社区服务配套设施的修缮、更新、改造责任，由该设施所有人承担，费用由（　　）。
   A. 社区的住户自理　　　　　B. 住宅修缮基金中列支
   C. 经营管理收入中列支　　　D. 主管部门拨款

8. 对设备进行日常的保养、检修及为排除运行故障而进行的局部维修，属于（　　）。
   A. 设备更新　　　　　　　　B. 技术改造
   C. 零星维修工程　　　　　　D. 中修工程

9. 设备操作人员与设备维修人员对设备进行局部解体，进行清洗、调整，按照设备磨损规律进行定期保养，属于（　　）保养。
   A. 日常维护　　　　　　　　B. 一级
   C. 二级　　　　　　　　　　D. 预防性计划维修

10. 泵房是水质二次污染的主要关键点，水泵应该（　　）。
    A. 经常擦洗　　　　　　　　D. 经常更换
    C. 轮换使用　　　　　　　　D. 定期检查

11. 房屋安全检查的方法，包括（　　）。
    A. 直观法　　　　　　　　　B. 刺探、敲击听声法
    C. 仪器检查　　　　　　　　D. 结构构件验算

12. 房屋完好等级的划分是按照房屋的（　　）完好损坏程度评定的。
    A. 结构　　　　　　　　　　B. 装修
    C. 装饰　　　　　　　　　　D. 设备

13. 物业服务企业如果发现装修人或装饰装修企业有违反有关规定的行为不及时向有关部门报告，由房地产行政主管部门（　　）。
    A. 给予警告
    B. 处装饰装修管理服务费2～3倍的罚款
    C. 追究法律责任
    D. 处装饰装修管理服务费3～5倍的罚款

14. 房屋附属设施设备的一级保养，主要包括（　　）。
    A. 对设备进行局部解体
    B. 进行清洗、调整
    C. 按照设备磨损规律进行定期保养
    D. 更换磨损件

15. 房屋附属设施设备维修的特点主要是（　　）。
　　A．维修成本高
　　B．技术要求精
　　C．需要物业使用人参与维修
　　D．既有随机性又有计划性

三、判断题
1. 中修工程其一次维修费用低于该房屋同类结构新建造价的25%。（　　）
2. 根据原建设部颁布的《房地产经营、维修管理行业经济技术指标》的规定，房屋完好率要求为50%～60%。（　　）
3. 装修期限一般规定为：中小工程为20天，较大工程为30天，最长不超过60天，如确实需要延期，应到物业服务企业办理延期手续。（　　）
4. 综合维修工程一次费用标准为同类结构新建造价的20%以下。（　　）
5. 物业管理区域内的消防泵、喷淋泵应每月试运行一次。（　　）

四、简答题
1. 物业维修管理的特点是什么？
2. 物业维修管理的内容有哪些？
3. 我国房屋结构是如何分类的？
4. 我国房屋完损等级是如何分类的？
5. 物业设备管理的内容与方式是什么？

五、案例分析题
1. 某居民楼是房改房（公房售出），经过几年的使用，该栋楼房房顶已多处漏水，必须及时维修。但不住顶层的住户不想承担维修责任，不愿意交维修养护管理费，因此与物业服务企业发生了矛盾。
　　请问：房顶漏水的维修费用应如何承担？若房顶为顶层住户所使用的晒台时，维修费用如何承担？
2. 田女士住在一幢20世纪80年代初建成的住宅楼内，该楼的设施设备都是当时配置的。该楼无专人开电梯，前几年因电梯故障田女士曾被困在电梯中。这一天，她的老父亲又被关在电梯里半个多小时，田女士找到负责管理该小区的物业服务企业提意见，工程部主管表示一定要加强电梯的管理，同时说明由于缺少专业技术人才，目前正准备和专业化维修保养公司签订外包合同，这样问题就可以解决了。
　　请问：签订外包合同后状况会有所改善吗，为什么？这样的老楼要保证电梯的正常运行，在维修管理方面还应该采取一些什么措施？
3. 某物业服务企业最近在对工程部的业务考核中对其扣了分，依据如下：某天工程运行班对××花园写字楼的空调机进行保养,从上午一直做到晚上八点多才完成,很辛苦,第二天又由于维修保养业务忙而拖到了第三天上午才补填了保养记录。此外业主还投诉工程部对××19号楼上水池边的消防水阀进行维修时在当天没有完成还有漏水现象时员工下班了,结果第二天水一直流到16楼楼梯间。

请问:该物业服务企业在工程管理方面存在的问题,并提出你的改进意见和建议。

4. 一天,某物业服务企业接到5楼单元业主梁太太的报修要求,称楼层主下水管道排水不畅,致使厨房管道堵塞。当小区维修人员检查时发现,厨房下水道及主排水管道都有堵塞现象。疏通厨房下水道服务属于有偿服务,需收费10元。但梁太太坚决不同意交费,说堵塞的是房屋共用管道,属于小区共用设施设备损坏,不应交钱。再说业主已交了物业服务费用,这点小维修本应免费的。

请问:对此你是怎么看待的?处理的方式是什么?预防措施又是什么?

5. 某小区25号楼业主杨某住在503室。杨某发现每逢遇有大雨天就会有水渗入房内,此情况已有两年多了,为此他找过物业服务企业,物业服务企业也派人在外墙进行修理,但渗水问题始终未解决。杨某屋内墙壁更因长期渗水而剥落发霉,部分家具壁柜也因此而霉烂。业主杨某认为内墙的损坏是由于外墙渗水所致,故希望物业服务企业彻底维修好,但物业服务企业以屋内墙壁属私人财产为由不予受理。最终,杨某把物业服务企业告到了法院。

请问:杨某的问题应怎样处理?

第 8 章 安全与环境管理

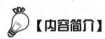【内容简介】

　　安全与环境管理是物业服务企业的常规性公共服务内容中的一部分。安全管理包括治安管理、消防管理和车辆管理三方面内容；环境管理包括清洁管理与绿化管理。物业服务企业对物业的安全与环境管理，可以委托给专业公司组织实施，也可以自己来组织管理。本章系统地介绍了上述五个方面的管理内容和管理方法。

【关键词】

　　治安管理　　消防管理　　车辆管理　　清洁管理　　绿化管理

第一节 治安管理

一、治安管理的含义和特点

（一）治安管理的含义

治安管理就是指物业服务企业为防盗、防破坏、防流氓活动、防意外及人为突发事故而对所管理的物业进行的一系列管理活动。

治安管理的目的是为了保障物业服务企业所管理的物业管理区域内的财物不受损失、人身不受伤害，维护正常的工作秩序和生活秩序。治安管理在整个物业管理中占有举足轻重的地位，它是业主或物业使用人安居乐业的保证，也是整个社区及社会安定的基础。同时良好的治安管理能提高物业服务企业的声誉。

（二）治安管理的特点

1. 治安工作难度大

很多的物业管理区域人口众多，人员流量大，进出人员复杂，业主对人身和财产安全的要求高，治安工作的难度较大。

2. 服务性强

物业管理的任务就是为用户提供优质服务和高效管理，创造安全、文明、整洁、舒适的工作环境和生活环境。物业治安管理属于物业管理整体工作的一部分，因而，从本质上讲，治安管理是为用户提供安全保卫服务的。物业服务企业的保安人员要强化服务意识，努力提高治安服务水平，认真做好治安防范工作。

二、治安管理的机构设置与主要内容

（一）治安管理的机构设置

通常情况下，治安管理的任务是由专门设置的秩序维护部门来完成的。但是，不同类型、不同规模的物业服务企业秩序维护部门的机构设置不同。

一般来说，秩序维护部门可以设置办公室、门卫班、安全巡逻班、电视监控班、消防班、车场秩序维护班等。这种分班方式的特点是每个班次任务专一，便于班内的管理，便于治安设备的管理。但这种分班方式的缺点是每个专业班成员（如门卫保安员）不能同时上班，要分成早班、中班、晚班及轮休等，因而不利于治安工作的统一管理。

秩序维护部门也可以按不同的工作时间来分班，这种分班方式就是将不同工作性质的保安人员按照每一班次的工作需要分成四个班组，每天有三个班分别上早班、中班、夜班，一个班轮休，每个班都有消防、巡逻、门卫、电视监控、车场、内巡等保安员。这种分班

方式便于治安工作的统一管理，但要求班长应具有较全面丰富的秩序维护工作经验。

（二）治安管理的主要内容

1. 门卫治安管理

门卫治安管理的主要职责包括以下几个方面。

（1）疏通车辆和人员进出，维护门口交通秩序，保证车辆及行人安全，使门前畅通无阻。

（2）严格制止闲杂人员、小商贩、推销人员进入辖区。

（3）提高警惕，发现可疑人员和事情后应及时处理并迅速报告领导。

（4）认真履行值班登记制度，详细记录值班中所发生、处理的各种情况。

（5）坚持执行用户大宗及贵重物品凭证出入制度，确保用户财产安全。

（6）认真做好非办公（经营）时间用户出入登记工作。

（7）积极配合其他的保安员做好各项安全防范工作，把好辖区的大门关。

（8）为用户及客人提供必要的、可行的服务，如引导服务、咨询服务等。

2. 巡逻治安管理

巡逻治安管理的主要职责包括以下几个方面。

（1）巡视检查辖区内是否有不安全的因素，发现情况及时报告，并采取有效措施。

（2）认真记录巡逻过程中发现的情况，做好巡逻的交接班工作。

（3）对形迹可疑人员进行必要的询查，劝阻小商贩尽快离开。

（4）制止辖区内打架斗殴事件的发生。

（5）制止在辖区内的不文明行业。

（6）检查消防设施是否完好，及时消除火灾隐患。

（7）协助解决用户遇到的其他困难。

（8）配合物业服务企业其他部门的工作。

3. 电视监控管理

电视监控系统是治安管理的重要组成部分，在治安管理中占有极为重要的地位。该系统由电子摄像头、电视屏幕和录像机三部分组成。监控室是辖区治安工作的指挥中心，也是设备自动控制中心。很多商住区将电梯、消防、供水、供电等系统设备控制与电视监控放置在一起，使监控室成为物业管理工作的总调度室和指挥中心。

电视监控管理的主要职责是对整个物业管理区域进行安全监控，对现场工作人员发布命令。

三、制定秩序维护服务管理制度的程序

(1) 收集资料。

① 收集内部资料,如物业服务企业内部的管理规定,所服务管理区域物业内容、情况、特点、要求等。

② 收集外部资料,如全国、省、市物业管理行业考核及标准,与治安管理相关的法律、法规文件等。

(2) 研讨秩序维护部门各岗位的职责和权限。

① 确定秩序维护部门服务管理的工作范围。

② 确定秩序维护部门经理的岗位责任和权限。

③ 确定内保主管、警卫主管的岗位责任和权限。

④ 确定内勤保安员、巡逻岗保安员、固定岗保安员的岗位责任和权限。

(3) 确定秩序维护服务管理工作与其他相关专业的接口配合性工作内容。

① 与消防管理、车辆管理相关的配合性工作内容。

② 与工程、保洁、客服等专业部门相关的配合性工作内容。

③ 与相关行政主管部门衔接的工作内容。

(4) 列出秩序维护服务管理运作程序清单,包括岗位描述、程序规范、服务标准、工作指导等内容。

(5) 制订编写秩序维护服务管理运作程序计划。

(6) 起草秩序维护服务管理运作程序。

(7) 对秩序维护服务管理运作程序初稿进行讨论和修改。

① 组织有关人员,结合各相关专业知识,对秩序维护服务管理运作程序文件进行讨论。

② 请秩序维护专业人士检查,根据专业经验提出意见。

③ 对初稿进行修改定稿。

(8) 对秩序维护服务管理运作程序进行审核、批准、实施。

四、秩序维护服务的原则、方式和特点

(一) 秩序维护服务的基本原则

(1) 坚持"预防为主、防治结合"的安全管理方针。

(2) 坚持物业管理区域内的安全管理与社会治安管理相结合的原则。

(3) 坚持"用户第一、服务至上"的服务宗旨。

(4) 坚持安全管理工作硬件与软件一起抓的方法。

（二）秩序维护服务的方式

1. 封闭式管理

封闭式管理适用于政府机关、独立业主、部队或客户特别要求的秩序维护服务管理等。其特点是整个物业为封闭体系，保安员在物业入口 24 小时值班。进入所服务的管理区域或须登记，或须有专用通行证。

2. 开放式管理

开放式管理适用于住宅小区、工业区、商业楼宇等。无需专用通行证即可进入，但一般商业楼宇在非办公时间亦采用封闭式秩序维护服务管理。

（三）秩序维护服务的特点

（1）复杂性。

建筑结构复杂，来往人员复杂，人流量大，情况不宜掌握，管理难度大。

（2）时间性。

秩序维护部门是物业服务企业各部门唯一常年 24 小时工作的部门。秩序维护工作即要常抓不懈，又要及时处理，在第一时间内把安全隐患消灭在萌芽状态。

（3）服务性。

秩序维护工作本质上还是在为客户提供一种安全性的服务，强化服务意识，提高安全管理水平。

五、秩序维护服务常识

1. 违反治安管理行为与犯罪行为的区别

（1）危害社会的程度不同。

违反治安管理行为情节较轻，对社会的危害较小；而犯罪行为情节较重，对社会的危害较大。

（2）适用的法律不同。

违反治安管理行为是触犯治安管理处罚条例的行为，适用《中华人民共和国治安管理处罚条例》；而犯罪行为则是触犯刑法的行为，适用《中华人民共和国刑法》。

（3）应当受到的处罚不同。

对违反治安管理的行为人，通常采取警告、罚款和拘留等行政处罚措施；而对犯罪行为人，则采取管制、拘役、有期徒刑、无期徒刑和死刑等刑法处罚措施。

2. 违反治安管理行为分类

违反治安管理行为分为以下几类：

（1）扰乱公共秩序的行为；
（2）妨害公共安全的行为；
（3）侵犯他人人身权利的行为；
（4）侵犯公司财物的行为；
（5）妨害社会管理秩序的行为；
（6）违反消防管理的行为；
（7）违反交通管理的行为；
（8）违反户口或居民身份证管理的行为。

3. 紧急避险常识

所谓紧急避险，是指在危险情况下，为了使社会公共利益、自身或他人合法权益免受更大的损害，在迫不得已情况下采取的致他人或本人损害的行为。

《民法通则》第129条规定："因紧急避险造成损害的，由引起险情发生的人承担民事责任。如果危险是由自然原因引起的，紧急避险人不承担民事责任或者承担适当的民事责任。因紧急避险采取措施不当或者超过必要的限度，造成不应有的损害的，紧急避险人应承担适当的民事责任。"

实施紧急避险的条件包括以下几个方面：
（1）必须是合法利益受到紧急危险的威胁；
（2）危险必须是正在发生的，而不是危险尚未到来或者已经过去；
（3）避险行为必须是为了使合法利益免遭损害而实施，否则不成立；
（4）避险行为必须是在没有其他方法能够排除危险，在迫不得已的情况下实施的；
（5）紧急避险必须是实际存在的，不能假设或推断；
（6）避险行为不能超过必要的限度。

4. 犯罪嫌疑人看管常识

保安员当场抓获或群众扭送秩序维护部门的犯罪嫌疑人应及时移送到公安机关处理。在公安人员到达现场之前，秩序维护部门负责对犯罪嫌疑人进行看管，确保犯罪嫌疑人的人身安全。

（1）在公安人员未到达现场之前，必须由两名以上保安员负责看管。遇到两名以上犯罪嫌疑人时应分开看管，不能让其交流、沟通等。

（2）犯罪嫌疑人如是群众扭送来的，应留下扭送群众的详细资料、联系方式、姓名、住址等。

（3）保安员看管犯罪嫌疑人时，应注意以下几个方面。
① 防止犯罪嫌疑人逃跑、自伤、自杀、行凶、毁灭证据等。
② 不得捆绑、拷问、殴打犯罪嫌疑人，可令其解下腰带，脱去鞋子，以防犯罪嫌疑人

逃跑，同时要清理犯罪嫌疑人身上的物品，防止藏匿、销毁证据或暗藏凶器。

③ 看管犯罪嫌疑人地点应选择有单一出入口的单独房间，房间须经过清理，不得有任何可以伤人或自伤的物品。如房间有两个或两个以上出入口，要将出入口封住或有保安员值守。

④ 看管保安员不得私自满足犯罪嫌疑人的各类要求，不得与之交谈，要保持与上级领导的联系，遇有特殊情况使用通信工具要及时报告。

⑤ 在换岗保安员未到达之前，看管保安员不得擅自离开，在换岗时要将犯罪嫌疑人的动作、表现交接清楚。

⑥ 在押解犯罪嫌疑人的过程，应保证其前后至少有一名警员，前者要与犯罪嫌疑人保持一定的距离，注意其动向，防止背后受袭；后者应抓紧其手臂，遇有犯罪嫌疑人有可疑动向，及时通知前面保安员。

第二节　消 防 管 理

火灾是物业管理区域内常见的灾害事故，一旦发生火灾会给业主与物业使用人的生命财产造成严重的危害。因此，物业服务企业必须重视消防管理工作。

一、消防管理的目的与方针

1. 消防管理的目的

消防管理的基本目的是预防火灾的发生，最大限度地减少火灾损失，为业主与物业使用人的生产和生活提供安全环境，增强城市居民的安全感，保证其生命和财产的安全。

2. 消防管理的方针

消防管理的方针是"预防为主，防消结合"。要求消防工作在指导思想上要把预防火灾放在首位。要采取一切行政的、技术的和组织的措施，防止火灾发生。所以，物业服务企业的消防管理也应立足于火灾的预防上，从人力、物力、技术等多方面充分做好灭火准备准备，以便在发生火灾时，能够迅速而有效地将火扑灭。

3. 防火管理的原则

防火管理的原则是"谁主管，谁负责"。该原则的中心就是层层落实防火责任制，人人负责，横向到边、纵向到底，纵横结合，形成一个整体性、全方位的防火网络。

二、消防管理的主要内容

消防管理的主要内容有：建立消防队伍，建立健全消防管理制度，消防宣传培训，消防设备器材使用管理。

1. 建立高素质的消防队伍

物业服务企业应在秩序维护部门内成立一个专职的消防班来负责此项工作。对消防班的成员进行思想品德和业务技能教育与培训。

2. 制定完善的消防制度

（1）消防中心值班制度。

该制度要写明值班纪律、交接班制度、发生火灾的处理程序等。

（2）防火档案制度。

对火灾隐患、消防设备状况、重点消防部位、前期消防工作概况等要记录在案，以备随时查阅。

（3）消防岗位责任制度。

建立各级领导负责的逐级防火岗位责任制。

（4）消防安全检查制度。

秩序维护部门必须每天巡视小区或大厦的每个角落，每月对消防设备进行测试检查，发现隐患应通知有关部门或个人限期整改。

（5）专职消防员的定期训练和演习制度。

（6）其他有关消防的规定。

如严禁在物业管理区域内堆放易爆物品，严禁堵塞防火通道，严禁在楼上燃放烟花爆竹等。

3. 消防宣传培训

（1）对物业服务企业员工的培训教育。培训内容包括消防理论知识和消防管理技能。

（2）对业主与物业使用人的宣传教育。

（3）消防宣传培训的形式。消防宣传培训的形式有定期理论培训、定期实操培训、利用各种媒介宣传教育、编制消防须知手册。

4. 消防设备器材的管理

物业服务企业的消防设备器材管理工作主要有日常管理、保养和维修。要确保各类消防设备，特别是特种设备器材随时处于完好状态。

灭火器应设置在通风、干燥、清洁的地面，不得受剧烈的曝晒，不得接近热源或受剧烈振动。检查灭火器的喷筒是否畅通，压力表指针是否在绿色区域，可见部位防腐层是否完好，铅封是否完好，一般每半年检查一次。

消火栓每月逐个检查一次外观及箱内，查看消火栓门关闭是否正常，锁、玻璃有无损坏，封条是否完好；消火栓内物件是否良好，有无脱落、丢失，水龙头有无渗漏；随机抽取10%测试，按消火栓报警按钮，消防监控室有无报警显示。每年逐个打开消火栓检查一次，检查水龙带有无破损、发霉，将水龙带交换拆边或翻动一次，检查水枪与水龙带接头联结是否方便牢固，将消火栓箱内清扫干净，部件存放整齐后锁上栓门，贴上封条。

三、高层建筑的消防管理

我国规定十层以上或者高达 24 米的建筑物为高层建筑。加强高层建筑的消防工作是物业服务企业消防管理的一个重要方面。

（一）高层建筑消防的特点

1. 耐火极限低

从减轻建筑自重的角度考虑，对其燃烧性能和耐火极限不能定得过高。现代高层建筑内的装饰材料、家具等很多是高分子材料，增加了火灾的危险性。

2. 火险因素多

由于高层建筑内的火源、电源多，再加上电线的线路纵横交错，电气设备多，因而引起火灾的可能性也多。

3. 火势蔓延快

由于高层建筑物内有许多通道和竖向井，一旦发生火灾，这些地方就成为火势蔓延的途径。同时，建筑物越高，风速也越快，从而加速了火势。

4. 扑救难度大

一般的地面消防车、登高消防车的能力难以满足高层建筑火灾的供水需要和登高疏散抢险的要求。

5. 疏散困难

高层建筑人员多、层数多，使疏散距离拉长，火灾发生时普通电梯电源需要切断，这些都增加了疏散的困难。

（二）高层建筑消防管理的主要措施

高层建筑消防管理的主要措施包括以下几个方面：
（1）防火分隔；
（2）消防设备管理；
（3）重点防范管理；

（4）疏散通道畅通；

（5）建立健全消防管理制度；

（6）消防培训教育。

四、火灾火警应急处置程序

火灾火警应急处置程序包括：火灾报警；确认发生火情火灾现场；向相关上级、部门报告；指挥灭火小组进行现场灭火；疏散火灾现场人员；维护警戒火灾现场；配合消防机关进行灭火，服从消防机关统一领导；配合消防机关调查、分析着火原因，清理火灾现场。

（1）当自动报警系统显示火警信号或接到火情报告后，消防监控室值班警员应立刻通知相关保安员赶到现场观察处置。

（2）相关保安员到达现场后，迅速查证报警原因，当确认发生火灾时，立刻报告消防监控室，同时就地用灭火器材灭火，并随时将火情进展情况报告消防监控室。

（3）消防监控室值班保安员，在火情确认后，立刻向秩序维护部门经理、物业服务企业领导、各部门负责人通报火灾情况，物业服务企业领导等视火灾情况决定迅速向"119"报警。

（4）向消防机关报警时，同时指挥现场、外围配合各灭火小组实施各小组灭火职责。指挥相关灭火小组切断火灾现场电源，关闭空调机组，启动相应消防栓系统、喷淋系统、防排烟系统的设备，打开消防电梯迫降开关，引导配合消防机关的灭火工作等。

（5）向消防机关报警时，同时立即进行火灾现场人员疏散、疏导工作，组织人员通过紧急通道、疏散楼梯等迅速撤离到安全区，要逐室检查、核实人员是否全部撤离火灾现场，视火灾现场情况决定物资撤离方案。

（6）维持公共秩序，做好火灾现场维护警戒，保障灭火通道畅通，同时引导协助消防机关的工作。如火灾造成伤亡，应立即联系医疗机构协助抢救伤员。

（7）在消防部门没到现场时，物业服务企业的义务消防队员开始灭火工作。主要是用灭火器、水枪进行灭火，同时启动和关闭相应设备。在消防机关到达现场后，各灭火小组服从消防机关统一领导，按照消防机关统一部署执行。

（8）待火灾扑灭之后，做好相应的善后工作，向物业服务企业提交火灾报告，配合消防机关调查，分析着火原因，清理火灾现场，总结分析利用现场实际案例培训教育员工、业主与物业使用人的安全防火知识和意识。

五、消防演习方案实施程序

（1）消防演习方案申报批准。

提前一个月将演习方案计划上报业主与物业使用人或业主委员会，并向负责消防的主管警官汇报备案，征询意见。

（2）消防演习实施通知。

提前两周向物业管理区域的业主或物业使用人发出消防演习通知。在消防演习前两日，在公共区域张贴告示，进一步提示业主或物业使用人关于消防演习事宜。

（3）消防演习工作内容分工。

明确灭火总指挥，副总指挥、现场抢救组、抢救运输组、外围秩序组、综合协调组、现场灭火组、现场设备组、机电供水通信组的分工。

（4）消防演习前培训、宣传。

对物业服务企业员工及业主与物业使用人宣传消防安全知识及消防演习方案。

（5）消防演习前消防设备、消防器材等准备。

（6）消防演习准备工作落实情况检查。

为避免发生混乱，检查人员配备、责任考核、消防设备器材准备、运输工具以及疏散路径等内容。

（7）消防演习实施。

（8）消防演习总结。

要求各小组对演习工作进行总结，收集业主与物业使用人对演习的意见，改进演习方案。

在消防演习过程中要注意以下事项：

（1）消防演习应选择在白天进行，安排在对业主与物业使用人生活工作影响小的时间段，以使更多的业主与物业使用人参加；

（2）消防演习"火场"应选择在相对安全位置，尽量减少对业主与物业使用人的影响并保证安全；

（3）消防演习时，要避免长时期断电停电，可以象征性地断电数秒钟；

（4）消防演习过程中，采用各种形式做好参加演习业主与物业使用人情况的记录工作，对不理解的业主与物业使用人做好解释工作，做好消防知识宣传、讲解工作，做好参与演习业主与物业使用人的安全保护工作。

第三节　车辆管理

车辆是人们生活工作必需的交通工具，随着人们生活水平的提高，车辆在逐年增加。物业服务企业必须重视车辆管理工作，解决物业管理区域内车辆乱停乱放及车辆被盗等现象。物业服务企业要搞好车辆管理工作，主要应搞好停车场的建设，建立健全车辆管理制度。

一、搞好停车场的建设

1. 停车场位置的规划

物业服务企业对停车场的规划要因地制宜，既要和物业管理区域相协调，又要符合实际需要，一般来说，要考虑以下几点。

（1）经济实用。

规划时既要考虑建设成本，又要考虑建成后能否充分利用。

（2）因地制宜。

物业管理区域的停车场应该成为整个物业协调一致的组成部分。

2. 停车场（库）的内部要求

（1）停车场（库）的光度要求。

停车场（库）内的光线要充足，便于车主寻找停车位，便于管理人员的管理。

（2）停车场（库）的设施要求。

为方便存放和管理，保持通道畅通，要安置足够的指示信号灯。另外，必须配备消防设施及电话，还可在出入口处设置栏杆。

（3）停车场（库）的区位布置要求。

把停车场（库）内停车位置划分为机动车区和非机动车区。机动车区又进一步划分为大型、中型、小型汽车区及摩托车区，非机动车区可划分为自行车区及三轮车区等。

二、建立健全的车辆管理制度

车辆管理是一项琐碎的工作，没有严格的管理制度很难管好。健全的管理制度应该包括门卫管理制度和车辆保管规定。

（一）门卫管理制度

这里的门卫包括停车场的门卫和物业管理区域大门的门卫。为了保证物业管理区域内的宁静和行人的安全及环境的整洁，就必须控制进入物业管理区域的车辆，不经门卫许可不得入内（特殊情况除外）。大门的门卫要坚持验证制度，对外来车辆要严格检查，验证放入，出去也要验证放行，发现问题及时上报。停车场门卫一般设 2 人，一人登记收费，一人指挥车辆的出入和停放。

（二）车辆保管规定

依照国际惯例，物业服务企业应与车主签订车辆停放管理合同或协议，明确双方的责任。对物业管理区域的车辆要统一管理，对外来车辆也应有相应的规定。

1. 摩托车、自行车管理规定

（1）业主或物业使用人需要保管摩托车、自行车，要先到物业服务企业办理登记手续，领取存车牌，交保管员查收，并按时办理缴费手续。

（2）临时存放车辆的收费按有关规定执行。

(3) 存放车辆后要立即领取存车牌。

(4) 摩托车、自行车必须存放在指定的位置，未按指定位置存放，造成丢失或损坏的，责任由所有者自己承担。

(5) 服从管理员的管理，并接受检查。

(6) 管理员的工作受到各位业主与物业使用人的监督，出现失职情况，可以向物业服务企业反映。

2. 机动车管理规定

(1) 所有外来车辆未经许可，不得进入住宅区，进入物业管理区域内的车辆要服从统一管理。

(2) 一般禁止 2.5 吨以上的货车或大客车进入住宅区。

(3) 禁止车辆在住宅区内乱停乱放，要按指定的地点停放车辆，并交纳停车费。

(4) 长期将车辆停放在住宅区的，应向物业服务企业申请，领取"准停证"。临时进入物业管理区域内的车辆必须在临时车位上存放，并交纳停车费，不能随便存放。

(5) 车辆如需停止使用停车位，应及时到物业服务企业办理注销手续，否则停车费继续收取。不允许私自转让停车牌和停车位，否则将取消该车辆的停车牌和停车位。

(6) 驶入物业管理区域内的车辆要按规定的路线行驶，不得逆向行驶，不得鸣笛。如损坏路面或其他设施者，应按价赔偿。

(7) 为防止出现意外，凡装有易燃、易爆、剧毒品、腐蚀品或污染性物品的车辆不准进入住宅区。在车库内不准随地扔烟头，违者按规定收取违约金。

(8) 不得在停车场（库）和小区范围内洗车、修车和清扫车上的杂物于地面，漏油、漏水的车辆不许进入停车场（库）。进入停车场（库）的一切人员不得随地大小便、吐痰、乱扔果皮、杂物等。

(9) 不准在住宅区内学习驾车、试车。

三、车辆管理突发事件的处置

1. 偷盗车辆案件的处置

(1) 当保安员发现有犯罪嫌疑人偷盗车辆时，应及时小心地通知秩序维护部门或监控室。

(2) 同时，要观察犯罪嫌疑人的数量，被盗车辆车牌号码、车型、颜色等特征，记下犯罪嫌疑人的相貌特征、服饰及是否携带凶器等。

(3) 秩序维护部门接到通知后，立即安排人员控制各出入口，暂时禁止一切车辆通行。同时秩序维护部经理带领保安员赶赴现场，采取有效措施控制现场。同时通知车辆管理人员协助封堵现场，并要注意安全，注意拦截车辆。

(4) 秩序维护部门经理视案情进展情况决定是否向公安机关报案，认真对待媒体人员。

（5）如公安人员到达现场，秩序维护部门全力配合公安人员抓捕犯罪嫌疑人，一切行动听从公安人员指挥，为公安人员提供一切相关的证言、证物。同时清楚记录下办案警官官级、编号及报案的编号，以供日后查阅、参考。

（6）秩序维护部门经理应将案件处置过程和情况以报告形式呈报上级领导。

2. 意外交通事故案件的处置

（1）如发生一般车辆剐蹭事故，可让车主协商自行解决处理，尽快恢复交通。

（2）如发生较大事故，保安员或车管人员及时通知安保部，秩序维护部门经理及时赶到现场处理，视情况向交管机关报案。同时为避免意外，要提示过往行人和车辆绕行、回避。

（3）现场如有人员受伤，立即联系当地120急救中心或附近的医院机构。积极协助配合抢救伤员，没有受过专业急救培训，不要自行采取抢救措施。

（4）在交管机关人员赶到现场前，注意保护好现场，如发生汽油、机油泄露应及时采取措施，现场禁止烟火；清楚记录车辆的资料、司机情况、待事故处理完毕或交管人员命令后方可清理现场。

（5）意外交通事故如造成设施设备损坏的，应做详细记录，并请肇事司机自愿签字认可。如损坏的设施设备急需处理，须尽快通知工程部或相关部门和人员进行抢修。

（6）秩序维护部门经理应将案件处置过程和情况以报告形式呈报上级领导。

四、不同类型物业车辆管理的特点

1. 居住区车辆管理的特点

居住区车辆管理主要是车辆停放和车辆保管。居住区的车辆复杂，进出频繁，在管理中要注意扰民问题，停车场尽量设在小区的边缘，以减少车辆的进出时间，并保证居住区的安静、清洁。

2. 写字楼车辆管理的特点

写字楼车辆管理主要是车辆的引导、停位调度。写字楼进入车辆主要集中在上班时间段，应集中力量统一管理、统一调度，尽量对客户的车辆采取固定存放方式，对进出车辆进行登记管理，严格控制外来车辆存放。

3. 商业物业车辆管理特点

商业物业车辆管理主要是停车场的建设与管理。商业物业车辆流动量大，应尽量引导车辆进出方便、快捷，必要时物业服务企业可以拥有自管班车，为顾客提供不定站的服务。

4. 工业物业车辆管理特点

工业物业车辆管理主要是对货运车辆的管理。针对其运输性质，应对货物装卸做好准备工作，减小货运车辆停放时间，应对夜间运输做好准备工作，如路标、照明设施的养护维修。

五、居住区道路规划要求

1. 居住区道路的功能

居住区道路功能要求大致为居民日常生活交通使用，市政公用车辆使用，居住区内公共服务管理运货车辆使用，满足铺设各种工程管线的需要，供消防、救护、搬家车辆使用，也是组织居住区建筑群体景观的重要手段和居民相互交往的重要场所。

2. 居住区道路分级

根据功能要求和居住区规模大小，一般可分为3级或4级。
（1）居住区级道路。
居住区级道路是居住区的主要道路，解决居住区的内外联系。
（2）居住小区级道路。
居住小区级道路是居住区的次要道路，解决居住区的内部联系。
（3）居住组团级道路。
居住组团级道路是居住区内支路，解决住宅区组群的内外联系。
（4）宅前小路。
宅前小路是通向各户或各单元前的小路。

3. 居住区道路系统基本形式

（1）人车交通分流的道路系统。
（2）人车混行的道路系统。
（3）人车部分分流的道路系统。

4. 居住区道路规划布置的基本要求

（1）不应有过境交通穿越居住区，不宜有过多车道出口通向城市交通干道。
（2）车行道一般应通至住宅每个单元的入口处。
（3）建筑物外墙面与人行道边缘的距离不应小于1.5米，与车行道边缘的距离不应小于3米。
（4）终端式道路长度不宜超过120米，在终端处便于会车，会车场地不应小于12米×12米。
（5）如车道宽度为单车道，则每隔150米左右应设置会车处。
（6）道路宽度应考虑工程管线的合理铺设。
（7）应充分利用和结合地形，如尽可能结合自然分水线和汇水线，以利雨水排除。
（8）道路线型应和整个居住区规划结构和建筑群体的布置有机地结合。

第四节 清洁管理

一、物业环境管理概述

(一) 物业环境的内涵

以人类为主体的环境，有广义与狭义之分。广义的环境包括以下几个方面。

1. 第一环境

第一环境即自然环境，或称原生环境，其中既含有对人类有用的自然资源，也含有对人类不利的自然灾害，如地震、火山、海啸、洪水等。

2. 第二环境

第二环境又叫次行环境，即被人类活动改变或污染的自然环境，如城市周围的水体，城区内部被绿化的荒地、空地等。

3. 第三环境

第三环境即由人工建造的房屋、道路和各项设施等组成的人工环境。

4. 第四环境

第四环境即由政治、经济、文化等各种社会因素所构成的、人与人之间的社会环境。

狭义的环境就是指第二环境，即被污染或改变的自然环境。

物业环境则包括广义环境的第二环境、第三环境和第四环境。

(二) 物业环境的种类

(1) 生活居住环境，包括内部居住环境及外部居住环境。
(2) 办公环境。
(3) 商业环境。
(4) 生产环境。

(三) 物业环境管理的内容

(1) 建立环境管理机构。
(2) 治理环境污染。
(3) 加强市政公用设施管理。
(4) 建设各类环境小品。

（5）认真清理物业管理区域的违章搭建。

（6）加强教育与引导，营造良好的人文环境。

（四）产生环境污染的原因

（1）生产性污染。

（2）生活性污染。

（3）噪声污染。

（4）放射性的污染物。

（五）环境污染的特点

（1）影响范围广，不易控制。

（2）作用时间长。

（3）污染物的浓度随时间、空间变化。

二、清洁管理

（一）清洁管理的含义

清洁管理就是指物业服务企业对所管辖的区域有计划、有条理、有程序、有目标的，并按指定的时间、地点、人员进行日常清洁服务，并结合精神文明建设，依照规范服务的要求对业主与物业使用人进行宣传教育、专业管理，并使其能自觉养成良好的卫生习惯，遵守规章制度，保持物业管理区域容貌整洁，减少疾病，促进身心健康，以提高物业管理区域使用环境效益。

（二）机构设置与职责划分

1. 环境清洁管理模式

物业环境清洁管理模式分为委托式、自主式、结合式三种。委托式即物业管理区域的环境保洁工作委托给专业的保洁公司，物业服务企业只需配备 1 名或 2 名管理人员，根据委托协议对保洁公司进行检查、监督、评议即可。自主式即物业管理区域的环境保洁工作完全由自己负责。在这种情况下，物业服务企业需要建立一个比较完备的物业环境清洁管理机构。结合式即物业管理区域的环境清洁管理工作一部分自己负责，一部分由专业保洁公司负责。一般将工作难度大，需要专用设备的保洁工作外包。

2. 清洁管理的机构设置

清洁管理由物业服务企业的保洁部执行，其班组设置根据所管物业的类型、面积以及清洁对象的不同而灵活设置。最简单的是设置一个公共卫生清洁班，直接由部门经理负责。

对于一个规模较大的物业服务企业而言，其保洁部一般分设楼宇清洁服务班、共有区域清洁班、高空外墙清洁班三个班。

3. 清洁管理人员的职责划分

清洁管理人员包括部门经理、技术员、清洁班领班、保洁员、仓库保管员等。各类人员应分员制定相应的工作制度及职责分工。

（三）清洁管理工作的主要内容

保洁工作计划应明确每日、每周、每月工作的安排，以便实施和检查。

1. 每日清洁工作的内容

（1）管辖区域内道路（含人行道）清扫两次，整日保洁。
（2）管辖区域内绿化带、草地、花木灌丛、建筑小品等清扫一次。
（3）各楼宇电梯间、地板拖洗两次，墙身清抹一次。
（4）楼宇各层楼梯及走廊清扫一次，楼梯扶手清擦一次。
（5）收集住户生活垃圾，清除垃圾箱内垃圾。

2. 每周清洁工作的内容

（1）高层楼宇的各层公共走廊拖洗一次。
（2）业主信箱清擦一次。
（3）天台、天井清扫一次。

3. 每月清洁工作的内容

（1）天花板灰尘和蜘蛛网清除一次。
（2）高层楼宇各层的公用玻璃擦拭一次。
（3）公共走廊及住宅区内路灯罩清擦一次。

（四）清洁管理的工作标准

（1）做到"五定"，即清洁卫生工作要做到定人、定地点、定时间、定任务、定质量。
（2）做到"六净"、"六无"。"六净"是指在物业管理区域内做到路面净、人行道净、雨（污）水井口净、树根净、电线杆净、墙根净；"六无"是指在物业管理区域内做到无垃圾污物、无人畜粪便、无砖瓦石块、无碎纸皮核、无明显粪迹和浮土、无污水脏物。
（3）做到"当日清"。即垃圾清运及时，当日垃圾当日清除。要采用设置垃圾桶，实行袋装垃圾的办法集中收集垃圾。

三、物业环境污染的类型

物业环境污染的类型包括以下几种类型：
（1）大气污染；
（2）水体污染；
（3）固体废弃物污染；
（4）噪声污染。
上述污染防治的主要措施就是加强制度建设与监管。

四、违反有关环境保护法律的责任

（一）关于大气污染的法律责任

根据《中华人民共和国大气污染防治法》的规定，关于大气污染的法律责任包括以下几个方面。

（1）饮食服务业的经营者未采取有效污染防治措施，致使排放的油烟对附近居民的居住造成污染的，限期改正，并可以处5万元以下的罚款。

（2）焚烧沥青、油毡、橡胶、塑料、皮革、垃圾以及其他产生有毒、有害烟尘和恶臭气体物质的，要责令停止违法行为，并处5万元以下的罚款。

（3）在露天焚烧秸秆、落叶等产生烟尘污染物质的，要责令其停止违法行为；情节严重的，可以处200元以下的罚款。

（4）建筑施工或者从事其他产生扬尘的活动，未采取有效扬尘污染防治措施，致使大气环境受到污染的，限期改正，并处2万元以下的罚款；对逾期仍未达到当地环境保护规定要求的，可以责令其停工整顿。

（5）向大气排放污染物超过国家和地方规定排放标准的，应限期治理，并可处1万元以上10万元以下的罚款。

（二）关于水污染的法律责任

根据《中华人民共和国水污染防治法》的规定，向水体排放污染物的，按照排放污染物的种类、数量缴纳排污费；向水体排放污染物超过国家或者地方规定排放标准的，按照排放污染物的种类、数量加倍缴纳排污费。

《排污费征收使用管理条例》还规定，排污者未按照规定缴纳排污费的，由县级以上地方人民政府环境保护行政主管部门依据职权责令限期缴纳；逾期不缴纳的，处应缴纳排污费数额1倍以上3倍以下的罚款，并报经有批准权的人民政府批准，责令停产停业整顿。

排污者以欺骗手段骗取批准减缴、免缴或者缓缴排污费的，由县级以上地方人民政府环境保护行政主管部门依据职权责令限期补缴应当缴纳的排污费，并处所骗取批准减缴、免缴或者缓缴排污费数额1倍以上3倍以下的罚款。

（三）关于固体废物环境污染的法律责任

根据《中华人民共和国固体废物环境污染防治法》的规定，关于固体废物环境污染的法律责任包括以下几个方面。

（1）建设项目中需要配套建设的固体废物污染环境防治设施未建成或者未经验收合格即投入使用的，责令停止使用，并处10万元以下的罚款。

（2）贮存、运输、处置城市生活垃圾违反法律规定的，按照国务院关于环境保护和城市环境卫生的有关规定予以处罚。

（3）将危险废物混入非危险废物中贮存、运输的，责令停止违法行为，限期改正，并处5万元以下的罚款。

（4）造成固体废物污染环境事故的，处10万元以下的罚款；造成重大损失的，按照直接损失的30‰计算罚款，但最高不超过50万元；对负有责任的人员给予行政处分。

（四）关于噪声污染的法律责任

根据《中华人民共和国环境噪声污染防治法》的规定，关于噪声污染的法律责任包括以下几个方面。

（1）从家庭室内发出严重干扰周围居民生活的环境噪声的，在物业管理区域内使用高音广播喇叭的，要给予警告，可以并处罚款。

（2）机动车辆不按照规定使用声响装置的，根据不同情节给予警告或者处以罚款。

（3）夜间进行产生环境噪声污染的建筑施工作业的，责令改正，可以并处罚款。

（4）造成环境噪声污染的单位、部门，责令改正，可以并处罚款。

需要说明的是，违反法律规定，要由政府有关行政管理部门进行罚款，物业服务企业没有罚款的权利。

第五节 绿化管理

一、绿化管理概述

（一）绿化的功能

绿化管理是一项功能与美观相结合的工作，对改善业主或物业使用人的工作质量和生活质量，以及城市环境具有重要的作用。良好的绿化可以实现以下功能：

（1）防风、防尘，保护生态环境；

（2）净化空气，降低噪声，改善环境；

(3)改善小气候,调节温度,缓解城市热岛效应;
(4)美化物业管理区域和城市环境;
(5)提供休闲健身场所,陶冶人们的道德情操。

（二）绿化系统的组成

(1)公共绿地。物业管理区域内公共使用的绿化用地,如居住区的花园、住宅组群间的小块绿地。
(2)公共建筑和共用设施绿地。如物业管理区域内的学校、医院、影剧院周围的绿地。
(3)住宅旁和庭院绿地。
(4)街道绿地。如居住区内的干道、步行道两旁种植的树木等。
(5)竖向绿化。如屋顶、墙面、阳台等处的绿化。

（三）绿化养护管理工作的内容

(1)浇水。
(2)施肥。
(3)整形、修剪。
(4)除草、松土。
(5)病虫害的防治。
(6)补缺、去尘。

二、居住区绿地规划的基本要求

居住区绿地规划的指导思想是"适用、经济、美观"。居住区绿地规划设计要满足环境保护的要求。首先,要保证绿地的规模。按照我国相关部门的规定,新建居住区绿化用地占建设用地面积比例不得低于30%,亦可按居住人均2平方米的标准建设公共绿地,居住小区按人均1平方米的标准建设公共绿地。其次,要有合理的绿地规划。居住区要有居住区公园、居住小区要有中心公园,组团要有组团绿地,道路两旁都要进行绿化。最后,要有合理的植物配置。

居住区绿地规划的基本要求包括以下几个方面。
(1)合理组织,统一规划。
要采取集中与分散,重点与一般,点、线、面相结合,以居住区中心花园为中心,以道路绿化为网络,以住宅间绿地为基础,使居住区绿地自成系统,并与城市绿地系统相协调,成为有机的组成部分。
(2)因地制宜,节约用地。
要充分利用自然地形和现状条件,尽量利用劣地、坡地、洼地和水面作为绿化用地,以节约城市用地。对原有的树木,特别是古树名木应加以保护和利用,以期早日形成绿化面貌。

（3）以植物为主，注意景观。

居住区的绿化应以植物造园为主合理布局。植物材料的选择和配置要结合居住区绿地的特点，结合居民的能力，力求投资节省，养护管理省工，充分发挥绿地的卫生防护功能。为了居民的休息和景观的需要要适当布置一些园林小品。

三、绿化植物选择与配置的基本原则

（1）以乡土植物为主，适当选用和驯化外来及野生植物。

（2）以乔木、灌木为主，草本花卉点缀，重视草坪地被、攀缘植物的应用。

（3）速生树与慢生树相结合，常绿树与落叶树相结合。

（4）根据不同的特点选择不同的植物种类。

四、绿化管理制度的制定与实施

（一）绿化管理制度的制定

1. 绿化管理部门人员的管理

（1）必须服从管理，听指挥。

（2）必须了解岗位职责和工作范围，尽心尽力搞好绿化工作。熟悉掌握园艺技术，提高环境容貌质量，为住户提供优质服务。

（3）负责居住区绿化范围内树木花草的培植、养护，包括施肥、浇灌、修剪、除虫、清洁等工作；居住区重要部位和重大节假日选花、配花、摆花的养护工作。

（4）有责任要求住户爱护公共绿地，发现有意破坏的现象，要及时劝阻和制止，严重的要报管理处领导来处理。

（5）在工作过程中要佩戴工号牌并着工作服，注意仪表整洁，讲话要和气，待人态度要诚恳、热情大方；要遵纪守法，不得损公肥私，要严格遵守绿化管理部门的各项规章制度，要以绿化管理部门的利益为重，尊重住户利益，不得损害住户利益，影响绿化管理部门的形象。如有违背有关规定者应予以处理，情节严重者予以辞退。

（6）应不断学习专门知识，积累经验，努力提高技术水平和服务质量，要厉行节约，反对浪费。

2. 建立承包责任制

根据园林养护管理工作的特点和要求，将园林养护管理工作的任务通过承包的方式落实到人。按地点分段分片任务包干，实行"五定"，既定任务、定指标、定措施、定人员、定奖惩。另外，也可以根据具体工作项目实行分工责任制。

3. 制定园林养护技术考核标准

根据园林养护的主要工作内容，即浇水、施肥、修剪、防治病虫害、补缺、去尘等工作，按园林养护工作的检验标准和办法对照执行。

（二）物业绿化管理制度的实施

（1）搞好对绿化养护管理人员的技术培训。
（2）加强看管巡视。
（3）加强绿化宣传，培养绿化意识。

五、城市绿化管理的分工及范围

根据《城市绿化条例》的规定，城市绿化分工及范围如下。

（1）公共绿地、防护绿地、风景林地、行道树及干道绿化带的绿化，由城市人民政府绿化行政主管部门管理。

（2）城市苗圃、花圃、草圃等，由其经营单位管理。

（3）单位自建的公园和单位附属绿地的绿化，由建设单位管理。

（4）居住区绿地的绿化，由城市人民政府绿化行政主管部门根据实际情况确定的单位管理。目前一般规定：

① 新建小区道路建筑红线之外的，归园林部门绿化和养护管理；道路建筑红线之内的，归房管部门或物业服务企业绿化和养护管理；

② 新建小区内部有路名的道路归园林部门绿化和养护管理；没有路名的道路归房管部门或物业服务企业绿化和养护管理。

本章复习思考题

一、填空题

1. 物业安全管理包括_____、_____和_____三方面的内容。
2. 安保服务具有_____、_____和_____特点。
3. 我国消防管理的基本方针是_____、_____。
4. 居住区道路系统的基本形式有_____、_____和_____三种。
5. 物业环境清洁管理模式分为_____、_____和_____三种。
6. 居住区绿地规划的指导思想是_____、_____和_____。

二、选择题

1. 物业服务企业各部门中唯一常年 24 小时工作的部门是（　　）。
   A．客服部　　　　　　　　　B．绿化部
   C．秩序维护部门　　　　　　D．工程部
2. 物业安全管理方针是坚持（　　）。
   A．预防为主、防治结合　　　B．严肃认真、用户第一
   C．全心全意、服务至上　　　D．为了群众、尽心尽责
3. 为了公共利益、本人或他人的人身及其他权利免受正在发生的危险，不得已采取的损害另一方合法利益的行为，称为（　　）。
   A．自卫行为　　　　　　　　B．合法行为
   C．正当防卫　　　　　　　　D．紧急避险
4. 在物业管理区域内，当（　　）时，不必立即报告公安机关。
   A．接到爆炸恐吓电话　　　　B．发现有人持械斗殴
   C．接到中毒报警　　　　　　D．发现有人非法张贴广告宣传品
5. 物业秩序维护服务采取不同管理方式的根据是（　　）。
   A．物业使用性不同　　　　　B．物业的规模不同
   C．物业服务企业的特点不同　D．业主的素质不同
6. 封闭式安全保卫服务的特点是要求整个物业管理区域为封闭体系，保安人员必须做到在入口（　　）值班。
   A．每天 18 小时　　　　　　 B．节假日 24 小时
   C．常年 24 小时　　　　　　 D．白天值班夜晚巡查
7. 为了公共利益、本人或他人的人身及其他权利免受危险而采取的紧急避险行为，应当发生在（　　）时。
   A．可以预见危险来临　　　　B．估计会有危险发生
   C．危险正在发生　　　　　　D．危险虽然过去，但还有影响
8. 物业服务企业客服部工作人员在物业管理区域内发现火警时，正确的第一项处置措施是立即（　　）。
   A．拨打"119"电话
   B．拨打"120"电话
   C．报告秩序维护部门消防负责人
   D．离开现场寻找救火工具
9. 物业服务企业承担的写字楼车辆管理的主要任务是（　　）。
   A．停车场的建设和管理　　　B．车辆引导和停位调度
   C．车辆检查和车辆保管　　　D．货车运输和货物藏储

10. 新建居住区绿化用地占建设用地面积比例（　　）。
    A．不得低于 30%　　　　　　　B．不得低于 35%
    C．是 35%　　　　　　　　　　D．是 40%
11. 物业服务企业可以采用（　　）方式设置物业管理区域内的安全保卫机构。
    A．聘请社会专业保安公司
    B．企业组建自己的保安部
    C．企业组建自己的保安部与聘请专业保安公司相结合
    D．委托居民委员会进行安全管理
12. 物业秩序维护服务的特点是（　　）。
    A．间断性　　　　　　　　　　B．复杂性
    C．时间性　　　　　　　　　　D．服务性
13. 居住区绿地规划的基本要求是（　　）。
    A．合理组织，统一规划　　　　B．适合经营，突出效益
    C．因地制宜，节约用地　　　　D．植物为主，注意景观
14. 物业服务企业应当安排有关人员每月逐个检查负责管理的消火栓一次，主要检查（　　）等。
    A．消火栓门关闭是否正常
    B．消火栓门锁、玻璃有无损坏
    C．消火栓封条是否完好
    D．消火栓内元件有无脱落、丢失
15. 居住区物业车辆服务管理的特点是（　　）。
    A．主要是车辆停放和车辆保管
    B．管理中要注意扰民问题
    C．停车场尽量设在小区的边缘
    D．集中力量统一管理、统一调度

三、判断题

1．在露天焚烧秸秆、落叶等产生烟尘污染物质的，要责令其停止违法行为；情节严重的，可以处 500 元以下罚款。（　　）

2．夜间进行产生环境噪声污染的建筑施工作业的，物业服务企业可责令其改正，可以并处罚款。（　　）

3．灭火器放置地点应位置明显，便于使用，并且不影响安全疏散，推车式灭火器与其保护对象之间的通道应畅通无阻。（　　）

4．消火栓应每年逐个检查一次。（　　）

5．商业物业车辆服务管理主要是停车场的建设和管理。（　　）

四、简答题

1. 治安管理的含义与特点是什么？
2. 高层建筑消防的特点是什么？
3. 物业管理区域车辆管理的相关规定有哪些？
4. 清洁管理工作的主要内容和工作标准是什么？

五、案例分析题

1. 2008年6月25日凌晨，某住宅区张先生夫妇被室内的响动惊醒，立即起床并打开卧室的门，发现有人已走到客厅和卧室过道处，这个人是物业服务企业的保安员。张先生夫妇无法忍受保安员如此进行"保安工作"，就把物业服务企业告上了法庭，要求物业服务企业为保安员深夜入室的行为给予书面道歉，并赔偿精神损失费。

经调查了解，物业服务企业的保安人员是由于在深夜值班时发现张先生家的家门虚开，在经按铃房内无反应的可疑情况下才进入房内进行查看的，张先生家没有任何的物品丢失，也无门锁及其他损坏后果。

请问：物业服务企业的秩序维护是否有过错？物业服务企业是否应该赔偿？

2. 某晚，某写字楼消防监控室值班保安员胡勇接到火情报告后，立即拨打"119"电话报了警。当消防人员赶到现场时，只见一片混乱，经过消防人员的全力扑救，终将大火扑灭，但最终损失巨大。

请问：值班保安员胡勇在火灾应急处理程序上有何失误？为了尽量减少火灾损失，物业服务企业接到火灾报警后应怎样进行正确的处置？

3. 某物业服务企业在管辖某办公大楼时，一单位的面包车在前一天进入车库时没有作登记，第二天上午8:50时从大厦车库开出，后来在10:00时回来就投诉说该车辆的3个轮胎装饰盖都不见了。

请问：如果你是该物业服务企业的经理将如何处理这件事情？

4. 在某住宅小区中25号楼位于公路边。许某是该住宅小区25号楼201室的业主，许某楼下101室的业主进行房屋装修时在外墙窗户上安装了两个窗户护栏，许某当时就认为楼下安装的窗户护栏已经给自己家造成了一定的安全隐患，为此，他要求楼下住户予以拆除，楼下的住户对许某的要求一直没有答复。许某又找到小区物业服务企业要求协助解决，物业服务企业也没有采取有效的行动。2006年8月18日许某家中被盗，经公安机关现场勘查鉴定，认定小偷是从楼下的窗户护栏爬到许某的家中的。为此，许某要求楼下101室的业主赔偿损失。

请问：楼下的业主是否应赔偿许某的财产损失？

第 9 章 物业服务企业财务

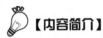【内容简介】

本章从物业服务企业资金运行的角度,重点阐述了物业服务费的定价方式、收缴形式、费用构成及测算方法;论述了住宅专项维修资金的筹集、使用与监督管理的要求;综合介绍了物业服务企业财务管理的含义、特点,物业服务企业财务管理制度,物业服务企业营业收入管理、成本费用管理和利润管理等内容。

【关键词】

物业服务企业资金来源　物业服务费　住宅专项维修资金

第一节 物业服务企业的资金来源

对物业进行有效的管理和经营,是物业服务企业向客户提供全面、高品质的服务的前提,而物业的管理和经营需要有大量的劳动和资金的投入。稳定的资金来源和和高效率使用能最大限度地实现物业保值、增值,提高社会效益与经济效益。

物业服务企业资金来源涉及注册资本,信贷资金,物业服务收费,物业共用部位、共用设施设备经营所得收益,特约服务费,公众代办性服务费,物业接管验收费和工程质量保证金等方面。

一、注册资本

根据《中华人民共和国公司法》和《物业服务企业资质管理办法》的规定,设立物业服务企业必须具有一定数额的货币注册资金。如《物业服务企业资质管理办法》规定,三级资质物业服务企业的最低注册资本金为 50 万元人民币。

注册资本除用于启动公司运行、支付必要的开办费以外,还可用于首期物业管理的启动资金。

从物业服务企业的所有制来看,不同所有制的物业服务企业注册资本的筹集各不相同。一般来说,国有企业由国家出资,合营企业由合营各方出资构成,中外合资和股份制公司由中外各方按比例出资和股东出资筹集构成,外资物业服务企业则由外方单独出资构成。

二、信贷资金

物业服务企业启动后,物业服务费用尚未收缴上来以前,物业管理资金十分紧张。物业服务企业往往可以通过银行信贷来筹措流动资金,以弥补物业管理费用的早期缺口。

信贷资金的主要来源是银行贷款。银行贷款是负债资金,企业压力大,承担风险大,其特点是这部分资金不占股份,不形成股权,只要按期还本付息即可。但是贷款之前要接受银行对贷款偿还能力的全面调查和审批,程序比较繁琐。同时使用贷款要从企业赢利中拿出一部分用于支付利息,究竟能承担怎样的贷款额度和付息水平是物业服务企业筹资之前必须慎重考虑的问题,必须做好测算。

三、物业服务收费

物业服务收费是指物业服务企业按照物业服务合同的约定,对房屋及配套的设施设备和相关场地进行维修、养护、管理,维护相关区域内的环境卫生和秩序向业主收取的费用。物业管理是有偿服务,业主与物业使用人接受物业服务企业的管理与服务,同时需要向物业服务企业交纳服务费。《物业管理条例》第 42 条规定:"业主应当根据物业服务合同的约定交纳物业服务费用。"

物业服务收费在物业管理经费来源中应是最稳定、最主要的来源，但同时物业服务收费又涉及千家万户，它关系到业主的合法权益，关系到物业管理能否健康发展。收取物业服务费的法律依据是国家发展和改革委员会、原建设部制定的《物业服务收费管理办法》（发改价格［2003］1864号）。物业服务收费在遵循合理、公开及费用与服务水平相适应的原则下，区分不同物业的性质和特点分别实行政府指导价和市场调节价。业主与物业服务企业可以采取包干制或者酬金制等形式约定物业服务费用。物业服务企业应该按照政府价格主管部门的规定实行明码标价，在物业管理区域内的显著位置，将服务内容、服务标准以及收费项目、收费标准等有关情况进行公示。

四、利用物业共用部位、共用设施设备经营所得收益

利用物业共用部位、共用设施设备经营需要征得相关业主、业主大会的同意，这是因为经营行为可能对其权益造成影响。如在业主的窗户下设置霓虹灯广告就可能会影响业主的休息。这里的相关业主主要是指直接受到经营行为影响的业主。利用物业共用部位、共用设施设备经营需要征得业主大会的同意是因为业主大会代表和维护着物业管理区域内全体业主的合法权益。利用与全体业主利益密切相关的共用部位、共用设施设备来从事经营活动，自然应当取得业主大会的同意。这种经营活动所得收益属于业主，应主要用于补充专项维修资金，经业主大会同意，也可弥补物业服务费用的不足

需要说明的是，利用共用部位、共用设施设备经营的前提是必须符合国家、地方有关共用部位、共用设施设备安全使用管理等相关要求及规定。在征得相关业主、业主大会的同意后，还必须按照国家有关法律法规的规定办理合法经营手续。

利用物业共用部位、共用设施设备经营所得收益的使用有两个方面。

（1）利用共用部位、共用设施设备所得经营收益的使用应当优先用于补充住房专项维修资金。

主要理由有两点：一是收益来源于利用共用部位、共用设施设备经营所得，应该主要用于其维修养护；二是住房专项维修资金是房屋的"养老金"，由全体业主按照产权份额分期缴交，一旦急需时所需数量较大，利用共用部位、共用设施设备经营所得补充住房专项维修资金有利于及时筹备所需资金。

（2）业主大会决定使用。

为尊重全体业主的意愿和特殊使用需要，业主所得收益也可以按照业主大会的决定使用。

五、特约服务费

特约服务是为满足业主或物业使用人的需要而提供的个别服务。特约服务范围很广，几乎涵盖物业使用过程的各个方面，如家居清洁、照顾儿童、家教、护理病人、买菜、煮饭、洗衣、礼仪服务、搬运、家电维修、写字楼内部清洁、提供膳食、商务中心服务等。

特约服务属于派生服务的范畴，提供特约服务并不是物业服务企业的法定义务，业主不能强制要求物业服务企业提供。当然，提供特约服务往往对业主和物业服务企业均有好处。对业主而言，可以满足自身需求，提高生活质量；对物业服务企业而言，可以增强企业的亲和力和业主的认同感，同时获得一定的经济利益。因此，虽然提供特约服务不是物业服务企业的义务，但对于业主提出的特约服务要求，有条件的物业服务企业应当尽可能地满足。此类服务是有偿服务，"谁受益，谁付钱"，服务费用相对较高，收费标准也不统一，可以根据服务要求和服务水平确定不同的收费标准，由委托的业主和受委托的物业服务企业双方自行协商决定。

物业服务企业为业主提供特约服务应注意以下两点。

（1）特约服务事项由特定的业主和物业服务企业进行约定。

特殊服务项目在前期物业服务合同和物业服务合同中是没有约定的。需要物业服务企业提供物业服务合同约定内容之外的服务项目的业主，需与物业服务企业就特约服务事项另行约定。换言之，需在物业服务合同之外另行订立一个合同。该合同与物业服务合同在主体、内容等方面并不一致，不能混为一谈。但特约服务协议与物业服务合同一样，属于劳务合同的范畴，以有偿为原则。

（2）特约服务是一种有偿服务。

有偿服务意味着接受服务者需为其接收的服务支付服务报酬。服务报酬的数额、支付方式、支付时间等由当事人自主约定。当然，一些物业服务企业出于经营策略、为业主提供方便等方面的考虑，也可能无偿地为业主提供某些服务。

六、公众代办性服务费

公众代办性服务是指物业服务企业为业主（或物业使用人）提供代缴水电费、煤气费、有线电视费、电话费等代办性服务收取的费用。按照《物业管理条例》和其他的有关规定，供水、供电、供气、供热、通信、有线电视等单位应当向最终用户收取费用。物业服务企业接受委托代收上述费用的，可向委托单位收取手续费，不得向业主收取手续费等额外费用。同时，物业服务企业有权根据自身经营状况决定是否接受供水、供电、供气、供热、通信、有线电视等单位委托，这些单位无权强制要求物业服务企业代收有关费用。

在物业管理区域内，物业服务企业作为管理服务人，对物业及业主的情况较为熟悉，由物业服务企业接受供水、供电、供气、供热、通信、有线电视等单位的委托，代其向业主收取相关费用，可以节省当事人的时间和金钱，提高办事效率。因此，物业服务企业可以接受供水、供电、供气、供热、通信、有线电视等单位的委托，代收有关费用。供水、供电、供气、供热、通信、有线电视等单位委托物业服务企业代收费的，两者之间是一种委托合同关系。受托人完成委托事务的，委托人应当向其支付报酬。物业服务企业是以利润最大化为目标的营利性组织，在为业主提供物业管理服务之外，也可以提供与物业管理有关的服务项目。

七、物业接管验收费

物业接管验收费是物业服务企业在接收、接管物业时，由开发商向物业服务企业缴纳的专项验收费用。它主要用于物业服务企业参与验收新的物业和接管旧的物业时，组织水电、管道等专业技术人员和管理人员所支付的费用，包括人工费、办公费、交通费、零星杂费、资料费等。

物业接管验收费一般向开发商收取。物业服务企业参与竣工验收是全面考核房地产项目开发成果、检查设计和工程质量的重要环节，做好竣工验收工作对促进开发项目及时完成接管验收、尽快投入使用、发挥投资效益有着重要的意义。物业服务企业参与项目的竣工验收对保证物业顺利完成建管交接、确保业主的利益、增强管理责任是必不可少的。由于专业物业服务企业在长期的管理经验中比开发商和承建商更了解业主对物业的各种使用需求，由他们参与验收工作，校验设计和工程质量，既可及时发现和解决一些影响正常运转和使用的问题，又能使将来的业主满意，从而一方面保证物业能按设计要求的技术经济指标正常投入使用，最大限度地满足业主的需求；另一方面验收新物业和接管旧物业还可分清物业损坏的责任，是开发商建造过程中遗留的问题导致物业损坏，还是物业服务企业管理中的问题导致物业损坏，或者是业主与物业使用人在使用过程中导致的物业损坏或旧物业本身就有问题，不至于在业主入住使用后才发现问题而产生责任不清的纠纷，从而可避免不必要的赔偿损失。实际上物业服务企业参与竣工验收工作也是开发商建造生产出业主满意的物业所做的努力，是完成开发商建设物业的最后一个生产环节，因而开发商理应缴纳给物业服务企业因组织验收而发生的专项验收费用，同样对旧物业的接管也一样需要检验其是否合格。

八、工程质量保证金

《中华人民共和国建筑法》第 62 条规定："建筑工程实行质量保修制度。"物业一般体积大、投资大，构成要素具有连带性和隐蔽性的特点，决定了物业的保修期要比一般的耐用消费品的保修期长。开发商在向物业服务企业移交物业时，向物业服务企业缴纳的保证物业质量的资金用于交房后的保修期内被接管物业的保修。建筑工程的保修范围应当包括地基基础工程、主体结构工程、屋面防水工程和其他土建工程，以及电气管线、上下水管线的安装工程，供热、供冷系统工程等项目。保修的期限应当按照保证建筑物合理寿命年限内正常使用，维护使用者合法权益的原则确定。

工程质量保证金的缴纳有多种方法，它可以留在开发商处，由物业服务企业在接受业主报修、组织施工后实报实销；也可以由开发商一次性缴纳给物业服务企业，保修期满后结算，多退少补；或可采取包干办法一步到位，盈亏由物业服务企业负担。

第二节　物业服务收费

物业服务收费应当遵循合理、公开以及费用与服务水平相适应的原则，区别不同物业的性质和特点，由业主和物业服务企业按照国务院价格主管部门会同国务院建设行政主管部门制定的物业服务收费办法，在物业服务合同中约定。《物业服务收费管理办法》对物业服务收费的定价形式、收费形式、费用构成及监管措施做出了具体规定。物业服务收费要经过合理的测算和审核，测算时应考虑多方面因素，并根据《物业服务定价成本监审办法（试行）》（发改价格［2007］2285号）的规定，科学测算确定物业服务成本。

一、物业服务收费管理

（一）物业服务费用的定价形式

物业服务收费区分不同物业的性质和特点分别实行政府指导价和市场调节价。具体定价形式由省、自治区、直辖市人民政府价格主管部门会同房地产行政主管部门确定。

1. 政府指导价

物业服务收费实行政府指导价的，有定价权限的人民政府价格主管部门应会同房地产行政主管部门根据物业管理服务等级标准等因素，制定相应的基准价及其浮动幅度，并定期公布。具体收费标准由业主与物业服务企业根据规定的基准价和浮动幅度在物业服务合同中约定。按照我国《价格法》的规定，政府指导价的确定应通过听证会征求业主、物业服务企业和有关方面的意见后最终确定。同时，政府指导价的具体适用范围、价格水平，应当根据经济运行情况，按照规定的定价权限和程序适时调整。消费者、经营者可以对政府指导价提出调整建议。

2. 市场调节价

市场调节价是指由经营者自主制定，通过市场竞争形成的价格。在选择物业服务企业过程中，通过市场竞争，物业服务收费实质是业主和物业服务企业双方协商的结果。实行市场调节价的物业服务费，由业主与物业服务企业在物业服务合同中约定，并报所在地的物价部门备案。如物业服务企业提供特约服务的项目实行市场调节价。

（二）物业服务费用的计费形式

按照目前国家政策法规的规定，业主与物业服务企业可以采取包干制或者酬金制等形式约定物业服务费用。

1. 包干制

包干制是指由业主向物业服务企业支付固定物业服务费用，盈余或者亏损均由物业服务企业享有或者承担的物业服务计费方式。实行物业服务包干制的，物业服务费用的构成包括物业服务成本、法定税费和物业服务企业的利润。

包干制是目前我国住宅物业服务收费普遍采用的形式。包干制收费形式下，业主按照物业服务合同支付固定的物业服务费用后，物业服务企业必须按照物业服务合同的要求和标准完成物业管理服务。换句话说，就是物业服务企业的盈亏自负，无论收费率高低或物价波动，物业服务企业都必须按照合同约定的服务标准提供相应服务。包干制物业收费形式比较简捷，但交易透明度不高。在收费率偏低时，容易导致物业服务企业亏损；在市场不规范时，个别物业服务企业可能通过减少物业服务成本来保证企业利润，业主的权益可能受到侵害。

2. 酬金制

酬金制是指在预收的物业服务资金中按约定比例或者约定数额提取酬金支付给物业服务企业，其余全部用于物业服务合同约定的支出，结余或者不足均由业主享有或者承担的物业服务计费方式。实行物业服务酬金的，预收的物业服务资金包括物业服务支出和物业服务企业的酬金。

酬金制也称佣金制，这种物业服务收费方式在非住宅物业管理项目中较多采用，目前，不少高档住宅物业管理也已采用。酬金制的物业服务支出由业主负担，物业服务企业受业主委托，运用自身的管理知识、经验和专业技能组织实施物业管理服务，并取得事前约定比例或数额的酬金。为保证实施物业管理服务所需费用，酬金制要求业主按照经过审议的预算和物业服务合同的约定，先行向物业服务企业预付物业服务支出。物业服务支出为所缴纳的业主所有，物业服务企业对所收的物业服务支出仅属代管性质，不得将其用于物业服务合同约定以外的支出。

根据《物业服务收费管理办法》的规定，实行物业服务费用酬金制的物业服务企业，应当履行以下义务：

（1）物业服务企业应当向业主大会或者全体业主公布物业服务资金年度预决算，并每年不少于一次公布物业服务资金的收支情况；

（2）业主或者业主大会对公布的物业服务资金年度预决算和物业服务资金的收支情况提出质询时，物业服务企业应当及时答复；

（3）物业服务企业应配合业主大会按照物业服务合同约定聘请专业机构对物业服务资金年度预决算和物业服务资金的收支情况进行审计。

（三）物业服务费用的缴纳

根据物业管理法律法规的规定和物业服务合同的约定，业主应当按照物业服务合同的约定按时足额缴纳物业服务费用或者物业服务资金。业主违反物业服务合同约定逾期不缴纳物业服务费用或者物业服务资金的，业主委员会应当督促其限期缴纳；逾期仍不缴纳的，物业服务企业可以依法追缴。当业主将其物业出租给他人或者交由他人使用时，业主可以和物业使用人约定，由物业使用人缴纳物业服务费用，业主负连带缴纳责任，当物业使用人不履行或者不完全履行与业主关于物业服务费用缴纳的约定时，物业服务企业可以直接请求业主支付物业服务费用。纳入物业管理范围的已竣工但尚未出售，或者因开发建设单位原因未按时交给物业买受人的物业，物业服务费用或者物业服务资金由开发建设单位全额缴纳。物业发生产权转移时，业主或者物业使用人应当结清物业服务费用。

物业管理区域内，供水、供电、供气、供热、通信、有线电视等单位应当向最终用户收取有关费用。物业服务企业接受委托代收上述费用的，可向委托单位收取手续费，不得向业主收取手续费等额外费用。利用物业共用部位、共用设施设备进行经营的，应当在征得相关业主、业主大会、物业服务企业的同意后，按照规定办理有关手续。业主所得收益应当主要用于补充专项维修资金，也可以按照业主大会的决定使用。物业服务企业已接受委托实施物业服务并相应收取服务费用的，其他部门和单位不得重复收取性质和内容相同的费用。物业服务企业根据业主的委托提供物业服务合同约定以外的服务，服务收费由双方约定。

二、物业服务费用测算

（一）物业服务费用测算应考虑的因素

（1）物业服务费测算编制应当区分不同物业的性质和特点，并考虑其实行的是政府指导价还是市场调节价。

（2）物业服务费用的测算编制应根据物业管理服务的项目、内容和要求，按照合法性、相关性、对应性、合理性等原则，科学测算确定物业服务成本。

（3）物业服务企业为该项目管理投入的固定资产折旧和物业管理项目机构用物业服务费购置的固定资产折旧，这两部分折旧均应纳入到物业服务费用的测算中。

（4）物业服务企业将专业性较强的服务内容外包给有关专业性服务企业的，该项服务的成本按照外包合同所确定的金额核定。

（5）物业服务企业只从事物业管理服务的，其所发生费用按其所管辖的物业项目的物业服务计费面积或者应收物业服务费加权分摊；物业服务企业兼营其他业务的，应先按实现收入的比重在其他业务和物业管理服务之间分摊，然后按上述方法在所管辖的各物业项目之间分摊。

（6）物业管理属微利性服务行业，物业服务费用的测算和物业管理的运作应收支平衡、略有结余，在确保物业正常运行维护和管理的前提下，获取合理的利润，使物业服务企业得以可持续发展。

（二）物业服务费用测算的费用构成

实行物业服务收费包干制的，物业服务费用的构成包括物业服务成本、法定税费和物业服务企业的利润。实行物业服务收费酬金制的，预收的物业服务资金包括物业服务支出和物业服务企业的酬金。

1. 物业服务成本或物业服务支出

物业服务成本或物业服务支出由管理服务人员的工资、社会保险和按规定提取的福利费，物业共用部位、共用设施设备的日常运行、维护费用，物业管理区域清洁卫生费用，物业管理区域绿化养护费用，物业管理区域秩序维护费用，办公费用，物业服务企业固定资产折旧，物业共用部位、共用设施设备及公众责任保险费用以及经业主同意的其他费用等九部分组成。

（1）人工费用。

人工费用是指管理服务人员的工资，按规定提取的工会经费、职工教育经费，以及根据政府有关规定应当由物业服务企业缴纳的住房公积金和养老、医疗、失业、工伤、生育保险等社会保险费用。

其中，工会经费、职工教育经费、住房公积金以及医疗保险费、养老保险费、失业保险费、工伤保险费、生育保险费等社会保险费的计提基数按照核定的相应工资水平确定；工会经费、职工教育经费的计提比例按国家统一规定的比例确定，住房公积金和社会保险费的计提比例按当地政府规定的比例确定，超过规定计提比例的不得计入定价成本。医疗保险费用应在社会保险费中列支，不得在其他项目中重复列支；其他应在工会经费和职工教育经费中列支的费用，也不得在相关费用项目中重复列支。

（2）物业共用部位、共用设施设备的日常运行、维护费用。

物业共用部位、共用设施设备的日常运行、维护费用是指为保障物业管理区域内共用部位、共用设施设备的正常使用和运行、维护保养所需的费用。不包括保修期内应由建设单位履行保修责任而支出的维修费、应由住宅专项维修资金支出的维修和更新、改造费用。物业共用部位、共用设施设备的大修、中修和更新、改造费用，应当通过专项维修资金予以列支，不得计入物业服务支出或者物业服务成本。

（3）物业管理区域绿化养护费用。

物业管理区域绿化养护费用是指管理、养护、绿化所需的绿化工具购置费、绿化用水费、补苗费、农药化肥费等。不包括应由建设单位支付的种苗种植费和前期维护费。

（4）物业管理区域清洁卫生费用。

物业管理区域清洁卫生费用是指保持物业管理区域内环境卫生所需的购置工具费、消杀防疫费、化粪池清理费、管道疏通费、清洁用料费和环卫所需费用等。

（5）物业管理区域秩序维护费用。

物业管理区域秩序维护费用是指维护物业管理区域秩序所需的器材装备费、安全防范人员的人身保险费及由物业服务企业支付的服装费等。其中，器材装备不包括共用设备中已包括的监控设备。

（6）物业服务企业固定资产折旧。

物业服务企业固定资产折旧是指按规定折旧方法计提的物业服务固定资产的折旧金额。固定资产是指在物业管理区域内由物业服务企业拥有的，与物业管理服务直接相关的，使用年限在一年以上的资产。

固定资产折旧采用年限平均法，折旧年限根据固定资产的性质和使用情况合理确定。企业确定的固定资产折旧年限明显低于实际可使用年限的，成本监审时应当按照实际可使用年限调整折旧年限。固定资产残值率按3%～5%计算；个别固定资产残值较低或者较高的，按照实际情况合理确定残值率。

（7）办公费用。

办公费用是指物业服务企业为维护物业管理区域正常的物业管理活动所需的办公用品费、交通费、房租、水电费、取暖费、通信费、书报费及其他费用。

（8）物业共用部位、共用设施设备及公众责任保险费用。

物业共用部位、共用设施设备及公众责任保险费用是指物业服务企业购买物业共用部位、共用设施设备及公众责任保险所支付的保险费用，以物业服务企业与保险公司签订的保险单和所缴纳的保险费为准。

（9）经业主同意的其他费用。

经业主同意的其他费用是指业主或者业主大会按规定同意由物业服务费开支的费用。

2. 法定税费

法定税费是指按现行税法，物业服务企业在进行企业经营活动过程中应缴纳的税费，一般包括营业税及附加。在计算营业税时，企业的经营总收入不包括物业服务企业代有关部门收取的水费、电费、燃（煤）气费、房租及专项维修资金，即对这些费用不计征营业税。但对其从事这些代收项目所收取的手续费应当计征营业税。

3. 利润

物业服务企业作为独立的自负盈亏的经济实体，也应获得一定的利润。利润率根据各地区物价主管部门结合本地区实际情况确定的比率计算。对普通住宅小区物业管理的利润率一般以不高于社会平均利润率为宜。按物业服务成本或物业服务支出前9项之和乘以利润率即得到每月每平方米收费面积分摊的利润额。

4. 酬金

根据物业服务合同的约定，物业服务收费采取酬金制方式的，酬金可按某个固定的标准从物业服务资金中提取，也可按预收物业服务资金数额的一定比例提取。

物业服务支出应当全部用于物业服务合同约定的支出。物业服务支出年度结算有结余的，转入下一年度继续使用，物业服务支出年度结算亏损的，由业主承担。

由于多种原因，物业服务费用的收缴很难做到100%。如果将个别业主因漏交造成的损失摊到其他业主的身上，显然不合理；但由物业服务企业完全承担这部分损失也不尽合理，解决这一问题的正确途径是：一方面按物业服务合同提供质价相符的物业管理服务；另一方面业主要增强物业管理消费观念，按时缴费。同时在进行物业服务经费财务预算时要注意留有一定余地。

（三）物业服务费用的测算

物业服务费用的测算是一项十分严肃、细致的工作，关系到供需双方的切身利益。在广泛通过招标选聘物业服务企业的背景下，还直接关系到物业服务企业的投标报价以及能否形成价格竞争的优势。

测算物业服务费用，首先应根据物业服务支出（成本）项目和内容进行分解，然后由各部门或相关人员分别测算各单项费用。如在测算共用部位、共用设施设备运行维护费项目时，应分别测算其子项目，如公共建筑及道路土建维修费、给排水设备日常运行维护费用、电气系统设备维护保养费等的费用，在完成各子项目测算的基础上，将子项目费用求和后即为所需"共用部位、共用设施设备运行维护费"。

【例9-1】某项目可收费总建筑面积20万米^2，经测算该项目全年物业服务成本情况参见表9-1。

表9-1 项目全年物业服务成本或物业服务支出情况表

序号	物业服务成本或物业服务支出项目	数额（万元）
1	各类管理服务人员的工资、社会保险	90
2	共用部位、共用设施设备的运行维护费	45
3	清洁卫生费	20
4	绿化养护费	15
5	公共秩序维护费	20
6	办公费	10
7	固定资产折旧	5
8	物业共用部位、共用设施设备及公众责任保险费	5
9	业主委员会办公费、社区文化活动费等其他费用	10
10	合计	220

若采用酬金制方式，且约定物业管理酬金比例为10%，则该项目单位物业服务费标准为：

$$\frac{220万元 \times (1+10\%)}{20万米^2 \times 12个月} \approx 1.0元/米^2 \cdot 月$$

若采用包干制方式，如该项目法定税费和利润约 20 万元，则该项目单位物业服务费标准为：

$$\frac{220万元 + 20万元}{20万米^2 \times 12个月} \approx 1.0元/米^2 \cdot 月$$

各单项费用测算完毕进行加总，即为物业服务支出（成本）总额，加上物业管理酬金（酬金制）或法定税费及利润（包干制）后，即得出物业服务费用总额。以物业服务费用总额除以该物业可收费总建筑面积即可得出单位面积物业服务费用标准。

第三节 住宅专项维修资金

近年来，随着我国经济持续快速发展和住房制度改革不断深入，居民个人拥有住房的比例越来越高，住房的维修管理责任相应也由国家或单位承担转移到主要由居民个人承担。由于我国的住宅建筑绝大多数属于群体式类型，且多以小区开发的方式组织建设，因此，住宅和住宅小区普遍存在内外承重墙体、柱、梁、楼板、电梯、水暖、照明、煤气、消防设施等共用部位、共用设施设备。这些共用部位、共用设施设备是否完好，运行是否正常，直接关系住宅的正常使用和安全。由于这些共用部位、共用设施设备由多个相关业主区分所有，在发生维修或更新改造事项时容易出现资金归集上的困难，从而影响到对损害部位的维修和更新改造。因此，建立经常性的保障资金，保障住房共用部位、共用设施设备及时得到维修和更新改造，事关住宅和住宅小区业主的共同利益和社会公共利益。

早在 1998 年《国务院关于进一步深化城镇住房制度改革加快住房建设的通知》中就明确规定加强住房售后的维修管理，建立住房公共部位、设备和小区公共设施专项维修资金，并健全业主对专项维修资金管理和使用的监督制度。住房制度改革的实践证明，建立专项维修资金，以保证物业共用部位和共用设施设备的维修养护是十分必要的。但是，目前也存在着专项维修资金的交纳范围和所有权不明确以及挪用专项维修资金的问题。为了解决这些问题，《物业管理条例》和《物业服务收费管理办法》等文件进行了专门规定。2007年 12 月 4 日，根据《物权法》、《物业管理条例》等法律、行政法规，原建设部会同财政部发布了《住宅专项维修资金管理办法》，并于 2008 年 2 月 1 日起施行。该办法对加强住宅专项维修资金的管理，保障住宅共用部位、共用设施设备的维修和正常使用，维护住宅专项维修资金所有者的合法权益都起着重要的作用。

一、住宅专项维修资金的定义

住宅专项维修资金是指专项用于住宅共用部位、共用设施设备保修期满后的维修和更新、改造的资金。住宅专项维修资金管理实行专户存储、专款专用、所有权人决策、政府监督的原则。

住宅共用部位是指根据法律、法规和房屋买卖合同，由单幢住宅内业主或者单幢住宅内业主及与之结构相连的非住宅业主共有的部位，一般包括：住宅的基础、承重墙体、柱、梁、楼板、屋顶以及户外的墙面、门厅、楼梯间、走廊通道等。

住宅共用设施设备是指根据法律、法规和房屋买卖合同，由住宅业主或者住宅业主及有关非住宅业主共有的附属设施设备，一般包括电梯、天线、照明、消防设施、绿地、道路、路灯、沟渠、池、井、非经营性车场车库、公益性文体设施和共用设施设备使用的房屋等。

二、住宅专项维修资金的建立

（一）住宅专项维修资金交存主体

有三类物业的业主应当按照国家有关规定交纳住宅专项维修资金。第一类是住宅物业的业主，第二类是住宅小区内的非住宅物业的业主，第三类住宅小区外与单幢住宅结构相连的非住宅物业的业主。第二类物业和第三类物业的业主之所以也要交纳住宅专项维修资金，是因为这两类物业与住宅物业之间有着不可分的关系。住宅小区内非住宅物业的业主和住宅物业的业主均需对小区内物业共用部位、共用设施设备的维护承担相应的责任，故住宅小区内的非住宅物业的业主也需交纳专项维修资金。住宅小区外与单幢住宅楼结构相连的非住宅物业，与住宅楼之间有着共用部位，还可能有共用设施设备，故该非住宅物业的业主也需交纳住宅专项维修资金。

（二）住宅专项维修资金的首次交存

商品住宅的业主、非住宅的业主按照所拥有物业的建筑面积交存住宅专项维修资金，每平方米建筑面积交存首期住宅专项维修资金的数额为当地住宅建筑安装工程每平方米造价的5%~8%。业主交存的住宅专项维修资金属于业主所有。

公有住房售后的专项维修资金来源于两部分：（1）业主按照所拥有物业的建筑面积交存住宅专项维修资金，每平方米建筑面积交存首期住宅专项维修资金的数额为当地房改成本价的2%；（2）售房单位按照多层住宅不低于售房款的20%、高层住宅不低于售房款的30%，从售房款中一次性提取住宅专项维修资金。业主交存的住宅专项维修资金属于业主所有。从公有住房售房款中提取的住宅专项维修资金属于公有住房售房单位所有。

（三）住宅专项维修资金的续筹

业主分户账面住宅专项维修资金余额不足首期交存额30%的，应当及时续交。成立业主大会的，续交方案由业主大会决定。未成立业主大会的，续交的具体管理办法由直辖市、市、县人民政府建设（房地产）主管部门会同同级财政部门制定。

（四）住宅专项维修资金的补充渠道

住宅专项维修资金的补充渠道主要包括以下几种：利用共用部位、共用设施设备进行经营业主所得收益；共用设施设备报废后回收的残值；专项维修资金的存储利息；专项维修资金增值收益等。另外，物业服务费用在运行中可能产生结余，如果在连续几年或者年度出现较大数额的结余时，除可在管理预算中调整外，也可经业主大会同意设定一定比例纳入专项维修资金。

三、住宅专项维修资金的使用

（一）住宅专项维修资金的使用原则

住宅专项维修资金专项用于住宅共用部位、共用设施设备保修期满后的维修和更新、改造。住宅专项维修资金的使用，应当遵循方便快捷、公开透明、受益人和负担人相一致的原则。

（二）住宅专项维修资金的列支

除国家有关法律法规、政策和物业服务合同已明确应在其物业服务费用中列支外，业主共用部位、共用设施设备的维修费用可以在专项维修资金中列支。供水、供电、供气、通信、有线电视等单位，应当依法承担建筑区划内相关管线和设施设备维修、养护的责任，不得使用专项维修资金。物业共用部位、共用设施设备属于人为损坏的，其维修、更新费用由责任人承担。

（三）住宅专项维修资金的分摊

（1）商品住宅之间或者商品住宅与非住宅之间共用部位、共用设施设备的维修和更新、改造费用，由相关业主按照各自拥有物业建筑面积的比例分摊。

（2）售后公有住房之间共用部位、共用设施设备的维修和更新、改造费用，由相关业主和公有住房售房单位按照所交存住宅专项维修资金的比例分摊；其中，应由业主承担的，再由相关业主按照各自拥有物业建筑面积的比例分摊。

（3）售后公有住房与商品住宅或者非住宅之间共用部位、共用设施设备的维修和更新、改造费用，先按照建筑面积比例分摊到各相关物业。其中，售后公有住房应分摊的费用，再由相关业主和公有住房售房单位按照所交存住宅专项维修资金的比例分摊。

（4）住宅共用部位、共用设施设备维修和更新、改造，涉及尚未售出的商品住宅、非住宅或者公有住房的，开发建设单位或者公有住房单位应当按照尚未售出商品住宅或者公有住房的建筑面积，分摊维修和更新、改造费用。

（四）住宅专项维修资金的使用程序

业主大会未成立需使用专项维修资金的，由物业服务企业或者相关业主根据维修项目提出使用方案，经专项维修资金列支范围内专有部分占建筑物总面积 2/3 以上的业主且占总人数 2/3 以上业主通过，并向所在地建设（房地产）负责管理专项维修资金的部门申请列支。建设（房地产）负责管理专项维修资金的部门审核后，通知专户管理银行将所需资金划转到物业服务企业或维修单位。

业主大会成立后需使用专项维修资金的，由物业服务企业提出年度使用方案，经业主大会依法审核通过，并报所在地房产管理部门备案后，由房地产管理部门通知专户管理银行将所需资金划转到物业服务企业或维修单位。

（五）应急维修程序

当建筑区划共用部位、共用设施设备存在安全隐患或不能正常使用时，物业服务企业应当立即告知相关业主、业主委员会以及建设（房地产）主管部门；建设（房地产）主管部门及时进行调查、核实后，责成相关单位及时组织抢修，费用由相关业主或责任人承担。

四、住宅专项维修资金的监督管理

（一）相关主体对住宅专项维修资金的监管义务

1. 管理单位的法律义务

直辖市、市、县人民政府建设（房地产）主管部门，负责管理公有住房住宅专项维修资金的部门及业主委员会，每年至少一次与专户管理银行核对住宅专项维修资金账目，并向业主、公有住房售房单位公布住宅专项维修资金交存、使用、增值收益等情况。

代收代管单位在房屋灭失后，应当返还住宅专项维修资金，具体方式为：该房屋分户账中结余的住宅专项维修资金返还业主；公有住房售房单位交存的住宅专项维修资金账面余额返还售房单位，售房单位不存在的，按照售房单位财务隶属关系，收缴同级国库，由同级政府统筹管理。

2. 专户管理银行的法律义务

专户管理银行应当每年至少一次向直辖市、市、县人民政府建设（房地产）主管部门，负责管理公有住房住宅专项维修资金的部门及业主委员会发送住宅专项维修资金对账单。负责管理公有住房住宅专项维修资金的部门及业主委员会对资金账户变化情况有异议的，专户管理银行应根据要求进行复核。专户管理银行应当建立住宅专项维修资金查询制度，接受业主、公有住房售房单位对其分户账中住宅专项维修资金使用、增值收益和账面余额的查询。

3. 审计、财政部门的监督管理

住宅专项维修资金的管理和使用，应当依法接受审计部门的审计监督。住宅专项维修资金的财务管理、会计核算及专用票据的管理应当执行财政部有关规定，并接受财政部门的监督检查。

（二）住宅专项维修资金相关主体的法律责任

（1）公有住房售房单位未按规定交存住宅专项维修资金的，或将房屋交付未按规定交存首期住宅专项维修资金的买受人的，以及未按规定分摊维修、更新和改造费用的，由县级以上地方人民政府财政部门会同同级建设（房地产）主管部门责令限期改正。

（2）开发建设单位在业主按照规定交存首期住宅专项维修资金前，将房屋交付买受人的，由县级以上地方人民政府建设（房地产）主管部门责令限期改正；逾期不改正的，处以 3 万元以下的罚款；开发建设单位未按规定分摊维修、更新和改造费用的，由县级以上地方人民政府建设（房地产）主管部门责令限期改正；逾期不改正的，处以 1 万元以下的罚款。

（3）挪用住宅专项维修资金的，由县级以上地方人民政府建设（房地产）主管部门追回挪用的住宅专项维修资金，没收违法所得，可以并处挪用金额 2 倍以下的罚款；构成犯罪的，依法追究直接负责的主管人员和其他直接责任人员的刑事责任。

第四节　物业服务企业财务管理

财务管理是企业管理的重要组成部分，是有关资金的获得和有效使用的管理工作。做好物业服务企业财务管理工作，有利于规范物业服务企业财务行为，有利于促进企业公平竞争，有效保护物业管理相关各方的合法权益。物业服务企业应结合国家有关财务管理的法规制度，结合自身的特点，制定切合实际的财务管理目标，科学进行财务管理组织设计，有效执行各项财务管理制度，确保物业管理活动的正常进行。

一、物业服务企业财务管理的含义与特点

（一）物业服务企业财务管理的含义

财务是指企业为达到既定目标所进行的筹集资金和运用资金的活动。在物业管理服务过程中，各类管理服务费、特约和代办服务费、各种兼营性服务收入和相应的开支等构成了物业服务企业的资金运行。

物业服务企业的财务管理就是对物业服务企业资金运行的管理，是物业服务企业为了取得最大的效益，按照资金运动规律和国家财经政策，筹集、运用、分配和监督企业资金，

处理物业服务企业同各方面的财务关系的一项经济管理工作。

（二）物业服务企业财务管理的特点

1. 内容复杂

由于物业管理内容的复杂而带来物业服务企业财务管理的复杂性。物业管理融服务、管理、经营于一体，管理对象多种多样，资金的来源和支出各不相同，因此物业服务企业的财务管理的内容势必复杂。

2. 成本较高

除了少数大企业占用的物业，通常物业管理的收支项目数额比较小，而发生的频率较高。因此，费用的收取、催缴、支付、财务处理工作量大，带来财务管理成本较高。

3. 管理资金性质复杂

由于政府对物业管理的干预性，以及业主需求的多样性，物业管理过程中涉及资金类型较多，各种资金的性质及其筹集、使用、管理要求存在差异，所以管理资金的性质和内容比较复杂。如从内容来说，有的属于经营性收益的管理费，而有的属于代收代付性质的实报实销型管理费；有的管理费包括了租售的佣金，有的管理费又要求与佣金分别计算。

4. 财务监督的多元化

物业管理资金的类型多，对于物业财务管理的监督也呈现出多元化的特点。如住房专项维修资金属于全体业主所有，其使用必须受到业主的监督，大笔的工程维修需要当地物业管理行政主管部批准，接受当地财政部门的监督检查；对于物业服务企业提供的相关服务，其服务收费需当地政府物价部门的批准，并接受监督。

二、物业服务企业财务管理制度

一个企业要顺利进行财务活动，首先就要建立完善的财务制度，因为企业财务制度是财务管理工作的经验总结，是组织财务活动的基础，是处理企业财务关系的准则，也是实行财务监督的依据。物业服务企业财务制度是规范物业服务企业财务行为，协调处理物业服务企业同各方面财务关系的法定文件。所以物业服务企业进行财务管理的首要环节就是建立自己的财务制度。物业服务企业的财务制度的建立要以国家的有关法律法规为依据，遵循"统一领导，分级管理"的原则，同时还要符合"调查研究，总结经验，满足需要，先立后破，相对稳定"的实施要求。我国现行的财务管理制度按照适用范围可分为国家有关财务管理的法规制度和物业服务企业内部财务管理制度。

（一）国家有关财务管理的法规制度

我国企业财务制度体系由《企业财务通则》、行业财务制度和企业内部财务管理办法三个层次组成。《企业财务通则》是中华人民共和国境内所有企业的财务活动都必须遵循的基本原则，是国家进行财务管理、制定具体财务制度的法规依据，是整个财务制度体系中最高层次的、具有最重要地位的法规。因此，物业服务企业财务管理必须严格遵守《企业财务通则》中确定的所有条款和要求。

为规范物业服务企业财务行为，有利于企业公平竞争，加强财务管理和经济核算，结合物业服务企业的特点及其管理要求，财政部制定了《物业服务企业财务管理规定》（简称《财务管理规定》，财基字［1998］第7号）。《物业服务企业财务管理规定》中明确规定，物业服务企业要执行《施工、房地产开发企业财务制度》，并且根据自身特点和管理要求，对物业服务企业的一些特殊财务活动做出具体规定。即共性财务政策部分按照《施工、房地产开发企业财务制度》执行，特性财务政策部分按照《物业服务企业财务管理规定》执行。这两个文件是物业服务企业财务管理工作的基本准则和依据。

除了《企业财务通则》、《施工、房地产开发企业财务制度》和《物业服务企业财务管理规定》外，还有一些国家和地方制定的法律法规，如税法、会计法规、合同法、消费者权益法、物业管理条例等都与企业财务管理制度紧密相连，组成完整的法律体系。

（二）物业服务企业内部财务管理制度

物业服务企业应按照《企业财务通则》、《施工、房地产开发企业财务制度》和《物业服务企业财务管理规定》结合自己的经营特点和管理要求，制定一套适合本企业的完善、规范、具体的财务管理制度，使物业服务企业的财务管理真正做到有法可依、有章可循。物业服务企业内部财务管理制度的主要内容包括：财务管理机构的设置、财务人员的职责分工、内部控制、成本费用管理、财务工作的组织及实施要求等。其主要财务制度有：

（1）会计核算方法及凭证账册制度；

（2）货币资金管理制度（预算审核管理制、借款管理制等）；

（3）现金报销制度（差旅费报销制、加班费报销制、招待费报销制等）；

（4）固定资产管理制度；

（5）会计报表制度。

财务管理制度是企业处理日常财务行为和财务关系的规范准则，在制定时要力求详细并具有可操作性，同时必须兼具强制性，避免出现模棱两可的条款或措辞，以方便在实际中操作。

同时，物业服务企业也应建立完善的会计制度，因为在实际工作中，财务管理与会计核算是密切相关、相辅相成的，会计核算是财务管理的基础，它给财务管理提供了很多及时有利的信息。物业服务企业应当遵循我国的《会计基础工作规范》的规定，根据《中华人民共和国会计法》、《企业会计准则》、《企业财务通则》和《物业服务企业财务管理规定》的原则，结合物业服务企业的自身特点，制定本企业的内部会计制度。主要内容包括：内部会计管理体系、会计人员岗位责任制、财务处理程序制度、定额管理制度、财产清查制度、财务收支审批制度、成本核算制度和财务会计分析制度等。物业服务企业的会计制度是企业进行会计工作的依据,制定后,必须严格遵守并执行。对于出现的新问题要及时进行修改和补充,防止无章可循,保证正常的会计工作秩序。

三、物业服务企业财务管理的内容

财务管理的主要内容包括资金的筹集、投放、使用、收回及分配等一系列行为,其中资金的投放、使用和收回统称为投资。物业服务企业的筹资管理、投资管理和利润分配管理三个方面相互联系、相互依存,共同构成物业服务企业财务管理的基本内容。

1. 资金的筹集

为满足企业生产活动的需要,以不同的方式从各种渠道取得资金,称为企业的资金筹集。物业服务企业是以营利为目的的经济实体,而从事生产经营的必要条件是具有一定数量的资金。成功的企业经营要求企业获取资金并有能力及时偿付账款,使资金流动顺畅,在流动中实现保值、增值。

物业服务企业可以通过发行股票、吸收直接投资等方式筹资,也可通过向银行借款、发行债券、租赁、应付款项等方式取得资金。但不同时期、不同来源的资金,其使用成本也不相同。物业服务企业如果不慎重选择筹资方式,可能造成过多的筹资费用,而增加物业服务企业经营风险。所以,物业服务企业的财务管理部门在进行筹资决策时,必须对各种筹资方式的资金成本加以比较和抉择,使一定时期的资金来源及其数量与经营需求相一致。

2. 资金的投放和使用

物业服务企业筹集资金的目的是为了把资金运用于生产经营活动,以便获得营利。物业服务企业可以把筹集到的资金用于购置固定资产、流动资产等形成对内投资,也可以用于购买其他企业的股票、债券,或与其他企业联营形成对外投资。物业服务企业财务管理部门要会同物业服务企业负责人共同参与资金投放,做出企业未来资金运营的决策,确定投资结构和组合,使企业利润效益最大化。

3. 资金的收回和分配

物业服务企业通过生产经营取得营业收入,收回资金。营业收入,扣除营业成本和税金后,剩余部分为企业的营业利润。营业利润、投资净收益和其他净收入构成企业的利润总额,在交纳所得税后应按规定的程序进行分配:首先弥补亏损,其次提取公积金、公益金,最后向所有者分配利润。

四、物业服务企业的营业收入

(一)物业服务企业营业收入的内容

营业收入是指物业服务企业从事物业管理和其他经营活动所取得的各项收入,包括物业管理主营业务收入和其他业务收入。

1. 主营业务收入

主营业务收入是指物业服务企业在从事物业管理活动的过程中，为物业产权人、物业使用人提供维修、管理和服务所取得的收入，包括物业管理收入、物业经营收入和物业大修收入。

（1）物业管理收入。

物业管理收入是指物业服务企业向物业产权人、物业使用人收取的公共性服务费收入、公众代办性服务费收入和特约服务收入。

（2）物业经营收入。

物业经营收入是指物业服务企业经营物业产权人、物业使用人提供的房屋建筑物和共用设施取得的收入，如房屋出租收入和经营停车场、游泳池等共用设施所取得的收入。

（3）物业大修收入。

物业大修收入是指物业服务企业接收物业产权人、物业使用人的委托，对房屋共用部位、共用设施设备进行大修取得的收入。

2. 其他业务收入

其他业务收入是指物业服务企业从事主营业务以外的其他业务活动所取得的收入，包括房屋中介代销手续费收入、材料物资销售收入、废品回收收入、商业用房经营收入及无形资产转让收入等。

（1）房屋中介代销手续费收入。

房屋中介代销手续费收入是指物业服务企业受房地产开发商的委托，对其开发的商品从事代理销售活动而取得的手续费收入。房屋中介代销手续费收入作为其他业务收入处理。

（2）无形资产转让收入。

无形资产和有形固定资产一样，属于可供企业长期使用的资产。但无形资产是一种特殊的长期资产，与固定资产有较大的区别，转让方法也不尽一致。一般而言，固定资产转让是所有权的转让，无形资产转让情况比较复杂，按是否入账可分为已入账的无形资产转让和未入账的无形资产的转让；按转让方式可分为所有权转让和使用权转让。为便于核算、简化手续，无论是否入账的无形资产转让，也不论是所有权还是使用权的转让，无形资产的转让收入均作为其他业务收入处理。

（3）材料物资销售收入。

材料物资销售收入是指企业不需用的材料物资对外出售所取得的收入。

（4）商业用房经营收入。

商业用房经营收入是指物业服务企业利用物业产权人、物业使用人提供的商业用房，从事经营活动取得的收入，如开办健身房、美容美发屋、商店、饮食店等的经营收入。

这些服务项目不是维持住宅小区和商业楼宇等正常运转所必需的基本服务，相对于维持住宅小区和商业楼宇的正常运转而言，属于较高层次的服务项目，因此，不能列为物业服务企业的主营业务收入，只能作为其他业务收入处理。

（二）物业服务企业营业收入的管理

《物业服务企业财务管理规定》中规定"企业应当在劳务已经提供，同时收讫价款或取得收取价款的凭证时确认营业收入的实现"。这是物业服务企业营业收入确认的一般原则。根据物业服务企业的经营特点，对营业收入的确认又有两方面的具体要求。

（1）企业与业主委员会或者物业产权人、物业使用人双方签订付款合同或协议的，应当根据合同或者协议所规定的付款日期，作为营业收入的实现。在这一日期，无论企业是否实际收到价款，均应作为营业收入处理。如公共服务费收入和公众代办性服务费收入均应按照这一原则进行处理，不得以收付实现制代替权责发生制。

（2）物业大修收入，应当根据业主委员会或者物业产权人、物业使用人签证认可的工程价款结算账单确认为营业收入的实现。物业服务企业接受业主委员会或物业产权人、物业使用人的委托，对住宅小区和商业楼宇等物业进行大修等工程施工活动，由物业服务企业自行出具工程价款结算账单的，必须经委托方签章认可后，才能作为营业收入处理。

五、物业服务企业的成本费用和税费

（一）物业服务企业营业成本的内容

物业服务企业的营业成本包括直接人工费、直接材料费和间接费用等。

（1）直接人工费。

直接人工费包括物业服务企业中直接从事物业管理活动的人员的工资、奖金及职工福利费等。

（2）直接材料费。

直接材料费包括物业服务企业在物业管理活动中直接消耗的各种材料、辅助材料、燃料和动力、构配件、零件、低值易耗品、包装物等的费用。

（3）间接费用。

间接费用包括物业服务企业管理服务人员的工资、奖金及职工福利费、固定资产折旧费及修理费、水电费、取暖费、办公费、差旅费、邮电通信费、租赁费、财产保险费、劳动保护费、保安费、绿化维护费、低值易耗品摊销及其他费用等。

（二）物业服务企业成本费用的管理

实行一级成本核算的物业服务企业，可不设间接费用，有关支出直接计入管理费用。物业服务企业经营管辖物业共用设施设备支付的有偿费用计入营业成本，支付的物业管理用房有偿使用费计入营业成本或者管理费用。

物业服务企业对物业管理用房进行装饰装修发生的支出，计入递延资产，在有效使用期限内，分期摊入营业成本或者管理费用中

物业服务企业可以于年度终了时，按照年末应收取账款余额的 0.3%～0.5%计提坏账准备金，记入管理费用。企业发生的坏账损失，冲减坏账准备金；收回已核销的坏账，增加坏账准备金。不计提取坏账准备金的物业服务企业，其所发生的坏账损失，计入管理费用；收回已核销的坏账，冲减管理费用。

（三）物业服务企业其他业务支出的内容及管理

物业服务企业其他业务支出是指企业从事其他业务活动所发生的有关成本和费用支出。物业服务企业支付的商业用房有偿使用费，计入其他业务支出。企业对商业用房进行装饰装修发生的支出，计入递延资产，在有效使用期限内，分期摊入其他业务支出。

（四）物业服务企业税费的管理

物业管理的税金和费用包括流转环节的营业税及附加、收益环节的所得税等。营业税金及附加是指企业按税法规定交纳的营业税、城市维护建设税和教育费附加等。

物业服务企业代有关部门收取水费、电费、燃（煤）气费、专项维修资金、房租的行为，属于营业税"服务业"税目中的"代理"业务，不计征营业税，但对从事此项代理业务取得的手续费收入应当征收营业税。

六、物业服务企业的利润

（一）物业服务企业的利润的内容

企业利润是企业最终的财务成果，是衡量企业经营管理的重要综合指标。利润总额是企业在一定时期内实现盈亏的总额，集中反映了企业生产经营活动各方面的效益。物业服务企业利润总额包括营业利润、投资净收益、营业外收支净额以及补贴收入。其中，营业利润包括主营业务利润和其他业务利润。

物业服务企业的利润计算用公式表示如下：

利润总额=营业利润+投资净收益+营业外收支净额+补贴收入

营业利润=主营业务利润+其他业务利润

主营业务利润=营业收入-营业成本-营业税金及附加-管理费用-财务费用

其他业务利润=其他业务收入-其他业务支出

投资净收益=投资收益-投资损失

营业外收支净额=营业外收入-营业外支出

（二）物业服务企业利润总额的组成部分

在利润总额的组成内容中，营业成本、期间费用、其他业务支出和营业税金及附加等已在前面作了介绍。这里只对投资净收益、营业外投入、营业外支出、补贴收入等内容重点加以说明。

（1）投资净收益。

投资净收益是指投资收益扣除投资损失后的净额。投资收益和投资损失是指企业对外投资所取得的收益或发生的损失。投资收益的内容包括：对外投资分得的利润、股利和债券利息，投资到期收回或者中途转让取得款项高于账面价值的差额，以及按照权益法核算的股权投资在被投资单位的净额资产中所拥有数额等。

（2）营业外收入。

营业外收入是指与企业生产经营活动没有直接因果关系，但与企业又有一定联系的收入。列入营业外收入的项目主要有：固定资产的盘盈和处理固定资产净收益、罚款收入、因债权人的原因确实无法支付的应付款项、教育费附加返还款等。

（3）营业外支出。

企业营业外支出与营业外收入相对应，是指企业生产经营活动没有直接因果关系，但与企业又有一定联系的支出。列入企业营业外支出的项目主要有：固定资产盈亏、报废、毁损和出售的净损失、非常损失、公益救济性捐赠、赔偿金、违约金、滞纳金和被没收的财物损失等。

（4）补贴收入。

补贴收入是指国家拨给企业的政策性亏损补贴和其他补贴，如部分房管所转为物业服务企业后，由于承担直管公房和单位公房的管理任务，房租水平偏低，导致这部分物业服务企业亏损严重，财政部门和主管部门根据国家统一规定，拨给这部分物业服务企业一部分亏损补贴等。物业服务企业收到亏损补贴后，要作为补贴收入并入企业利润总额。

本章复习思考题

一、填空题

1. 物业服务费管理的基本原则是_____、_____、_____和_____。
2. 物业服务费的计费方式包括_____和_____。
3. 物业服务费的计费方式包括_____和_____。
4. 包干制物业服务费的构成要素包括_____、_____和_____。
5. 专项维修资金使用的基本原则是_____、_____、_____和_____。

二、选择题

1. 物业服务企业在接收、接管物业时，由开发商向物业服务企业缴纳的专项验收费用是（　　）。

　　A．专项维修资金　　　　　　　B．物业接管验收费
　　C．工程质量保证金　　　　　　D．特约服务费

2. 纳入物业管理范围的已竣工但因开发建设单位原因未按时交给物业买受人的物业，物业服务费用的承担方式为（　　）。

　　A．物业买受人交纳　　　　　　B．物业服务企业减免
　　C．开发建设单位全额交纳　　　D．开发建设单位部分交纳

3. 业主大会未成立需使用专项维修资金的，由物业服务企业提出使用方案，须经专项维修资金列支范围内专有部分占建筑物总面积（　　）以上的业主且占总人数（　　）以上业主通过。

　　A．1/2，1/2　　B．1/2，2/3　　C．2/3，2/3　　D．2/3，3/4

4. 每平方米建筑面积交存首期住宅专项维修资金的数额为当地住宅建筑安装工程每平方米造价的（　　）。

　　A．2%～5%　　B．5%～8%　　C．8%～10%　　D．2%～8%

5. 售房单位按照多层住宅不低于售房款的（　　）、高层住宅不低于售房款的（　　），从售房款中一次性提取住宅专项维修资金。

　　A．10%，20%　　B．20%，20%　　C．20%，30%　　D．30%，30%

6. 利用共用部位、共用设施设备经营所得收益可以用于（　　）方面。

　　A．补充住宅专项维修资金　　　B．补充特约服务费
　　D．购买办公用品　　　　　　　C．作为人员奖金
　　E．按业主大会决定使用

7. （　　）应当按照国家有关规定交纳住宅专项维修资金。

　　A．实行物业管理的物业业主
　　B．住宅物业的业主
　　C．与单幢住宅结构相连的非住宅物业的业主
　　D．住宅小区内的非住宅物业的业主
　　E．公有住房售房单位

8. 物业服务企业主营业务收入包括（　　）。

　　A．物业管理收入　　　　　　　B．物业经营收入
　　C．商业用房经营收入　　　　　D．材料物资销售收入
　　E．物业大修收入

9. 物业服务企业的营业成本包括（　　）。
   A. 共用部位维修费
   B. 共用设施设备改造费
   C. 直接人工费
   D. 直接材料费
   E. 间接费用
10. 物业服务企业内部财务管理制度包括（　　）。
   A. 会计核算方法及凭证账册制度
   B. 货币资金管理制度
   C. 现金报销制度
   D. 固定资产管理制度
   E. 会计报表制度

三、判断题

1. 物业服务企业必须接受供水、供电、供气、供热、通信、有线电视等单位的委托，为业主提供公众代办性服务。（　　）
2. 物业服务企业接受相关单位委托代收水、电、煤气、有线电视等费用的，可向委托单位收取手续费，也可以向业主收取手续费。（　　）
3. 交纳物业服务费用是业主的义务，业主应当按照物业服务合同的约定按时足额交纳物业服务费用。（　　）
4. 当业主将其物业出租给他人或者交由他人使用时，业主可以和物业使用人约定，由物业使用人缴纳物业服务费用，业主不再负缴纳物业服务费用的责任。（　　）
5. 住宅专项维修资金管理实行专户存储、专款专用、所有权人决策、政府监督的原则。（　　）
6. 代收代管单位在房屋灭失后，应当将住宅专项维修资金交与同级国库，由同级政府统筹管理。（　　）
7. 挪用住宅专项维修资金的处理方式是没收违法所得，可以并处挪用金额2倍以下的罚款，一般不追究刑事责任。（　　）
8. 物业服务企业的代收代缴费用不计征营业税，但对从事此项代理业务取得的手续费收入应当征收营业税。（　　）

四、简答题

1. 物业服务企业在运行过程中涉及的各类型资金包括哪些？
2. 什么是包干制和酬金制？包干制的物业服务成本或者酬金制的物业服务支出包括哪些部分？

3．怎样进行物业服务费用的测算？
4．什么是住宅专项维修资金？住宅共用部位、共用设施设备包括哪些内容？
5．怎样进行住宅专项维修资金的分摊？
6．物业服务企业财务管理的特点是什么？
7．物业服务企业财务管理包括哪些主要内容？
8．国家有关物业服务企业财务管理的法规制度有哪些？
9．物业服务企业的利润是怎样计算的？

五、案例分析题

1．一年前，某小区业主张先生将自己的一套住宅出租给李小姐居住，双方签订了租赁合同，租期2年。合同中除了对租金及支付期限作了约定外，还约定物业服务费用由李小姐缴纳。近日，张先生收到物业服务企业的催缴函，说已经欠付1年的物业服务费用。为此，李先生投诉，称已约定物业服务费用由李小姐缴纳，物业服务企业不应再向业主催缴物业服务费用。

请问：李先生的说法有没有道理？物业服务企业应怎样处理？

2．几天前，王女士租下了世纪广场一个沿街店面，她打算在这里开一个餐饮店。但还没开业，物业服务企业就通知她每月要交200元"特约服务费"。王女士当天没有交这笔钱，她从旁边一家餐饮店老板口中得知，世纪广场的餐饮店长期以来都要交"特约服务费"给物业服务企业，有的店交150元，有的店交300元，物业服务企业要她交200元不算多。但是，王女士还是不太乐意交。她说："我刚来几天，这个特约服务费是从哪里来的？物业服务企业根据什么来收这笔钱？"

请问：分析物业服务企业该不该收此项"特约服务费"？针对王女士的疑问，物业服务企业该怎样整改？

3．1996年8月中旬，××花园的业主从香港回来，到物业服务企业气愤的投诉，他1996年下半年的物业服务费用已经在5月份缴过（但收据已丢失），为什么现在物业服务企业还反复催缴。当这位业主投诉后，物业服务企业的工作人员不耐烦的回答说："你没有收据怎样证明你已经交了？再说，这是财务部的事，你找他们吧！"后来，经过反复地核查，终于弄清了真相，是财务部方面出现了差错。虽然事情了结了，但业主还是很不高兴地离去。

请问：对此事应该采取哪些方法来处理？

第 10 章
物业管理国际标准体系认证

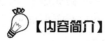【内容简介】

本章系统介绍了 ISO9000 质量管理体系、ISO14000 环境管理体系以及 OHSAS18000 职业安全健康管理体系的内容,对物业服务企业的贯标(认证)流程以及应注意的问题也作了全面说明。

【关键词】

ISO 质量管理体系　企业贯标　认证

第一节 物业管理中的国际管理体系

一、ISO 给物业管理带来的价值

物业管理作为一个新兴的服务性行业，是 20 世纪 80 年代末 90 年代初随着我国房地产业的迅速发展出现的一个新兴产业，并逐步走向社会化、专业化、市场化。目前，不少物业服务企业仍未建立一套系统完善的标准体系，其管理行为不规范、服务质量差、业主意见大，以致物业管理成为市民投诉热点。

ISO 是国际标准化组织的简称，ISO 系列标准是国际标准化组织发布的一系列质量管理和质量保证系统，以协助企业建立完善的文件记录和保持高效率的质量体系，借此履行对品质的承诺和满足顾客的需要。

一些人认为，只有生产有形产品的企业才应推行 ISO 系列标准，而物业管理并不生产有形产品，因而无须开展 ISO 系列认证。其实，物业管理也生产产品，它生产的是一种无形的产品服务。作为物业管理的主体，物业服务企业只有不断地完善服务和管理运作体系，提高服务质量和管理水平，才可能在激烈的市场竞争中生存。

物业服务企业导入 ISO 系列标准体系，对于提高物业服务企业的素质和声誉，保证管理标准达到较高水准，具有重大意义。

第一，推行 ISO 系列标准可以帮助物业服务企业建立一套健全、规范、系统、科学的服务程序和管理制度。

通过有效实施 ISO 系列标准，可以建立一个系统化、文件化的管理体系，它使物业的接管、服务体系的设定维持和物业文化的建立等都有所规范，它把物业服务企业的各类工作程序作业（操作）方法等均以书面的形式确定下来，使每项工作怎么做都规定得具体明确，从而使物业服务企业成为一个"铁打的营盘"。

第二，推行 ISO 系列标准，可优化物业服务企业的结构，简明物业服务企业的程序，降低管理成本，提高工作效率。

ISO 系列体系针对物业服务企业制定的目标，识别、理解一个由相互联系的过程所组成的体系，有助于提高物业服务企业的有效性和效率。合理的体系还可以减少服务企业的内耗，降低成本。

第三，推行 ISO 系列标准，可以强化员工服务意识和质量保证能力，从而为业主提供稳定而高质的服务。

ISO9000 族 2000 版标准中"八项原则"中第一条是"以顾客为中心"，以顾客的需求和评价为"输入"和"输出"，对过程进行控制。所以 ISO9000 标准建立的管理体系必然能够体现出"顾客是上帝"，为顾客提供稳定而高质的服务。

第四，推行 ISO 系列标准，可以改变服务质量管理，减少不合格服务，从而使物业管理由人治转向法治，由被动转向主动，由自发的、分散的管理转为自觉的、系统的科学化

管理。

任何企业首先关心的是其产品服务质量，一个组织所建立和实施的管理体系应能证实其有能力稳定地提供满足顾客和适用法律和法规要求的产品服务。

ISO 系列标准的基本思想就是确保影响产品/服务质量的技术管理和人（包括物质资源）的因素处于受控状态，所有的控制应针对减少，消除不合格，尤其是预防不合格，从而使顾客满意。

第五，推行 ISO 系列标准可成为物业服务企业持续改善的推动力，促进物业管理水平的不断提高、持续发展。

持续改进是一个企业永恒的目标，实施系列标准，通过管理评审、内部/外部审核以及纠正预防措施，可以持续地改进管理体系的有效性，使企业得以持续发展。

此外，推行 ISO 系列标准还可以为物业服务企业实施全面质量管理打下良好基础，为物业服务企业参评优秀示范小区（大厦）打下坚实基础，从而促进物业服务企业的发展水平上档次。

二、物业管理常用的国际管理体系

（一）ISO9000 质量管理体系

1. ISO9000 质量系列标准

"ISO900 族"是国际标准化组织（International Organization for Standardiztion）在 1994 年提出的概念，是指由国际标准化组织质量管理和质量保证技术委员会（ISO/TC176）制定的所有国际标准。该标准族可帮助组织实施并有效运行质量管理体系，是质量管理体系通用的要求或指南。它并不受具体的行业或经济部门的限制，可广泛适用于各种类型和规模的组织，在国内贸易和国际贸易中促进相互理解。

国际标准化组织于 1979 年成立了质量管理和质量保证技术委员会（ISO/TC176），负责制定质量管理和质量保证标准。1986 年发布了 ISO8402《质量术语》标准，1987 年发布了 ISO9000《质量管理和质量保证标准选择和使用指南》、ISO9001《质量体系设计开发、生产、安装和服务的质量保证模式》、ISO9002《质量体系生产和安装的质量保证模式》、ISO9003《质量管理和质量体系要素指南》等五项标准。以上六项标准，通称为 ISO9000 系列标准。这套标准发布后，立即在全世界引起了强烈的反响。

1994 年 ISO9000 系列标准进行了修订，并提出了"ISO9000 族"的概念。为了适应不同行业、不同产品的需要，1994 版的 ISO9000 族标准，已达到 27 项标准和文件，它分成术语标准、两类标准的使用或实施指南、质量保证标准、质量管理标准和支持性技术标准五类。

（1）ISO9000：2000《质量管理体系基础和术语》，表述质量管理体系基础知识，并规定质量管理体系术语。

（2）ISO9001：2000《质量管理体系要求》，规定质量管理体系要求，用于证实组织具有提供满足顾客要求和适用法规要求的产品的能力，目的在于增进顾客满意。

（3）ISO9004：2000《质量管理体系业绩改进指南》，提供考虑质量管理体系的有效性和效率两方面的指南，目的是促进组织业绩改进和使顾客及其他相关方满意。

（4）ISO19011：2000《质量和（或）环境管理体系审核指南》，提供审核质量和环境管理体系的指南。

2. ISO9000 标准的基本要求

产品质量是企业生存的关键。影响产品质量的因素很多，单纯依靠检验只不过是从生产的产品中挑出合格的产品。这就不可能以最佳成本持续稳定地生产合格品。

一个组织所建立和实施的质量体系应能满足组织规定的质量目标。确保影响产品质量的技术、管理和人的因素处于受控状态。无论是硬件、软件、流程性材料还是服务，所有的控制应针对减少、消除不合格，尤其是预防不合格。这是 ISO9000 族的基本指导思想。具体地体现在以下几个方面。

（1）控制所有过程的质量。

ISO9000 族标准是建立在"所有工作都是通过过程来完成的"这样一种认识基础上的。一个组织的质量管理就是通过对组织内各种过程进行管理来实现的，这是 ISO9000 族关于质量管理的理论基础。当一个组织为了实施质量体系而进行质量体系策划时，首要的是结合本组织的具体情况确定应有哪些过程，然后分析每一个过程需要开展的质量活动，确定应采取的有效的控制措施和方法。

（2）控制过程的出发点是预防不合格。

在产品寿命周期的所有阶段，从最初的识别市场需求到最终满足要求的所有过程的控制都体现了预防为主的思想。

① 控制市场调研和营销的质量。

在准确地确定市场需求的基础上，开发新产品，防止盲目开发而造成不适合市场需要而滞销，浪费人力、物力。

② 控制设计过程的质量。

通过开展设计评审、设计验证、设计确认等活动，确保设计输出满足输入要求，确保产品符合使用者的需求。防止因设计质量问题，造成产品质量先天性的不合格和缺陷，或者给以后的过程造成损失。

③ 控制采购的质量。

选择合格的供货单位并控制其供货质量，确保生产产品所需的原材料、外购件、协作件等符合规定的质量要求，防止使用不合格外购产品而影响成品质量。

④ 控制生产过程的质量。

确定并执行适宜的生产方法，使用适宜的设备，保持设备正常工作能力和所需的工作环境，控制影响质量的参数和人员技能，确保制造符合设计规定的质量要求，防止不合格品的生产。

⑤ 控制检验和试验。

按质量计划和形成文件的程序进行进货检验、过程检验和成品检验，确保产品质量符合要求，防止不合格的外购产品投入生产，防止将不合格的工序产品转入下道工序，防止将不合格的成品交付给顾客。

⑥ 控制搬运、贮存、包装、防护和交付。

在所有的这些环节采取有效措施保护产品，防止损坏和变质。

⑦ 控制检验、测量和实验设备的质量，确保使用合格的检测手段进行检验和试验，确保检验和试验结果的有效性，防止因检测手段不合格造成对产品质量不正确的判定。

⑧ 控制文件和资料，确保所有的场所使用的文件和资料都是现行有效的，防止使用过时或作废的文件，造成产品或质量体系要素的不合格。

⑨ 纠正和预防措施。

当发生不合格（包括产品的或质量体系的）或顾客投诉时，即应查明原因，针对原因采取纠正措施以防止问题的再发生。还应通过各种质量信息的分析，主动地发现潜在的问题，防止问题的出现，从而改进产品的质量。

⑩ 全员培训。

对所有从事对质量有影响的工作人员都进行培训，确保他们能胜任本岗位的工作，防止因知识或技能的不足，造成产品或质量体系的不合格。

（3）质量管理的中心任务是建立并实施文件化的质量体系。

质量管理是在整个质量体系中运作的，所以实施质量管理必须建立质量体系。ISO9000族认为，质量体系是有影响的系统，具有很强的操作性和检查性。要求一个组织所建立的质量体系应形成文件并加以保持。典型质量体系文件的构成分为三个层次，即质量手册、质量体系程序和其他的质量文件。质量手册是按组织规定的质量方针和适用的ISO9000族标准描述质量体系的文件。质量手册可以包括质量体系程序，也可以指出质量体系程序在何处进行规定。质量体系程序是为了控制每个过程质量，对如何进行各项质量活动规定有效的措施和方法，是有关职能部门使用的文件。其他质量文件包括作业指导书、报告、表格等，是工作者使用的更加详细的作业文件。对质量体系文件内容的基本要求是：该做的要写到，写到的要做到，做的结果要有记录，即"写所需、做所写、记所做"的九字真言。

（4）持续的质量改进。

质量改进是一个重要的质量体系要素，GB/T19004.1标准规定，当实施质量体系时，组织的管理者应确保其质量体系能够推动和促进持续的质量改进。质量改进包括产品质量改进和工作质量改进。争取使顾客满意和实现持续的质量改进应是组织各级管理者追求的永恒目标。没有质量改进的质量体系只能维持质量。质量改进旨在提高质量。质量改进通过改进过程来实现，是一种以追求更高的过程效益和效率为目标。

（5）一个有效的质量体系应满足顾客和组织内部双方的需要和利益。

即对顾客而言，需要组织能具备交付期望的质量，并能持续保持该质量的能力；对组织而言，在经营上以适宜的成本，达到并保持所期望的质量。即满足顾客的需要和期望，又保护组织的利益。

（6）定期评价质量体系。

其目的是确保各项质量活动的实施及其结果符合计划安排，确保质量体系持续的适宜性和有效性。评价时，必须对每一个被评价的过程提出如下三个基本问题：

① 过程是否被确定，过程程序是否恰当地形成文件；

② 过程是否被充分展开并按文件要求贯彻实施；

③ 在提供预期结果方面，过程是否有效。

（7）搞好质量管理关键在领导。

组织的最高管理者在质量管理方面应做好下面五件事。

① 确定质量方针。由负有执行职责的管理者规定质量方针，包括质量目标和对质量的承诺。

② 确定各岗位的职责和权限。

③ 配备资源，包括人力、财力、物力。

④ 指定一名管理者代表负责质量体系。

⑤ 负责管理评审，达到确保质量体系持续的适宜性和有效性。

回顾历史，ISO9000 族标准起源于科学的进步和技术的发展。展望未来，高新技术的发展更有待于 ISO9000 族标准的指导。成熟的 ISO9000 系列标准在科技领域的应用为科技的进步提供了无穷的动力。

（二）ISO14000 环境管理体系

1. ISO14000 环境管理系列标准

ISO14000 环境管理系列标准是国际标准化组织（ISO）发布的序列号为 14000 的一系列用于规范各类组织的环境管理的标准。国际标准化组织成立于 1974 年，是当今世界上最大的国际标准化机构，也是最大的国际科学技术组织，已发布了大量的工业与产品标准，也有管理标准如 ISO9000 质量系列。

国际标准化组织为制定 ISO14000 环境管理系列标准于 1993 年 6 月设立了第 207 技术委员会（TC207）。它是在国际环境保护大趋势下，在 1992 年联合国环境与发展大会之后成立的，下设了 6 个分委员会和 1 个工作组，内容涉及环境管理体系（EMS）环境管理体系审核（EA）环境标志（EL）生命周期评估（LCA）环境行为评价（EPE）等国际环境管理领域的研究与实践的焦点问题，是近十年来环境保护领域的新发展、新思想，是各国采取的环境经济贸易政策手段的总结，内容非常丰富。TC207 的工作是卓有成效的，用 3 年的时间完成了环境管理体系和环境审核标准制定工作，其他标准因内部分歧较大，作为正式国际标准出台尚需时日。

我国于 1995 年 10 月成立了全国环境管理标准化委员会，迅速对 5 个标准进行了等同转换，因而环境管理体系及环境审核也就构成了今天意义上的ISO14000的主要内涵。这五个标准如下：

（1）GB/T24001-ISO14001：环境管理体系-规范及使用指南。

（2）GB/T24004-ISO14004：环境管理体系-原理、体系和支撑技术通用指南。

（3）GB/T24010-ISO14010：环境审核指南-通用原则。

（4）GB/T24011-ISO14011：环境管理审核-审核程序-环境管理体系审核。

（5）GB/T24012-ISO14012：环境管理审核指南-环境管理审核员资格要求。

2. ISO14001标准的基本要求

ISO14001为各类组织提供了一个标准化的环境管理模式，即环境管理体系（EMS）。标准对环境管理体系的定义是："环境管理体系是全面管理体系的组成部分，包括制定、实施、实现、评审和维护环境方针所需的组织结构、策划活动、职责、操作惯例、程序、过程和资源"。实际上，环境管理体系就是企业内部对环境事务实施管理的部门、人员、管理制度、操作规程及相应的硬件措施。一般的，企业对环境事务都进行着管理，但可能不够全面、不系统，不能称之为环境管理体系。另一方面，这套管理办法是否能真的对环境事务有效，是否能适合社会发展需求，是否适应环境保护的要求，在这些问题上各企业之间差异很大。环境问题的重要性日益显著，特别是它在国际贸易中的地位越来越重要，国际标准化组织总结了ISO9000的成功经验，对管理标准进行了修改，针对环境问题，制定了ISO14001标准。可以认为ISO14001标准所提供的环境管理体系是管理理论上科学、实践中可行、国际上公认、且行之有效的。

ISO14001所规定的环境管理体系共有17个方面的要求，根据各条款功能的类似性，可归纳为五方面的内容，即环境方针、规划（策划）、实施与运行、检查与纠正措施、管理评审等。这五个方面逻辑上连贯一致、步骤上相辅相承，共同保证体系的有效建立和实施，并持续改进，呈现螺旋上升之势。

首先，实施环境管理体系必须得到最高管理者的承诺，形成环境管理的指导原则和实施的宗旨，即环境方针，要找出企业环境管理的重点，形成企业环境目标和指标；其次，贯彻企业的环境方针目标，确定实施方法、操作规程，确保重大的环境因素处于受控状态；再次，为保证体系的适用和有效，设立监督、检测和纠正机制；最后，通过审核与评审，促进体系的进一步完善和改进提高，完成一次管理体系的循环上升和持续改进。

（三）OHSAS18000职业安全健康管理体系

1. OHSAS18000职业安全健康标准

随着世界经济一体化进程的发展，职业安全卫生受到国际社会的普遍关注，早在70年代初期，一些发达国家针对国内职业安全卫生的现状提出了："国家检察，雇主负责，行业（协会）管理，工人监督"的职业安全卫生管理模式。健全和规范了职业安全卫生管理，同时与之相适应的法律、法规及管理标准也日趋完善和成熟。由于国际社会的关注，越来越多的国际组织希望将职业安全卫生、职业安全卫生管理体系及其标准系统化、规范化，以更科学的方式全面推进职业安全卫生管理体系。

80年代末开始，一些发达国家率先开展了研究及实施职业安全健康管理体系的活动。国际标准化组织（ISO）及国际劳工组织（ILO）研究和讨论职业安全健康管理体系标准化问题，许多国家也相应建立了自己的工作小组开展这方面的研究，并在本国或所在地区发展这一标准，为了适应全球日益增加的职业安全健康管理体系认证需求，1999年英国标准协会（BSI）、挪威船级社（DNV）等13个组织提出了《职业安全卫生评价系列标准》（OHSAS），即OHSAS18001和OHSAS18002，成为国际上普遍采用的职业安全与卫生管理体系认证标准。

1999年10月，国家经贸委颁布了《职业安全卫生管理体系试行标准》（Occupational Safety and Health Management System，简称OSHMS）。为迎接加入世界贸易组织后国内企业面临的国际劳工标准和国际经济一体化的挑战，规范各类中介机构的行为，国家经贸委在原有工作基础上，于2001年12月发布了《职业安全健康管理体系指导意见》和《职业安全健康管理体系审核规范》；国家质量监督检验检疫总局颁布《职业安全健康管理体系规范》（GB/T28001-2001），2002年1月1日正式实施。2002年3月20日，国家安全生产监督管理局下达关于印发《职业安全健康管理体系审核规范-实施指南》的通知。2002年6月29日，九届全国人大常委会审议通过了《安全生产法》，以促进企业《职业安全健康管理体系规范》GB/T28001-2001管理体系的建立。职业安全健康管理体系审核规范秉承了ISO14001标准成功的思维及管理（PDCA）模式，且由于职业安全健康管理体系与环境管理体系的密切联系和共通之处，其标准条款及相应要求也具备许多共同的特点。

目前，职业安全健康管理体系已被广泛关注，包括组织的员工和多元化的相关方（如居民、社会团体、供方、顾客、投资方、签约者、保险公司等）。标准要求组织建立并保持职业安全与卫生管理体系，识别危险源并进行风险评价，制定相应的控制对策和程序，以达到法律法规要求并持续改进。在组织内部，体系的实施以组织全员（包括派出的职员、各协作部门的职员）活动为原则，并在一个统一的方针下开展活动，这一方针应为职业安全健康管理工作提供框架和指导作用，同时要向全体相关方公开。

2. OHSAS18000标准的基本要求

我国在职业安全健康方面从一开始就十分重视，紧跟国际步伐，在原有标准基础上颁布的符合中国国情的《职业安全健康管理体系规范》主要内容包括17个要素，在认证过程中主要对企业作如下要求。

（1）应建立并维持一个安全卫生管理系统。

（2）应有高阶主管授权的职业安全卫生政策，清楚陈述整体安全卫生目标与改善安全卫生绩效之承诺。

(3）规划。

① 应建立并维持适当的程序以持续鉴别危害、评估风险及实施必要的控制方法。

② 应建立制度维持程序，以鉴别并取得适用之法令规章与其他安全卫生要求事项。组织应保持此项资讯之更新。法令规章与其他要求事项之相关资讯应传达给员工及其他利害相关者。

③ 内部各个相关部门与阶层，就建立并维持文件化的职业安全卫生目标。

④ 组织应制订并维持一个或多个安全卫生管理方案，以达成其目标。

（4）实施与运作。

① 对于管理、执行及验证组织活动、制程中具有安全卫生风险之人员，其角色、责任及权限应加以界定、文件化及宣导沟通，以促进安全卫生管理。高阶主管负有职业安全卫生之最终责任。组织应指派高阶主管中之一员（如大型组织中之执行委员会成员）为管理代表以负特殊责任，并确认安全卫生管理系统在组织中所有地点、领域的运作，皆能依照要求事项适切地实施及执行。管理阶层应提供实施、管制及改善安全卫生管理系统所需要的资源。

② 在工作场所中担任可能造成安全卫生冲击之工作的人员，应具备能力。能力应以适当的学历、训练及（或）经验加以界定。

③ 组织应有适当的程序，以确认能向员工及其他利害相关者传达及咨询适切的安全卫生资讯。

④ 组织应建立并维持适用的书面或电子形式的记录。

⑤ 组织应建立并维持适当的程序，准备能管制本标准所要求的各项文件及资料。

⑥ 组织应鉴别出那些作业与活动项目是需使用控制方法的风险有关，组织应规划包括维修在内的上述活动。

⑦ 组织应建立并维持适当的计划及程序，以鉴别可能发生和回应所发生之意外事件及紧急状况，并防止或减轻此类事件所可能造成的疾病及伤害。应审查其紧急事件准备与应变计划及程序，特别是在意外事件或紧急事件发生后。如实际可行，组织应定期测试这些应变和谐。

（5）检查与矫正措施。

① 组织应建立并维持适当的程序，以定期监督与量测安全卫生绩效。

② 组织应建立并维持适当的程序以界定权责。

③ 组织应建立并维持适当的程序，以进行安全卫生记录的鉴别、维护及处置。这些记录应包括稽核及审查结果。安全卫生记录应清楚易读、可辨识，并可追溯到相关的活动。安全卫生记录的保存与维护应做到容易检索，保护其不受到损坏、变质或遗失，而且应规定并记录其保存期限。

④ 组织应建立并维持一个稽核方案与适当的程序，并能定期执行安全卫生管理系统之稽核工作，以判断安全卫生管理系统是否符合安全卫生管理的各项规定。

（6）管理阶层审查。

组织的高阶主管应依其自行决定的时间审查安全卫生管理系统，以确认其持续适用性、适切性及有效性。管理阶层审查的过程，应确保管理阶层审查的过程应确保管理阶层能获得必要的资讯以进行评估。审查过程与结果应予以文件化。管理阶层审查应依据安全卫生管理系统之稽核结果、情势的变化以及持续改善的承诺，提出修改的安全卫生管理系统政策、目标及其他构成要项的可能需求。

第二节　QEO——一体化管理体系及贯标

一、一体化管理体系的简介

一体化管理体系（Integrated Management System）又称为"综合管理体系"、"整合型管理体系"等，是指两个或三个管理体系并存，将公共要素整合在一起，两个或三个体系在统一的管理构架下运行的模式。通常具体是指组织将ISO9000标准、ISO14000标准和OHSAS18000标准三位合一。

"一体化审核"则是指认证机构在同一时间，用同一审核组，按同一审核计划，对同一组织已整合运行的两个或两个以上管理体系进行审核。一体化审核适用于多种情况，有许多种组合的方式，如ISO9001与HACCP的整合、ISO9001与ISO14001/OHSMS18001整合、TL9000与ISO14001的整合等。

一般认为，无论被审核方的管理体系是整合的一体化体系，还是分立的几个体系，凡是由同一审核主体将被审核方管理体系作为一个整体并同时依据相关的审核准则（包括各认证标准）进行的一次性审核，都属于一体化审核的范畴。按照这种界定原则，由同一审核组在一次审核中通过其内部的分组分别承担不同标准的审核，不能称之为一体化审核，只是属于一种"联合审核"。

二、一体化管理体系的建立

（一）一体化管理体系的建立的原因

随着ISO9000认证、ISO14000认证和OHSAS18000认证的迅速发展，为了适应各种情况的需要，企业可能需要多种管理体系的认证，不过由于质量管理体系（QMS）、环境管理体系（EMS）、《职业安全卫生管理体系试行标准》（OSHMS）三个体系在管理目的、对象的不同，三个标准之间存在着明显差异，加上多数的组织负责质量、环境保护和安全卫生的一般不是一个部门，三个体系自成系统，多数组织在实施时都采用了各自独立的体系，这种产生多体系和大量重复文件的情况导致企业管理效率降低，相同的工作重复，且难以控制和实施。在管理体系的实施和运行中就会存在以下问题。

第一，一些组织为了满足不同标准认证的需要，不得不做重复劳动，因此出现了三本手册、三套程序文件、重复内审、重复管理评审的现象，导致管理体系运行效率低下。

第二，由于认证审核不统一，企业为了获得三种证书，就得接受三种审核，有时可能是由2家或3家认证机构进行的。这不但使企业的审核费、交通费和接待费增加，而且还要耗去管理人员和员工的时间和精力，资源的浪费，人力、物力、财力的重复投入将大大提高企业申请认证的费用，打击企业进行管理体系认证的积极性，阻碍认证工作的进展。

通过建立一体化管理体系的可以降低管理和认证费用，促进体系认证工作的开展，减少管理上的不协调，有利于提高管理效率，使各管理领域可以优势互补，为认证提供整体解决问题的手段，有利于在组织内建立质量、环境和职业安全卫生相融合的管理观念。

（二）质量、环境、职业安全卫生综合管理体系的建立的可行性

QMS、EMS、OHSMS 管理体系的标准在管理思想、标准要素等内容上有很强的关联性，在体系的运行模式、文件的架构上是基本相同或相似的，这样就为 QMS、EMS、OHSMS 管理体系的建立和实施提供了可能。

（1）三个体系的理论基础相同，均采用了戴明管理理论，强调持续改进。
（2）三个标准都具有广泛的适用性，适用于任何类型、任何规模的组织。
（3）管理体系采用共同的管理的系统方法。
（4）都具有兼容性等。

一体化管理体系是建立方针和目标并实现这些目标的相互关联或相互作用的一组要素、组织机构、管理、程序过程和资源。它比多个管理体系更能有效达到依据方针所制定的目标。

根据组织的一体化管理体系的要求，对建立这三种管理体系的基本过程进行阐述，对三个体系的要求加以协调融合，以提高工作效率，并避免重复与浪费。

（三）一体化管理体系的建立

一体化管理体系建立的基本过程参见表 10-1。

表 10-1　一体化管理体系建立的基本过程

共同主题	要素	包含的典型事项及标准要求
初始管理评审	1. 现状评审调查	识别过程及其相互关系（q4.1）
		识别重要环境/安全因素（eo4.3.1）
		确定适用法律法规要求（eo4.3.2）
	2. 体系方针目标策划	确定管理体系方针（q5.1+eo4.2）
		根据方针确定目标/指标和管理方案（q5.4+eo4.3.3/4.3.4）

续表

共同主题	要素	包含的典型事项及标准要求
资源保证	1. 明确组织机构	识别确定各相关部门的职责权限并予以沟通（eo4.4.1+q5.2/5.3/5.5）
	2. 人力资源提供	根据体系推进的要求，安排适当的资源，包括人员的培训与基础设施工作环境的安排（q6+eo4.4.1/4.4.2）
体系文件	1. 识别应建立保持的文件	包括外来文件的识别、所需文件的编制、修订归纳、所需记录要求的确定等（q4.2+oe4.4.4）
	2. 文件与记录管理	根据文件控制要求分发控制文件
		策划对记录的管理（q4.2+oe4.4.5）
实施文件	1. 过程控制实施	按照文件的规定和策划的结果实施管理，对识别出的过程/重要环境因素/重要危险因素进行控制，执行旨在实现目标的管理方案，包括对应急情况的管理、对相关方施加影响等以及安排所需的支持性的培训、交流等活动，保存所需的各种实施记录并妥善管理（q7+q6.2+eo4.4.2/4.4.3/4.4.6/4.4.7）
	2. 过程实施的日常监控	依据文件规定实施过程/体系的监控，包括顾客满意、产品/过程质量、遵守相关法规要求情况、环境/安全绩效/表现等，所需监视测量仪器管理；对监控中出现的问题采取适当的措施，以持续改进整个管理体系；保存整个监控过程的记录（q8+eo4.5）
管理评审	最高管理层对体系的评审	按照策划的时间间隔由最高管理层评价体系的持续适用性、充分性和有效性（q5.6+eo5.6）

理解与说明：按照以上过程建立的一体化管理体系可以有效地融合了ISO9000、ISO14000、OHSAS18000标准的要求，但是要达到高度协调一致，取得最优化的结果（管理成本效益的优化）是需要组织在较好地理解以上过程要求的基础上，把自身管理实际与相应的要求有机地结合在一起才能实现的。

下面将对有关要求做简要分析。

（1）初始管理评审。

领导作用的充分发挥是建立有效一体化管理体系的先决条件，最高管理层的承诺和参与也是做好初始管理评审、提出有挑战性方针目标和建立适合的管理体系的前提，因此在策划管理体系时，应通过初始评审了解质量环境安全管理的特色、差距和努力达到的方向，要求：

① 质量管理过程及其相互作用的识别和控制现状分析；

② 过程中环境因素/危险因素识别评价和重要现状影响分析和控制策划；

③ 遵守法律法规和其他要求（包括顾客要求）的情况分析和控制策划，这里面应识别出包括质量方面法律、技术规范、行业标准，适用于组织环境因素与职业健康安全的法律法规标准，以及相关方的质量环境和安全方面的要求；

④ 历史上曾经的事件、事故情况调查分析等。

在得到充分信息的基础上，结合实际由最高管理者批准组织在质量环境安全管理方面的承诺（方针）和目标（必要时尤其在涉及职业健康安全时，应安排员工或其代表的参与），作为一体化体系的建立和保持的基础。

（2）资源保障。

为了实现一体化管理体系的方针和目标，最高管理层应安排适当的资源予以保障，要求：

① 建立适当的组织机构以执行体系的建立保持活动；

② 安排有能力的人员去从事体系的维护工作，必要时实施培训；

③ 为达到遵守法律法规和其他要求、有效控制重要过程和其中的重要环境安全因素而建立的目标，配置充分的技术资金、资金、人力资源；

④ 条件许可时应不断更新、完善、补充保障健康安全和环境条件的设施工具，如设置必要的安全防护装置、环境处理设施等。

（3）体系文件。

文件是一体化管理体系的外在表现，应能反映出整个体系的全部要求。

① 建立/完善一体化的管理手册和必须的程序文件，程序至少应包含（但不限于）：文件、记录控制程序、内部审核管理程序、不合格/不符合处理程序、纠正预防措施控制程序、环境安全因素管理程序、法律法规管理程序、人力资源/培训管理程序、信息交流咨询管理程序、应急准备响应程序、监测与测量管理程序等。

② 完善为控制过程、环境因素、风险所需要的其他文件/规范/要求。

③ 合理安排为证实体系有效运转和用于追溯的记录。

④ 识别外来文件的控制要求并保持。

（4）实施过程控制。

有效实施一体化管理体系文件是体系成败的关键。

① 通过培训或其他方式确保关键过程/岗位、从事重要环境因素和重要职业健康安全影响有关岗位的人员（不论是否组织内部）胜任其工作。

② 通过通畅的信息交流、咨询协商等活动使得组织内部以及其相关方能够了解与一体化管理体系有关的信息，包括重要环境与健康安全的影响、紧急情况与响应计划、建议抱怨投诉的传达等。

③ 依照策划的各类规范、指导性文件、图样等的规定进行操作，包括实施运行控制方面的程序、环境/安全管理方案、操作指导书、应急响应计划、产品/服务实现有关的规定等，

保存实施有关过程的记录和数据。
  ④ 对分包方或供方施加必要的影响。
  ⑤ 有效控制各类文件以确保关键岗位可以得到现行版本。
  ⑥ 其他内容的实施等。
（5）实施监控活动。
为确保体系的改进和按照策划的结果有效运行，必须实施必要的监视活动，它至少包括：
① 环境和职业健康安全绩效监测；
② 遵守法律法规要求状况的定期评价；
③ 目标指标管理方案实施情况的监控；
④ 运行/过程控制有关内容的监视与测量；
⑤ 产品/服务趋势的监控；
⑥ 顾客满意情况的测量；
⑦ 有关事故、事件情况的调查分析；
⑧ 所用到的监视或测量设备的管理；
⑨ 按照策划的时间间隔开展的内部管理体系审核和管理评审；
⑩ 其他安排的监视和测量活动等。
对于监控中发现的不合格或不符合情况必须得到有效处理，因此应安排以下活动：
① 规定职责以处理处置不合格品或不符合的情况；
② 实施必要的数据分析；
③ 在评价风险基础上，采取适当的纠正或预防措施并予以完成；
④ 因采取纠正预防措施而产生的体系变更应按照相关的要求进行改变，包括各类文件的修改；
⑤ 有证据可以证明一体化体系建立和实施的符合性，持续适用性、充分性和有效性；
⑥ 监控过程的记录应妥善保管。
　　一体化管理体系建立是一件综合性工程，本文给出的只是一个简单的、理想化的"模型"，最多希望能在建立体系时给予方向性指导，要得到有效实施或实质性帮助则除了对组织自身有较高的要求外，还有赖于组织各层次的参与和技术上的支持，如一体化管理职权的统一、领导作用的发挥和全员参与、资源的充分配置，尤其各方面技术力量的相对集中等。不过建立一体化管理模式是发展的必然要求，也是对组织能力的一次检验，我们真诚地希望越来越多的各类组织接受一体化管理的理念和挑战，以取得综合管理水平的持续提高、与时俱进。

三、物业服务企业贯标流程

为便于理解，将贯标流程及每一阶段的主要内容列入贯标流程主要内容。

（一）前期咨询

由总经理（最高管理者）指定有关部门进行前期咨询，聘请三标一体化管理体系专业顾问，协助建立文件化的管理体系，指导一体化管理体系在本企业的运行。

（二）任命管理者代表

由总经理（最高管理者）任命管理者代表。其职责是负责管理体系的建立、实施、保持和改进；主持管理体系文件的编制、实施；组织内部审核组对管理体系的运行情况进行监督检查；处理与管理体系运行有关的问题；协助总经理（最高管理者）做好管理评审等。

（三）建立文件化管理体系

包括管理体系文件的编制、审核、批准、发布等几个阶段；具体执行《文件控制程序》。管理体系文件（试用版）发布，标志着企业管理体系开始（试）运行。

（四）内部审核员的培训

在管理体系文件编制期间，企业选派业务骨干外出接受QEO一体化管理内部审核员的培训，培训合格后获取《内审员证书》；在管理体系运行前由总经理（最高管理者）任命企业内部审核员。

（五）员工培训

员工培训分三个阶段：（1）在管理体系运行之前，总经理（最高管理者）主持召开全员贯标大会，从思想上、意识上为管理体系在企业的推行做好准备；（2）在管理体系文件发布后，管理者代表组织企业员工进行管理体系管理手册和程序文件的贯彻培训；（3）各部门在获得管理体系文件后，组织部门员工对作业规程进行培训，培训应多层次、全方位的开展，直至员工基本都能理解和掌握文件的要求。

（六）管理体系试运行

管理体系文件发布后，开始进入试运行阶段，试运行阶段时间在1个月左右，其目的一是为了检验管理体系文件的适宜性和有效性，二是为了让员工养成严格按文件执行的习惯，为管理体系在企业的正式推行打好基础。

（七）第一次内部审核

试运行阶段结束后，管理者代表应组织内部审核组对管理体系的试运行情况进行第一次内部审核。若认为运行时间尚短，无法对其充分性、适宜性和有效性进行评价，可不进行第一次内部审核。内部审核具体执行《内部审核控制程序》。

（八）修改完善体系文件

试运行 1 个月左右时，管理者代表应组织各部门经理对管理体系文件进行一次全面修改。修改内容包括：去掉不适宜的文件，增加遗漏的文件，修改文件中不充分、不全面、不适宜、不易操作与评价的内容。修改后的管理体系文件（正式版），应更符合企业的实际情况，更充分明了、严谨规范，更具有可操作性、可检查性和可评价性。

（九）管理体系的运行

文件完善后，管理体系转入正式运行期。对管理体系实施运行的基本要求包括：(1) 严格按文件工作，严禁随意作业、不按规程工作；(2) 严格依照工作的实际情况进行记录，严禁弄虚作假；(3) 不允许出现抵触管理体系推行的现象。

（十）第二次内部审核

在管理体系运行 2 个月左右的时间时，管理者代表应组织内部审核组进行第二次内部审核。此次审核的重点包括：发现执行中出现的不合格，发现体系文件的不适宜，有针对性帮助员工解决推行中的各类问题，锻炼内部审核员。第二次内审后，应依据审核结果进一步修正、完善管理体系文件。

（十一）预审核

当管理体系实际有效平稳地运行了 3 个月后，由总经理（最高管理者）决定公司向 QEO 三标一体化管理体系认证机构提请认证申请并预约好认证前的预审核。

认证预审由企业提前两个星期向认证机构报送企业管理体系的一级文件（管理手册）和二级文件（程序文件），经认证机构审核通过后，双方约定好预审的时间。

全体员工均应预审时恪守职责、认真工作，以确保预审的顺利进行。

预审完毕后，依据认证机构审核员的审核意见，进一步修改管理体系文件。

（十二）现场认证审核

预审通过后，根据认证机构确定的现场认证审核的时间来积极准备现场认证审核。总经理（最高管理者）应亲自组织安排认证的准备工作。现场认证的准备工作包括：整理好所有的原始记录，整理好所有的文件，按文件规定整理好所管理物业的硬件设施，以良好的精神风貌和工作状态迎接认证审核。

（十三）管理体系的持续改进

QEO 三标一体化管理体系是一个需要持续改进的体系。最高管理者应视企业的发展情况不断地改进和完善管理体系，建立"三级监控"机制（日常检查、内部审核、管理评审），保证管理体系的持续改进。

四、物业服务企业贯标应注意的问题

从ISO9000族标准1994年进入我国，成为国家标准至今已走过了十余年。贯标为综合提升企业的管理水平做出了一定的贡献。然而，并不是所有的企业都能成为ISO9000族标准中提到的"通过实施质量管理体系寻求优势的组织"，究其原因，主要有以下几个方面。

（一）端正动机是贯标的前提

为什么贯标是每个组织决策者应当搞清楚的问题。有些企业贯标为证书而认证，等到证书到手又一切恢复原貌，原来怎么做，依然如故，认为贯标就是应对认证机构的检查，贯标的主要工作就是整理文件、资料，就是对照标准找支撑材料。诚然，ISO9000族标准强调要用文件、记录来支持、验证质量体系运行的符合性和有效性，但这些文件、记录应该是在体系的运行过程中自然形成的，而不是事后套用编写出来的。企业为应付认证机构的监审、复审往往采取会战形式，抽调骨干，突击培训、补文件、补记录，精心挑选恰当的审核线路，让不符合标准要求的现场、不了解体系运行的员工回避认证机构的现场审核等。这样做不仅浪费了企业的管理资源，而且还大大增加了认证的成本，更重要的是这种做法的贯标丝毫不能提高企业的管理水平和竞争力，也不可能通过改善内部的管理来更好地满足顾客、社会、员工等相关方面的需求。

贯标不等于认证。贯标是一个过程，是企业决定按标准要求自身管理行为起每时每刻都在进行着的过程；认证是一个结果，是在一个相对较短的时间段内，由认证机构对企业贯标过程的验证。如果只是一味地看重证书的作用，认为获得证书就拿到了市场的准入证，而忽略了过程才是贯标的关键，这既不符合企业发展的长远利益，也违背了ISO9000族标准的基本要求。正确的贯标动机只能是有效改善企业的管理水平，满足顾客、社会、员工等相关方面的需求。

（二）全员参与是贯标的保证

"领导作用、全员参与"被列为八项管理原则的第二项、第三项，说明二者的重要程度。如果说"领导作用"是贯标的基础，那么"全员参与"就是贯标的保证。从某种意义上来讲，"全员参与"更需要企业决策者的高度重视。

目前我国企业在贯标过程中的通常做法是确定认证目标以后，成立一个专门的机构或安排专人（如贯标小组、管理者代表）编制本企业（质量）管理手册和程序文件，并负责协调质量体系的运行、检查和监督，企业的其他相关部门则指定一个或几个人员负责本部门作业规程（文件）的编写、联络、协调工作。所有的贯标工作都由贯标机构和贯标员去做，其他人员（包括单位的主管领导）既不学习标准及本企业的质量管理手册和程序文件，也没有明确自己在管理体系中的职责和权限，更谈不上按照标准和文件的要求开展本岗位工作了。

没有全员参与的管理体系只能是纸上谈兵。这里要搞清楚几个问题。一是全员的概念。全员，顾名思义，就是全体员工，上至最高管理者，下至最基层员工。二是参与的含义。不同层级的员工，其岗位不同，参与点也不尽相同。如最高管理者需要决策、制定方针目标、批准文件发布、提供到位的资源、组织管理评审等；管理者代表需要建立、实施并保证管理体系的有效运行；各部门负责人负责落实本部门所负职责，督促和检查管理体系在本部门的有效运行等。

如果企业决策者已经搞清楚了"为什么贯标"这个问题，该企业的管理体系必将会覆盖企业绝大多数的管理过程（由于我国对企业的财务管理有较完善的管理、监督机制，因此绝大多数企业在贯标中不将财务管理纳入体系），涉及纳入体系管理的每个岗位、每项过程。因此每个岗位、每个员工均应做到了解管理体系构成、熟记管理方针、明确本岗位职责、保证管理体系在本岗位的有效运行，并对本人所填报记录的真实性、准确性和完整性负全责。只有这样，才能保证管理体系在企业内部有效运行，促进企业的良性发展，实现企业贯标的初衷与目标。

（三）符合实际是贯标的关键

确定管理体系的持续适宜性、充分性和有效性是衡量企业是否符合标准的三个决定性要求。

适宜性就是要符合实际，符合实际是贯标的关键。以一个物业服务企业建立的质量管理、环境管理、职业健康安全管理三标一体化管理体系为例，主要从五个方面判断是否符合实际。

（1）方针、目标指标和管理方案与服务过程是否相适宜，与各岗位的职责分工是否相适宜；重要环境因素与所处环境是否相适宜；重要环境因素与所处环境是否相适宜；重大危险源与所采取的控制措施是否相适宜。

（2）组织机构、职责、权限和作用与管理体系的运行要求和企业的实际情况是否相适宜，人力、物力、财力资源的提供与管理体系的运行要求是否相适宜。

（3）管理体系文件的难易程度与大多数员工的能力和文化程度是否相适宜。

（4）企业相关法律、法规和其他要求的选择与企业的活动特点、服务性质及其对环境影响、职业健康安全风险是否相适宜。

（5）企业的"三级监控"机制（即日常检查、内部审核、管理评审）与企业服务过程是否相适宜。

（四）其他

由于文件编写是建立管理体系的第一步，此时企业对管理体系标准的理解并不十分透彻，为避免出现编写上的疏漏造成文件发布后反复修改的现象，因此，在策划阶段，在建立文件化的管理体系的初期，负责管理体系建立的人员和文件编制者应注意以下三点。

1. 认真学习

一是学标准，对 ISO9000、ISO14000、OHSAS18000 标准条款进行认真学习，对照标准和组织实际状况列出要求必须形成文件的手册、程序文件、记录等；二是学他人，对相同行业、相近企业贯标的经验教训进行"扬弃"地学习。

2. 过程识别要充分

一类是标准明确要求控制的过程（如采购、培训、文件、记录等）；另一类是标准并为明确要求，但企业认为应当控制的过程（合同、投标、接管等）。

3. 文件要求要清楚，没有歧义

由"由谁、何时、做何事、如何做"四个要点缺一不可。

此外，建立文件化管理体系时还应注意以下几个问题。

第一，管理手册和程序文件的内容应符合 QEO 三标一体化标准的要求，满足本企业提供物业管理服务要求，切合本企业的实际，遵守相关法规、条例的规定和要求。

第二，作业规程的内容应满足管理手册和程序文件的规定，满足 QEO 三标一体化的相关要求。

第三，管理体系文件具有可操作性、可检查性、可评价性，繁简程度与员工的岗位要求能力相适应。

本章复习思考题

一、填空题

1. 推行 ISO 系列标准，可以优化_____，简明_____，降低_____，提高_____。
2. 质量管理的中心任务是_____。
3. 典型质量体系文件的构成分为三个层次，即_____、_____和_____。
4. "一体化管理体系"通常具体是指组织将_____、_____和_____三位合一。
5. 建立文件化管理体系包括管理体系文件的_____、_____和_____等几个阶段。

二、选择题

1. 国际标准化组织于（　　）年成立了质量管理和质量保证技术委员会（TC176），负责制定质量管理和质量保证标准。

  A．1974　　　　B．1979　　　　C．1986　　　　D．1989

2. 1994 版的 ISO 9000 族标准已达到（　　）项标准和文件。
   A. 4　　　　　　　　　　　　B. 5
   C. 6　　　　　　　　　　　　D. 27
3. 控制过程的出发点是（　　）。
   A. 预防为主
   B. 建立并实施文件化的质量体系
   C. 持续的质量改进
   D. 预防不合格
4. （　　）是建立有效一体化管理体系的先决条件。
   A. 资源保障　　　　　　　　B. 领导作用的充分发挥
   C. 实施监控活动　　　　　　D. 体系的改进
5. 管理者代表由（　　）任命。
   A. 总经理　　　　　　　　　B. 董事长
   C. 常务副总经理　　　　　　D. 董事会
6. OHSAS18000 标准在认证过程中主要对企业（　　）作如下要求。
   A. 一般要求事项　　　　　　B. 安全卫生政策
   C. 规划　　　　　　　　　　D. 实施与运作
   E. 检查与矫正措施
7. "一体化审核"则是指认证机构在同一时间，用同一审核组，按同一审核计划，对同一组织已整合运行的（　　）管理体系进行审核。
   A. 一个　　　　　　　　　　B. 两个
   C. 两个以上　　　　　　　　D. 所有
8. 确切管理体系的持续（　　），是衡量企业是否符合标准的三个决定性要求。
   A. 适宜性　　　　　　　　　B. 完整性
   C. 充分性　　　　　　　　　D. 有效性
   E. 真实性
9. 公司的"三级监控"机制包括（　　）。
   A. 外部咨询　　　　　　　　B. 管理评审
   C. 内部审核　　　　　　　　D. 管理评审
   E. 风险评估
10. 在建立文件化的管理体系的初期，负责管理体系建立的人员和文件编制者应注意（　　）。
    A. 认真学习　　　　　　　　B. 记录完整
    C. 过程识别要充分　　　　　D. 符合要求
    E. 文件要求要清楚，没有歧义

三、判断题

1. 只有制造企业才需要推行 ISO 系列标准。   （   ）
2. 国际标准化组织于 1979 年成立了质量管理和质量保证技术委员会。 （   ）
3. 由同一审核组在一次审核中通过其内部的分组分别承担不同标准的审核，称之为一体化审核。   （   ）
4. 管理体系文件试运行阶段时间在 2 个月左右。   （   ）
5. 符合实际是贯标的关键。   （   ）

四、简答题

1. 物业服务企业导入 ISO 系列标准体系有什么作用？
2. 物业服务企业贯标应注意什么问题？

五、案例分析题

根据规定，班长应对工作人员每天进行服务质量的日检查工作，并在下班前 20 分钟填写相关的服务质量日检表。审核时发现在当天下班前 3 小时，日检表已填写完毕。班长解释说，今天跟平时一样，一般不会发生什么问题，所以为了省时间，先填好记录，再检查也没什么关系。

请问：该操作违反什么规定？

第 11 章 物业管理法制建设

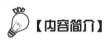【内容简介】

物业管理法律关系是指在物业管理服务活动的过程中所形成的特定主体之间的权利义务关系。本章详细介绍了物业管理法律法规的渊源,物业管理法制建设意义、进程、法律责任以及归责等内容。

【关键词】

物业管理法律关系　法制建设　法律责任

第一节 物业管理法律关系

物业管理法规是调整物业管理关系的法律规范的总称。从根本上来说，物业管理法制建设就是构建一整套推进物业管理行业有效运行的法律关系，以规范物业业主、开发商、物业服务企业、政府物业管理主管部门和其他相关部门以及其他相关主体之间的权利义务关系。

一、物业管理法律关系的概念

物业管理法律关系是指人们在物业管理服务活动过程中所形成的特定主体间的权利义务关系，是物业管理法律规范在现实社会经济生活中发挥调整作用的集中体现。

二、物业管理法律关系的构成要素

物业管理法律关系的构成要素有主体、客体和内容三个方面，称为物业管理法律关系的三要素。

（一）物业管理法律关系主体

物业管理法律关系主体是指在物业管理活动中以自己的名义，依法享有权利和承担义务的个人、法人及其他组织。物业管理法律关系的主体主要包括业主、开发商、物业服务企业、物业使用人、行政管理机关及其他的相关机构。

1. 业主

业主是物业所有权人，按其拥有的物业所有权状况又可分为独立所有权人和区分所有权人。由于购买了物业，购房人成了物业的产权所有人，合法地拥有所购物业。现代物业管理区域各业主的权利形态一般是区分所有权，于是，全体业主通过召开业主大会、选举业主委员会来实施自治管理。

2. 开发商

开发商又称发展商，是以营利为目的从事房地产开发和经营的企业。最初，物业是由开发商开发、建造并能通过房地产交易转移给业主的。在一定程度上说，开发商是物业的创造者，原始取得物业的所有权。在物业销售之前，开发商是物业的第一业主。开发商将物业建成，并经政府有关部门综合验收合格后，经过房产交易将产权转移给新的房屋产权所有人。这里的法律关系的变化是开发商由原来拥有土地使用权和房屋所有权到转移给了新的产权所有人。但是，根据《商品住宅实行住宅质量保证书和住宅使用说明书制度的规定》，开发商须在法定期限内对其销售的商品住宅及其他住宅和非住宅的商品房屋承担保修责任。在保修范围内涉及物业管理的责任最终由开发商承担。另外，开发商作为第一业主，物业开始出售后的一段时期内仍持有较多所有权比例，因此有第一次选择物业服务企业的优先权与便利。开发商常直接以自己作为委托方，签订前期物业服务合同，并作为住宅等物业出售合同的附件。但是，对于住宅小区的物业管理必须采取招投标的形式选择前期物业服务企业。

3. 物业服务企业

物业服务企业根据物业服务合同接受业主或者业主委员会或者开发商的委托，依照法律的规定和合同约定，对物业进行专业化管理，是物业管理法律关系的重要主体。物业服务企业须经工商行政管理部门的核准登记以及颁发营业执照，接受房地产行政管理部门进行资质管理。

4. 物业使用人

物业使用人又称非业主使用人，是指物业的承租人和其他实际使用物业的人。物业使用人未与开发商、物业服务企业有直接关系，不是物业销售合同的当事人，也不是物业服务合同的委托方；物业使用人不是物业管理区域的区分所有权人，不具有成员权，一般不参加业主大会与业主委员会。但物业使用人却是物业管理区域的重要成员，无论是居住或非居住型物业，业主常将物业出租以获收益，另外还有其他多种合法占有物业但不拥有所有权的情形。为了能约束物业使用人的行为，保障物业使用人的权益，物业使用人不但要与出租人签订租赁合同，而且也要与物业服务企业签订管理规约。所以物业使用人的权利和义务不仅源自其与业主间租赁等合同的约定，而且也出自法律法规以及管理规约的规定。

5. 行政管理机关

市场经济中的物业管理活动一般通过业主、物业服务企业平等主体间的合同约定开展。但物业管理涉及百姓日常生活、城市正常秩序，政府行政机关如建设、公安、消防、环保机关等基于行政职权均介入物业管理活动，对各方的行为进行指导监督。

6. 其他相关机构

物业服务企业依据物业服务合同在物业管理区域内开展管理工作，需要和其他从事管理工作有关的公司发生联系，如保安公司、煤气公司、电梯公司、环卫机构和建筑维修部门等。物业服务企业要与他们签订有关新的委托合同，由他们就约定的专项业务提供服务。这里产生的直接法律关系是物业服务企业与这些公司签约，但其结果却直接影响业主。

（二）物业管理法律关系客体

物业管理法律关系客体是指物业管理法律关系主体的权利与义务共同指向的对象，包括物、非物质财富和行为。在物业管理法律关系中，"物"指物业，即建筑物本体、附属设备、公共设施及相关场地。"行为"指物业管理中各方主体——业主、开发商、物业服务企业以及政府主管部门等的活动。"非物质财富"即智力活动成果，包括精神文化财富，如小区获得的荣誉称号等。

（三）物业管理法律关系的内容

物业管理法律关系的内容是指物业管理法律关系主体所享有的权利（职权、权力）和承担的义务（职责）。主体的权利义务关系是法律关系的最基本的要素和实质，任何法律关系都是在法律关系主体间形成的一种权利与义务关系，都包含权利和义务两方面的内容，权利内容通过相应的义务来表现，义务内容又用相应的权利来限定。权利和义务相互对应地存在于同一个法律关系中，同时约束着物业管理法律关系的当事人，离开特定的权利与义务，法律关系也就不复存在。

在物业管理法律关系内容中，权利是指物业管理法律关系主体依法具有的，在法律允许的域限（或范围、限度）内，为实现或维护某种利益，按照自己的意志，自由地做出某种行为、控制他人一定行为和利用国家强制力的能力（可能性、资格）。如物业所有权人可以按照自己的意志行使对物业的占有权、使用权、收益权和处分权；可以要求他人不得侵犯自己对物业合法的所有权或使用权，不得妨碍自己正常行使这些权利；可以依法律规定或者物业服务合同的约定要求物业服务企业提供服务。

物业管理法律关系内容中的义务是指物业管理法律关系主体依法律规定或合同约定所承担的某种必须履行的责任，即物业管理法律关系主体按照法定或约定的要求，必须做出或不做出一定行为的责任。如物业服务企业依照物业服务合同的约定，承担向业主提供物业管理服务的责任；物业业主应承担向物业服务企业缴纳物业服务费用的义务。

在不同的物业管理法律关系中，主体享有的权利和承担的义务是不同的。同一类型的物业管理法律关系中，如果客体不同，则主体享受的权利和承担的义务范围也不相同。如在物权法律关系中，业主依法对其拥有的物业享有所有权，包括物业服务企业在内的一切人作为义务主体都负有法定的不作为义务（消极义务），即负有不得妨碍权利主体依法行使所有权、不得侵害所有权的义务；在物业管理债权法律关系中，权利主体和义务主体都是特定的，依据特定主体间建立的物业服务合同、特约服务合同、管理规约等不同的债权关系，主体在一般情况下既享有权利，又承担相应的义务；在物业管理行政管理关系中，作为行政主体的国家机关享有对物业管理的行业和活动进行管理，包括指导权、监督权、处罚权等，这既是依法享有的权利，又是必须履行的职责，不可转让和放弃，具有一定的义务性；而作为物业管理行政管理相对人的业主、物业服务企业等，负有在物业管理法规规定的范围内接受和服从行政管理的义务。

三、物业管理法律关系的产生、变更和消灭

（一）物业管理法律关系产生、变更和消灭的概念

物业管理法律关系的产生是指在物业管理法律关系主体之间新形成某种法律上的权利义务关系。如因签订物业服务合同而形成的业主与物业服务企业之间的权利义务关系。

物业管理法律关系的变更是指物业管理法律关系的主体、客体或内容发生变化。

物业管理法律关系的消灭是指物业管理法律关系主体之间权利和义务的终止。如当物业服务企业与业主的物业服务合同到期后，他们的物业服务合同法律关系即告终止。

（二）物业管理法律关系产生、变更和消灭的前提和条件

1. 物业管理法律规范是物业管理法律关系产生、变更和消灭的前提

法律关系的产生、变更和消灭必须以相应法律规范的存在为前提，没有相应的法律规范来设定相应的法律关系，法律关系就无法产生，也就没有变更和消灭了。

2. 法律事实是物业管理法律关系产生、变更和消灭的条件

法律事实是法律规范所规定的，能够引起法律后果即法律关系产生、变更和消灭的现象。如业主选聘物业服务企业并与之签订物业服务合同才能产生二者之间的法律关系。

法律事实分为法律事件和法律行为两种类型。法律事件是以法律规范规定的、不以当事人的意志为转移的客观事件，分为社会事件和自然事件。如社会动乱、战争、人的生老病死、地震等自然灾害等。法律行为是以当事人的意志为转移能够引起法律关系产生、变更和消灭的法律事实。如业主和物业服务企业签订物业服务合同即产生了二者之间的权利义务关系，第三人侵害业主权益的行为引起二者之间的债权债务关系。

第二节 物业管理法制建设的重要意义

一、物业管理的法律法规的渊源

法的渊源一般是指形式意义上的渊源，也就是法的效力渊源，主要是各种制定法。物业管理的法律法规的渊源主要有以下几种。

（一）宪法

宪法是我国的根本大法，宪法在我国法的渊源体系中居于核心地位，具有最高的法律效力，是我国全部立法工作的基础、根据和最基本的效力来源，一切法律、法规和其他规范性文件都不得与宪法的规定相抵触。

（二）法律

在我国，法律专指由国家最高权力机关及其常设机关，即全国人民代表大会和全国人大常委会制定颁布的规范性文件。此外，全国人民代表大会和全国人大常委会发布的具有规范性内容的决定和决议也属于法的渊源。

同物业管理相关的法律包括《中华人民共和国物权法》、《中华人民共和国民法通则》、

《中华人民共和国合同法》、《中华人民共和国消费者权益保护法》、《中华人民共和国产品质量法》、《中华人民共和国房地产管理法》、《中华人民共和国土地管理法》等。

（三）行政法规

行政法规是国务院在法定职权范围内为实施宪法和法律制定的有关国家行政管理的规范性文件。国务院发布的具有规范性的决定和命令与行政法规具有同等效力。2003年9月1日实施的《中华人民共和国物业管理条例》就是我国物业管理行业的第一部行政法规。

（四）地方性法规

地方性法规是省、自治区、直辖市的人民代表大会及其常委会根据本地区的具体情况和实际需要，在法定权限内制定发布的适用于本地区的规范性文件，如《山东省物业管理条例》、《上海市住宅物业管理规定》等。省、自治区人民政府所在地的市，经济特区所在地的市和经国务院批准的较大的市的人民代表大会及其常委会也可制定地方性法规。

（五）规章

这里的规章指行政规章，即特定行政机关为执行法律、行政法规或地方性法规的需要，在本部门的职权范围内发布的有关行政管理的规范性文件。行政规章可以分为"部门规章"和"地方政府规章"。部门规章是由国务院所属各部委、中国人民银行、审计署和具有行政管理职能的直属机构制定的。如原建设部2003年发布的《物业服务收费管理办法》，原建设部、财政部2007年12月4日联合发布的《住宅专项维修资金管理办法》都属于部门规章。地方政府规章是由省、自治区、直辖市和较大的市的人民政府制定的规范性文件。

二、物业管理法制建设的意义

（1）有利于规范物业管理行为，维护物业管理市场秩序。

物业管理过程中涉及众多方面的社会关系，如房产管理局与物业服务企业之间的行政管理关系，业主与物业服务企业平等主体之间的民事关系等。随着我国物业管理的快速发展，一些深层次的矛盾不断暴露出来。如物业服务企业与建设单位之间的"父子兵"关系、物业管理服务与收费问题、业主的建筑物区分所有权问题、业主大会和业主委员会的法律地位问题等都需要进行法律上的界定。

（2）有利于促进房地产领域的改革和发展。

随着我国住房制度的改革日益深化，与住宅的建、售、管、用、修等有关的法律关系发生了很大变化，原来使用者转化为住宅所有人，产生了一种新型的不动产权利形态，即建筑物区分所有权。住宅小区中的业主所有权的实质就是区分所有权，而物业管理权是其中的一项权能。如何有效地维护保障业主的区分所有权，实现其物业管理权，协调众多业主的权利冲突，理顺业主与物业服务企业的关系，是物业管理立法的基本任务之一。《中华人民共和国物权法》、《物业管理条例》对此都进行了有益的探索。

（3）有利于改善人民群众的生活环境和工作环境。

第三节　物业管理法制建设的进程

我国的物业管理法制建设经历了一个从无到有、从粗到细、从低效力到高效力的过程，人们对物业管理行业的规律性认识也在逐步深入。

物业管理法制建设包括物业管理法律法规体系建设和物业管理制度建设两个方面。

一、物业管理法律法规体系建设

（一）《物业管理条例》颁布前的物业管理法规建设

1. 《城市新建住宅小区管理办法》

1994年3月23日颁布的《城市新建住宅小区管理办法》确立了城市新建住宅小区物业管理的新体制，指明了我国房屋管理体制改革的前进方向。

《城市新建住宅小区管理办法》是我国第一部系统规范物业管理制度的规范性文件，是推动我国全面开展物业管理活动的基石，对我国建立物业管理活动秩序产生了重大影响。《城市新建住宅小区管理办法》规范了以下几项主要内容：确定了物业管理活动的主管部门、基本内容；明确了社会化、专业化的物业管理模式；明确了业主选举产生业主委员会以及业主委员的权利与义务；明确了物业服务企业的权利与义务；确定了物业服务合同制度与备案制度；针对业主的主要违规行为提出管理措施；针对物业服务企业的违规行为规定了行政处罚措施。

2. 物业服务考评标准

1995年，为贯彻《城市新建住宅小区管理办法》，原建设部印发了《全国优秀管理住宅小区标准》及考评验收工作的通知。1997年又印发了《全国城市物业管理优秀大厦标准及评分细则》，使大厦也纳入了规范管理的轨道。2000年5月，原建设部又发布了《关于修订全国物业管理示范住宅小区（大厦、工业区）标准及有关考评验收工作的通知》。对物业管理的规范化运作提供了考评依据。

3. 物业管理从业人员培训合格上岗制度

1996年原建设部人事教育劳动司与房地产业司联合下发了《关于实行物业服务企业经理、部门经理、管理员岗位合格上岗制度的通知》。该制度实施后，极大提高了物业管理从业人员的理论水平和专业水平。

4. 《城市住宅小区物业服务收费暂行办法》

1996年国家计委和原建设部联合下发了《城市住宅小区物业服务收费暂行办法》。规范了物业的各种收费行为。

5. 其他有关物业管理的法规和规章

其他有关物业管理的法规和规章包括《物业服务企业财务管理规定》（财政部1998年）、《住宅共用部位共用设施设备维修基金管理办法》（财政部1998年11月）、《物业服务企业资质管理试行办法》（原建设部1999年）和《住宅室内装饰装修管理办法》（原建设部2002年3月）等。

《物业管理条例》出台以前，我国物业管理的立法表现为以下几个特点。

第一，立法层次低。国家制定的物业管理政策主要体现在原建设部颁发的有关法规、规章中。

第二，地方立法活跃。自从1994年6月《深圳经济特区住宅区物业管理条例》出台之后，全国相继有一大批省、市制定了物业管理的地方法规。

第三，各地发展不平衡、不统一。由于各地的物业管理发展的不平衡导致了各地物业管理立法的不平衡。现有的地方法规在一些重大问题上的规定不统一，甚至相差较大。

（二）《物业管理条例》颁布后的物业管理法规建设

2003年6月28日，《物业管理条例》正式颁布，这标志着我国物业管理法制建设进入新阶段。《物业管理条例》颁布后，国务院有关部门和地方各级政府及房地产主管部门纷纷开展相应政策的立、改、废工作，全国上下掀起了物业管理制度建设的新高潮。

2003年6月，原建设部发布《业主大会规程》。

2003年9月，原建设部发布《前期物业管理招标投标管理暂行办法》。

2003年11月，国家发展改革委员会、原建设部发布《物业服务收费管理办法》。

2004年1月，中国物业管理协会制定《普通住宅小区物业服务等级标准》。

2004年3月，原建设部发布《物业服务企业资质管理办法》。

2004年7月，国家发展改革委员会、原建设部发布《物业服务收费明码标价规定》。

2004年9月，原建设部发布《业主临时公约（示范文本）》和《前期物业服务合同（示范文本）》。

2005年11月，人事部、原建设部发布《物业管理师制度暂行规定》、《物业管理师资格考试实施办法》和《物业管理师资格认定考试办法》。

（三）《中华人民共和国物业管理条例》

2003年6月8日，国务院颁布了《中华人民共和国和物业管理条例》（国务院令第379号），标志着我国物业管理进入了法制化、规范化发展的新时期。

1. 《物业管理条例》的立法过程

《物业管理条例》于 2003 年 5 月 28 日国务院第 9 次常务会议通过,自 2003 年 9 月 1 日起施行。

2. 《物业管理条例》的立法原则

《物业管理条例》在坚持民法基本原则和《立法法》规定的立法原则的前提下,主要遵循了以下基本原则。

(1)物业管理权利和财产权利相对应的原则。

在我国《中华人民共和国物权法》尚未出台的情况下,《物业管理条例》吸收了发达国家成熟的建筑物区分所有权理论,对业主权利义和务的规定,其实就是明确了业主作为建筑物区分所有权人的权利和义务。对业主在首次业主大会会议上的投票权的规定,是基于业主拥有的财产权份额,将业主的物业管理权利相应建立在对自有房屋拥有的财产权基础之上。

(2)维护全体业主合法权益的原则。

为维护全体业主的合法利益,《物业管理条例》既对物业服务企业的行为、业主大会的职责及其对涉及业主共同利益事项的表决、个别业主不按合同约定交纳物业服务费用损害全体业主利益的行为、有关政府部门的行政监督管理责任等作了明确规定,也对建设单位、公用事业单位等物业管理相关主体依法应当履行的义务作了详尽规定。在处理行政处罚和承担民事责任关系方面,《物业管理条例》设定的法律责任充分体现了优先保护全体业主利益的原则。

(3)现实性与前瞻性有机结合的原则。

《物业管理条例》注重保持法规、政策的连续性和稳定性,对被实践证明是行之有效的制度,如业主自律、物业服务企业资质管理等制度予以保留。《物业管理条例》注重肯定实践成果,将在实践中积累的良好经验,如主管部门加强对业主大会的指导和监督、物业服务企业做好物业接管验收等确立为法律规范。对于如何解决现实中存在的问题,如开发企业不交纳未售出物业的物业服务费用、任意扩大物业服务企业的治安责任、公用事业单位向物业服务企业转嫁责任等,《物业管理条例》做出了明确规定。《物业管理条例》贯穿发展的指导思想,设立的业主大会、强制性维修养护等制度,符合市场经济的基本规律,符合未来立法趋势。

(4)从实际出发,实事求是的原则。

我国各地区的物业管理发展很不平衡,沿海地区与中西部地区、大城市与中小城市,在物业管理市场发育程度、市场环境、管理服务水平等方面差异较大。《物业管理条例》在坚持法律制度统一性的前提下,充分考虑各地区的实际情况,对房地产开发与物业管理分业经营、物业管理区域划分等问题仅做出原则性规定,有的规定的具体执行办法,授权省、自治区、直辖市制定。

(四)《中华人民共和国物权法》

2007年3月16日,十届全国人大五次会议经过认真审议,郑重地通过了《中华人民共和国物权法》。该法已于2007年10月1日起正式实施。这在中国特色社会主义法律体系形成进程中可以说是浓墨重彩的一笔,具有里程碑的意义。《物业管理中华人民共和国物权法》也是目前指导物业管理行业工作的第一部法律。《中华人民共和国物权法》作为规范我国财产法律关系的基本法律,是权利人对动产和不动产实施占有、使用、收益和处分的基本准则,是《物业管理条例》颁布以来又一部对物业管理行业产生深远影响的法律,其中第六章"业主的建筑物区分所有权"的有关规定,奠定了物业管理的民事法律基础。

二、物业管理制度建设

为了规范物业管理活动,维护物业管理当事人的合法权益,以《物业管理条例》为代表的物业管理相关法律法规在建章立制上实现了前所未有的突破,确立了物业管理的基本制度框架。

(一)业主大会制度

各地在物业管理实践中大多采用业主委员会制度,即由业主召开会议,选举产生业主委员会,代表全体业主行使有关物业管理的权利。从实践效果来看,业主委员会制度对物业管理行业的发展起到过一定的促进作用。但由于该制度集决策和执行于一体,缺乏有效的监督机制,难以体现全体业主的意愿,有违权责一致的原则。在实践中,有少数业主委员会成员侵害大多数业主的利益,也有的住宅小区发生业主委员会做出选聘物业服务企业或同意利用共用设施经营的决定,但遭到大多数业主的反对,导致矛盾产生。鉴于以上认识,《物业管理条例》确立了业主大会和业主委员会并存,业主大会决策、业主委员会执行的制度。规定物业管理区域内全体业主组成业主大会,业主大会代表和维护物业管理区域内全体业主的合法权益。同时,明确了业主大会的成立方式、职责、会议形式、表决原则以及议事规则的主要事项,规定了业主委员会的产生方式、委员条件、职责、备案等。业主委员会作为业主大会的执行机构,可以在业主大会的授权范围内就某些物业管理事项做出决定,但重大的物业管理事项的决定只能由业主大会做出。这一制度有利于维护大多数业主的合法权益,保障物业管理活动的顺利进行。

为了规范业主大会、业主委员会的运作,加强监督管理,《物业管理条例》规定业主大会和业主委员会应当依法履行职责,不得做出与物业管理无关的决定,不得从事与物业管理无关的活动。

（二）管理规约制度

物业管理往往涉及多个业主，业主之间既有个体利益，也有共同利益。在单个业主的个体利益与业主之间的共同利益发生冲突时，个体利益应当服从整体利益，单个业主应当遵守物业管理区域内涉及公共秩序和公共利益的有关规定。鉴于业主之间在物业管理过程中发生的关系属于民事关系，不宜采取行政手段进行管理，《物业管理条例》对各地实施物业管理中已具有一定实践基础的管理规约制度进行了确认，规定管理规约对全体业主具有约束力。规定建设单位应当在销售物业之前，制定业主临时管理规约，对有关物业的使用、维护、管理，业主的公共利益，业主应当履行的义务，违反管理规约应当承担的责任等依法做出约定。建设单位制定的业主临时管理规约，不得侵害物业买受人的合法权益。业主大会有权起草、讨论和修订管理规约，业主大会制定的管理规约生效时临时管理规约终止。管理规约是多个业主之间形成的共同意志，是业主共同订立并遵守的行为准则。实行管理规约制度，有利于提高业主的自律意识，预防和减少物业管理纠纷。

（三）物业管理招投标制度

物业管理是市场经济的产物，竞争是市场经济的基本特征。为了扭转房地产开发企业自建自管、因建管不分而引发物业管理纠纷增多的被动局面，保障业主自主选择物业服务企业的权利，同时也为物业服务企业参与平等竞争创造机会，《物业管理条例》突出了推行招投标对于促进物业管理健康发展的重要作用，提倡业主通过公平、公开、公正的市场竞争机制选择物业服务企业。鼓励建设单位按照房地产开发与物业管理相分离的原则，通过招投标的方式选聘具有相应资质的物业服务企业。并对住宅物业的建设单位应当通过招投标的方式选聘具有相应资质的物业服务企业作了明确规定。

（四）物业承接验收制度

物业承接验收是物业管理的基础工作。目前，在物业管理过程中，老百姓反映强烈的质量缺陷、配套设施不完善等热点问题，多数是在开发建设阶段遗留下来的。由于建管不分，依附于房地产开发企业的物业服务企业往往无法进行严格的物业承接验收。还有一些物业服务企业一味偏重市场份额的扩大，在物业承接验收时敷衍了事。对业主的投诉，房地产开发企业和物业服务企业相互推诿。为了明确开发建设单位、业主、物业服务企业的责、权、利，减少物业管理矛盾和纠纷，并促使开发建设单位提高建设质量，加强物业建设与管理的衔接，《物业管理条例》规定物业服务企业承接物业时，应当对物业共用部位、共用设施设备进行查验，应当与建设单位或业主委员会办理物业承接验收手续，同时规定建设单位、业主委员会应当向物业服务企业移交有关资料。

（五）物业服务企业资质管理制度

物业管理具有一定的特殊性。物业服务实质上是对业主共同事务进行管理的一种活动，带有公共产品的性质。在物业管理区域内，物业服务企业要依照全体业主的授权，约束个别业主的不当行为，如制止违章搭建及违章装修、制止扰乱公共秩序及危害环境卫生等，以维护全体业主的利益和社会公共利益。物业服务企业还有与业主长时间保持密切联系的特点，企业的素质及其管理水平的高低直接影响到业主的生活环境和工作质量。物业管理具有一定的专业性，随着经济的发展和科技的进步，新技术、新产品在房地产开发建设中被广泛采用，物业的智能化程度越来越高，这也要求物业服务企业具有一定数量的高素质管理和技术人员，具有先进的工具及设备，建立科学、规范的工作程序，对价值量巨大的物业资产实施良好的管理与维护。基于以上认识，并为了有利于整顿和规范物业管理市场，《物业管理条例》规定国家对从事物业管理活动的企业实行资质管理制度。在现阶段对物业管理行业实行市场准入制度，严格审查物业服务企业的资质是加强行政监管、规范企业行为、有效解决群众投诉、改善物业管理市场环境的必要手段。

（六）物业管理专业人员职业资格制度

物业管理活动的特殊性、经营管理的专业性以及涉及学科多、管理复杂等特点，决定了应对物业管理专业人员实行职业资格制度。物业管理专业人员如物业管理处主任（项目经理）等，作为物业管理活动的直接组织者，其业务能力和素质高低直接关系物业的承接验收、维修养护以及物业服务水平，直接影响物业的保值增值，关系到业主共同利益和社会公共利益。物业管理专业人员只有在掌握和了解法律、经济、工程、环保、消防以及公共关系、心理等多方面学科和知识，并经过相关专业岗位实践锻炼的基础上，才能有效地做好管理服务工作。不少发达国家以及香港、台湾地区等都通过对物业管理专业人员进行职业资格的认证以及继续教育制度来实现对物业管理行业的规范和管理。现阶段，我国已建立的物业管理专业人员队伍、高等院校及科研机构提供的教育支撑和人才储备以及日臻完善的法规体系等为建立物业管理专业人员职业资格制度创造了有利条件。因此，《物业管理条例》规定从事物业管理的人员应当按照国家有关规定，取得职业资格证书。

（七）住房专项维修资金制度

随着我国城镇住房制度改革的不断深化，居民个人拥有住房产权的比例越来越高，旧住房体制下由国家或单位单一承担住房维修的状况相应发生了根本性改变。为了解决在住房产权结构多元化情形下，住房共用部位、共用设施设备发生大修、中修及更新、改造时，如何在多个业主之间及时筹集所需费用的问题，《国务院关于进一步深化城镇住房制度改革加快住房建设的通知》（国发[1998]23号）规定："加强住房售后的维修管理，建立住房共用部位、设备和小区公共设施专项维修资金，并健全业主对专项维修资金管理和使用的监督制度"。依据《通知》精神，原建设部与财政部制定了《住宅共用部位共用设施设备维修基金管理办法》，对维修基金的交纳、存储、使用、监督等作了具体规定。实践证明，建立专项维修资金对保证物业共用部位、共用设施设备的维修养护，保证物业的正常使用，保障全体业主共同利益是十分必要的。针对目前存在的专项维修资金交纳范围不明确以及挪用专项维修资金等问题，《物业管理条例》规定："住宅物业、住宅小区内的非住宅物业或者与单幢住宅楼结构相连的非住宅物业的业主，应当按照国家有关规定交纳专项维修资金"。同时规定："专项维修资金属业主所有，专项用于物业保修期满后物业共用部位、共用设施设备的维修和更新、改造，不得挪作他用"。

第四节 物业管理法律责任

一、物业管理法律责任的概念

物业管理法律责任是指行为人由于违法行为、违约行为或者由于法律规定而应承受的某种不利的法律后果。法律责任是社会责任的一种。物业管理法律责任制度是法律对物业管理社会关系进行调控的一种形式，以保护合法权益、促进义务履行为主要内容，而在法律责任追究方与法律责任承担方之间建立起与国家强制处罚措施相联系的权利义务关系。

二、物业管理法律责任的分类

按法律责任的内容不同，物业管理法律责任分为民事法律责任、行政法律责任和刑事法律责任三种类型。

（一）民事法律责任

物业管理民事法律责任是指民事主体因违反合同义务或法定民事义务所应承担的应当给予民事制裁的法律后果，主要包括违约责任与侵权责任。

违约责任是指在物业管理活动中，当事人一方不履行合同义务或者履行合同义务不符合约定的，依法应当承担的继续履行、采取补救措施或者赔偿损失等财产性法律责任。物业管理活动是建立在物业服务合同和管理规约基础上的，因而违约责任是物业管理活动最常见的法律责任。

侵权责任是指在物业管理活动中，民事主体因违法实施侵犯国家、集体、公民的财产权和公民人身权的行为而应依法承受的不利性民事法律后果。根据对构成侵权责任的条件的不同要求，可分出一般侵权行为的民事责任和特殊侵权民事责任两类。一般侵权行为的民事责任同时具备损害事实和违法行为、违法行为和损害事实之间有因果关系、违法行为人有过错这四个构成要件。特殊侵权民事责任是指不具备一般侵权行为责任的全部构成要件，而法律规定当事人也须承担民事责任的行为。

民事责任是物业管理法律责任中最普遍的一种。民事法律责任与其他法律责任不同的主要特点是它主要表现为一种财产责任，民事责任的内容可以由当事人自行约定。承担民事责任的方式包括停止侵害、排除妨碍、消除危险、返还财产、恢复原状、修理、重作、更换、赔偿损失、支付违约金、消除影响、恢复名誉、赔礼道歉等。

（二）行政法律责任

物业管理行政法律责任指行政主体或行政相对人的行为违反行政法律法规而依法必须承担的行政法律后果。行政法律责任分为两类。一类称违法行政责任，是指行政机关及其工作人员在实施行政管理行为中的违法失职行为而引发的依法应承担的不利法律后果，一般表现为物业管理行政主体按行政隶属关系对其所属人员在执行公务中违反物业管理行政法规所实施的内部制裁，即行政处分，主要包括警告、记过、降职、降薪、撤职、留用察看、开除等。另一类称行政违法责任，是指行政相对人的行为违反行政管理法规而应依法承担的不利法律后果。即行政处罚。行政处罚的种类包括：警告；罚款；没收违法所得、没收非法财物；责令停产停业；暂扣或者吊销许可证、暂扣或者吊销执照；行政拘留；法律、行政法规规定的其他行政处罚。

（三）物业管理刑事法律责任

物业管理刑事法律责任指法律关系主体的违法行为已构成触犯刑事法律规范而依法必须承担的应当给予刑罚制裁的法律责任。它是制裁类型中最为严厉的一种。刑罚制裁也就是刑事处罚，分为两类：一是主刑，包括管制、拘役、有期徒刑、无期徒刑和死刑；二是附加刑，包括罚金、没收财产和剥夺政治权利。由于物业管理法规中没有单独规定物业管理刑事罪名，追究刑事责任时参照我国刑法的规定。

三、物业管理法律责任的构成要件和归责原则

由于物业管理中违法行为具体种类很多，涉及诸如民事违约责任、民事侵权责任、行政责任、刑事责任等不同种类的物业管理法律责任，其具体的构成要件也各有一定差异。因此，本节只能从各种法律责任构成的一般规律和归责类型角度做出一般性的说明。

（一）物业管理法律责任的一般构成要件

1. 行为违法

法律责任一般是由违法行为的发生而引起的，因此，违法行为本身自然应当成为法律责任构成的基础和前提条件。

2. 损害结果

损害是指给被侵害方造成的利益损失和伤害。损害的形式主要有人身的损害、财产的损害、精神的损害和其他利益方面的损害。损害的范围包括直接实际损害和预期可得利益的间接损害。行为具有一定程度的社会危害性，给社会特定利益关系造成了危险或损害，并且危害结果达到了法律规定应追究相应法律责任的程度，是构成物业管理法律责任的一个必要条件。在有些法律责任中，损害结果不是必要要素。

3. 因果联系

违法行为与损害结果之间应当存在因果联系。法律上的因果联系不是一般的因果关系，而是指某种事实上的行为与特定损害结果之间的必然联系。如果某项损害结果不是因某人的行为所必然引起的，则该行为人就不对该项结果负责。由于行为与结果之间的联系多种多样，有必然联系和偶然联系、直接联系和间接联系之分，有一果多因和一因多果之分，因此在把物业管理法律责任归于某一违法行为时，必须搞清楚违法行为与特定的损害结果之间的联系，这对于行为定性、确定法律责任种类和大小具有重大影响。如某栋高层楼宇突然停水，给业主造成极大的不便，甚至影响了个别业主业务完成的利益。这就要查清停水原因是由于本楼内某业主使用不当造成的，或是物业服务企业职工、外来人员有意破坏造成的，或是供水部门已事先通知物业服务企业暂停供水时间而由于物业服务企业的疏忽未采取措施造成的。在查清停水原因或违法行为与停水损害结果之间因果关系之前是不能确定责任归属的。

4. 行为人心理主观过错状态

过错是指行为人实施行为时对自己的违法行为及其后果的一种心理认识状态，分为故意和过失两种表现形式。直接和间接故意的违法行为应负法律责任；重大过失的违法行为一般要负民事责任或行政责任，在法律有明文规定下才须负刑事责任。

（二）物业管理法律责任的归责类型

在物业管理法律责任体系中，不同行为的归责基础即追究法律责任考虑的归责要素是不尽一致的，因而使归责条件存在一定的差别，表现为不同的归责原则。根据归责原则的不同，可将物业管理法律责任的构成划分为不同的归责类型。

1. 过错责任类型

凡是因实施了违法行为而致人损害者，如果不能证明自己主观上没有过错，就被推定为有过错并承担相应的法律责任。过错的性质和程度反映着行为人对自己行为的认识水平。法律要求每一位具有行为能力的主体能够理性地预见自己行为的后果，并对自己的行为后果负责。过错责任类型具备一般归责四要素。如果受害人本人对受损害也有过错的，则可减轻侵害人的责任。

2. 无过错责任类型

无过错责任类型又称严格责任类型。只要行为人做出特定侵权行为或违约行为而造成损害结果，不论其主观有无过错，即使无过错仍应当依法承担法律责任。这种责任类型适用于产品责任、某些特殊侵权责任和合同违约责任。我国《合同法》第107条对违约责任的原则规定就是无过错责任原则。无过错责任的优点突出表现在涉及无过错责任的诉讼中，举证责任倒置和抗辩事由受严格限制，原告只需向法庭证明自己受损害的事实存在和该损害与被告相关，或者只证明被告未履行合同义务的事实，不要求举证证明被告有过错，也不要求被告证明自己对于不履行义务或做出侵权行为无过错，免去了证明过错有无的困难。被告只能举证证明原告未受损害、受损害是原告自己的行为或第三人的行为所导致的或者损害是不可抗力造成的，但不得单纯证明本人无过错而要求免除责任，从而加强了对受害人的保护，也方便裁判，节省诉讼成本。对于合同关系而言，违约责任是由合同义务转化而来，本质上是出于当事人双方约定，不是法律强加的，法律确认合同拘束力，在一方不履行时追究违约责任，不过是执行当事人的意愿和约定而已。不履行合同与违约责任直接联系，二者互为因果关系，违约责任采用无过错归责原则有利于促使当事人严肃对待合同，有利于维护合同的严肃性，增强当事人的责任心和法律意识。由于物业管理中存在大量的服务合同关系，因而掌握无过错责任类型的法理知识对物业管理关系各方都是十分必要的。

3. 公平责任类型

凡是当事人对发生的损害都没有过错，也没有做出违法行为，但受害人要求有关当事人承担民事责任的，法院依据《民法通则》第132条的规定，可以根据实际情况，按照公平合理原则由当事人分担民事责任。如物业服务企业开展"业主在我心中活动"，某职工到某业主家免费帮助擦窗户，在干活过程中失足摔倒跌断股骨，因医疗发生的费用可以依法按公平责任类型处理，物业服务企业和作为受益人的业主应适当承担一部分医疗费用。

本章复习思考题

一、填空题

1. 物业管理法律关系的三要素是_____、_____和_____。
2. 法律事实根据是否以人的主观意志为转移分为_____和_____。
3. 物业管理法制建设包括_____建设和_____建设两个方面。
4. 物业管理法律责任按内容不同分类，一般分为_____、_____和_____三类。

二、选择题

1. 以下属于物业管理法律关系的客体的是（   ）。
   A. 业主   B. 物业服务企业

C．业主的作为   D．物业服务企业的权利
2．《物业管理条例》是一部（   ）。
    A．法律   B．行政法规   C．地方性法规   D．部门规章
3．建筑物区分所有权包括（   ）。
    A．专有权   B．共有权   C．成员权   D．知情权
4．物业管理法律责任的构成要件有（   ）。
    A．行为违法 B．损害结果   C．因果联系   D．行为人心理主观过错

三、判断题

1．物业管理法律关系是指人们在物业服务活动的过程中所形成的特定主体间的权利义务关系。   （   ）
2．物业管理法律行为是物业管理法律关系产生、变更和消灭的前提。   （   ）
3．行政法规专指由国家最高权力机关及其常设机关，即全国人民代表大会和全国人大常委会制定颁布的规范性文件。   （   ）

四、简答题

1．物业管理法制建设的意义是什么？
2．物业管理法制建设的进程经历了几个阶段？
3．物业管理法律责任的归责类型是如何划分的？

五、案例分析题

1．某物业服务企业为了弥补经营的亏损，多次擅自提高住宅小区业主的水电费，对此，部分业主表示不满，并拒交水电费。为了加强管理，物业服务企业采购了一批新的电表，要求小区业主每户出资 600 元将原来的电表替换掉，此举遭到大部分业主的反对。于是物业服务企业对拒不交钱换表的业主停止送电，并对拒交电费的业主给予罚款处理。小区业主强烈要求更换物业服务企业。部分业主通过联名签字同意，请了另外一家物业服务企业来到小区，但原物业服务企业以其与开发商有委托服务合同为由拒绝交出管理权。双方争执不下，诉诸法院。
    请问：物业服务企业和业主的做法各有什么不妥之处？为什么？
2．业主赵某 2007 年 3 月入住某小区，每月交纳 100 元物业服务费用至 2008 年 1 月。2008 年 2 月，赵某家中被盗后以物业服务企业没有开通报警装置为由拒付 2 月份以来的物业服务费用，2008 年 10 月，物业服务企业催费未果便起诉了赵某。在审理过程中，物业服务企业提供了报警装置安装并合格的证据，赵某则未提出没有开通报警装置的证据，也未提出其他不利于物业服务企业的内容，于是法庭判决赵某交纳 2 月份以来的物业服务费用。
    请问：该业主拒交物业服务费用的做法是否合法？

参 考 文 献

[1] 张景伊,陈伟. 物业管理基本制度与政策[M]. 北京:中国建筑工业出版社,2006.
[2] 李加林,周心怡. 物业管理实务[M]. 北京:中国建筑工业出版社,2006.
[3] 李斌. 物业管理理论与实务[M]. 上海:复旦大学出版社,2006.
[4] 陈海英. 物业管理概论[M]. 北京:中国建筑工业出版社,2006.
[5] 孙晓静,梁瑞智. 物业财务管理基础[M]. 北京:化学工业出版社,2008.
[6] 张汝国. 物业管理企业财务[M]. 广州:华南理工大学出版社,2002.
[7] 物业管理基本制度与政策 [M]. 北京:中国建筑工业出版社,2006.
[8] 物业管理基础[M]. 北京:中国广播电视大学出版社,2007.
[9] 蜂巢网 http://www.cpmbbs.com/.